毛泽东著作编研文存

冯 蕙 ⊙ 著

三联书店

图书在版编目（CIP）数据

毛泽东著作编研文存／冯蕙著. —北京：生活·读书·新知三联书店，
2020.6 （2021.3 重印）
ISBN 978 - 7 - 108 - 06873 - 6

Ⅰ. ①毛… Ⅱ.①冯… Ⅲ.①毛泽东著作研究 Ⅳ. ① A841

中国版本图书馆 CIP 数据核字（2020）第 076287 号

责任编辑 唐明星 张 璞
装帧设计 刘 洋
责任印制 卢 岳
出版发行 生活·讀書·新知 三联书店
　　　　　（北京市东城区美术馆东街 22 号 100010）
网　　址 www.sdxjpc.com
经　　销 新华书店
印　　刷 北京市松源印刷有限公司
版　　次 2020 年 6 月北京第 1 版
　　　　　2021 年 3 月北京第 2 次印刷
开　　本 635 毫米 × 965 毫米 1/16 印张 25.25
字　　数 282 千字 图 7 幅
印　　数 4,001 - 7,000 册
定　　价 58.00 元
（印装查询：01064002715；邮购查询：01084010542）

冯蕙工作照

1991年，向胡乔木同志汇报《毛泽东文集》编辑工作。左起：金冲及、逄先知、胡乔木、冯蕙

1996年6月24日，冯蕙等就毛泽东读苏联《政治经济学教科书》(社会主义部分)的情况，采访胡绳同志。前排中为胡绳，右一为冯蕙；后排右一为曹志为

1983年夏，中央文献研究室副主任龚育之同志（左）代表室委会向冯蕙（右）授予副编审证书

1990年，冯蕙（左）向著名语言学家吕叔湘先生（右）请教

1990年中央文献研究室成立十周年纪念时，室委会全体成员合影。左起：冯蕙、潘荣庭、金冲及、李琦、逄先知、何静修、力平、汪裕尧。右一为室党委书记张积毅

1995年6月，冯蕙在中央文献研究室纪念党的七大和抗战胜利五十周年理论研讨会上作《毛泽东与七大》的发言

目　录

序　　逄先知　　1

对一篇重要文献的考证和研究　　1

《毛泽东书信选集》介绍　　10

一信之考，旬月踟蹰

　　——《毛泽东书信选集》编辑记事之一　　26

寻绎而辨，严校细勘

　　——《毛泽东书信选集》编辑记事之二　　40

毛泽东领导起草《关于若干历史问题的决议》的经过　　48

再谈《关于若干历史问题的决议》的起草经过

　　——答《只有忠实于事实，才能忠实于真理》一文　　61

一篇很有特色的纠"左"的历史文献

　　——读毛泽东《党内通信》　　74

《老一代革命家家书选》介绍　　84

《毛泽东选集》1 至 4 卷第二版编辑纪实　　91

吕叔湘与《毛选》第二版　　107

《毛泽东选集》第一版第 2 卷正文和题解的主要修订情况　　110

《毛泽东年谱（1893—1949）》中卷若干问题的辨析与补记　　128

团结和胜利——七大的工作方针　　139

中共七大最重要的历史贡献　　151

抗战后期中国共产党政策中的几个理论问题　　162

愚公精神代代传

　　——学习毛泽东《愚公移山》　　179

六届六中全会与马克思主义中国化　　189

《毛泽东文集》介绍　　212

坚持理论创新，不断开辟马克思主义新境界

　　——学习《毛泽东文集》的一些体会　　246

深切怀念胡绳同志　　262

《毛泽东文集》编辑记事　　267

《反对本本主义》在毛泽东思想形成中的地位和作用　　287

对《1941—1981：胡乔木与毛泽东》一文的一个补正　　311

毛泽东与第二次郑州会议　　315

陕北艰苦转战的真实写照

　　——读毛泽东《五律·张冠道中》　　333

谈谈毛泽东《词二首》的写作时间及其他　　339

毛泽东谈学习　　349

关于1946年毛泽东在延安和斯特朗谈话的日期问题　　383

后　记　　388

序

　　冯蕙同志于1956年冬，从中国人民大学借调到中央政治研究室。当时我在经济组，她在历史组，来往不多。20世纪60年代初，冯蕙同志参加《毛泽东选集》1—3卷注释校订工作，我参与《毛泽东选集》第5卷编辑工作，两项工作都在田家英同志直接领导下进行，我和冯蕙同志接触的机会多起来，彼此有所了解。

　　1973年冬，冯蕙同志调入河北人民出版社工作。1980年春，她出差路过北京，我在中央文献研究室接待她，彼此聊了聊"文革"中各自的经历。

　　当时，中央文献研究室正在编辑《毛泽东选集》第5卷、第6卷和毛泽东专题文集，任务重，人手缺。冯蕙同志参加过《毛泽东选集》的注释修订工作，又是中共党史专业的研究生，对中共党史有比较扎实的基础，加上又在出版社工作几年的经历，无疑是一位编辑毛泽东著作的理想人选。经组织批准，通过正式手续，她于1981年5月正式调入中央文献研究室，编入毛泽东研究组。1988年，由当时文献研究室主任李琦同志推荐担任了室务委员，直到2000年退休。她在文献研究室前后工作三十余年，编辑和研究毛泽东著作，撰写《毛泽东年谱》。这是她对党的文献工作作出重要贡献的三十余年，也是她一生中出彩的一段时光。

　　冯蕙同志参加了《毛泽东选集》第二版的编辑工作，又参加

《毛泽东文集》《建国以来毛泽东文稿》的编辑工作，分别担任主编之一。她还参与主持《毛泽东书信选集》的日常编辑工作，参加《毛泽东农村调查文集》和《毛泽东诗词集》的编辑工作。她是《毛泽东年谱》新中国成立前部分的副主编、新中国成立后部分的主编之一。

以上所列，是冯蕙同志在原中央文献研究室工作的主要部分。此外，她还参加过其他老一代革命家著作的部分编辑工作，牵头组织为《辞海》《中国大百科全书》撰写有关毛泽东等老一辈革命家的条目。

在工作中，冯蕙同志极其认真细致，要求十分严格。大到对一个理论提法的斟酌思考，对一些重要史实的考证研究，小到对一个文件或材料日期的确定，一个标点符号的使用，一个字迹的识别，等等，都要求准确无误地考证清楚，力求不出纰漏。她常常能发现未被别人发现的错讹。

冯蕙同志成为一位优秀的党的文献工作者，得益于她的博闻强记。她记忆力强，又很用功，能背诵不少古诗文，记忆比较丰富的党史知识。同时手又勤快，一部《辞海》、一本《现代汉语词典》，几乎被她翻烂。

在这里，我要特别提到冯蕙同志的工作精神。加班加点是她的"常规"，时常工作到深夜，有时忘记吃饭。在编辑《毛泽东年谱（1949—1976）》最紧张的日子，她患上严重疾病，却一直瞒着别人，照常加班加点。直到工作全部完成时，她才透露病情，开始住院治疗，但已错过治疗的最佳时机。撰写这部年谱，耗费了她很大的精力。

在三十多年的时间里，冯蕙同志把全部精力和时间投入毛泽东著作编辑和年谱编撰工作，做了很多"为他人作嫁衣裳"的活儿。她个人写的文章虽不是很多，却较有分量。在她发表的文章中，一部分是编辑记事和编辑心得，一部分是学术研究。

说到写编辑记事，并不是那么容易。没有亲自做艰苦细致的编辑工作，包括从版本的考证与选择，文章的取舍，到文字的辨认和事实的考订等全过程，是写不出来的。冯蕙同志写的编辑记事，翔实而准确，并写出自己的编辑心得，很有借鉴意义。

冯蕙同志的文章，风格严谨、务实，条理分明，有理有据，没有空洞的话语和夸张的辞藻。书中《关于若干历史问题的决议》（以下简称《决议》）形成过程的考证文章最具代表性。

这篇文章，是为了澄清在《人民日报》发表的一篇关于回忆《决议》起草情况的不实文章而写的。

冯蕙同志为了写这篇文章，研究了中央档案馆保存的《决议》形成过程的全部档案，包括决议草案过程稿、会议讨论记录稿、毛泽东的讲话和批示及任弼时的有关记载等。档案材料很多，十分复杂，决议草案过程稿又是几位参加者撰写和修改的，相互交叉。面对这么一大堆纷纭复杂的档案，要理出一个头绪，清清楚楚地写出一篇符合历史实际的《决议》起草过程的文章，实属不易。冯蕙同志凭她清晰的头脑、敏锐的眼光和丰富的考证经验，做到了。这个工作是前人没有做过的，解决了一个历史悬案，是一篇有历史价值的文章。

《〈反对本本主义〉在毛泽东思想形成中的地位和作用》，是一篇颇有深度的论文。作者用史论结合的方法，论述了《反对本本主义》产生的历史背景、理论价值和在毛泽东思想形成过程中的地位。20世纪60年代初，毛泽东见到了他的这篇未署写作年代的文章（原名《关于调查工作》），冯蕙同志曾整理一份《1929年1月至1930年8月主席和红四军活动的大事记》，提供毛泽东确定此文写作时间的参考。冯蕙同志对这篇文章自然有一种特殊的感情，为研究这篇文章看了不少档案，下了很大功夫。

还有一篇值得向读者推荐的是《抗战后期中国共产党政策中的几个理论问题》，此文具有一定的理论价值和现实意义。作者把《论联合政府》和毛泽东在中共七大的几次讲话综合起来研究，抓出五个重要的理论问题加以阐述：纲领问题（总的纲领和具体纲领）、"联合政府"口号问题、农民问题、资本主义问题、生产力标准问题。这是毛泽东运用辩证唯物主义和历史唯物主义观点，解决中国革命和建设中的几个重要理论问题，具有普遍意义和现实意义。

《谈谈毛泽东〈词二首〉的写作时间及其他》是一篇别具一格的文章。文章不长，却显示出作者深厚的考证功夫。冯蕙同志能从一些往往不被别人注意的细微之处发现问题，又善于将记忆中的有关事实信手拈来，联系起来考察问题。她的这种治学特点和本领，是常常被人称道的。

上面我从冯蕙所写的二十多篇文章中，对几篇不同风格的文章作了一点简单介绍，为的是跟读者谈谈冯蕙同志的治学精神、治学态度、治学方法，显然未能涵盖全书的丰富内容，但我相信，如果读了她的全部文章，肯定会更深入地了解她的治学之道。

冯蕙同志要我为此书写一个序言，作为共事多年的老朋友，义不容辞。写了上面这些话，就作为序言吧。

逄先知

2019 年 2 月

对一篇重要文献的考证和研究[*]

《文献和研究》1982年第6期发表的《不做调查没有发言权，不做正确的调查同样没有发言权》一文，是毛泽东1931年4月2日以中央革命军事委员会总政治部主任名义发给红军各政治部、地方各级政府的一个通知。这个通知编入《毛泽东农村调查文集》和《毛泽东文集》第1卷，题目改为《总政治部关于调查人口和土地状况的通知》。

关于毛泽东担任中央革命军事委员会总政治部主任的情况，这里先作一点介绍。1931年1月在中共苏区中央局成立的同时，成立了中央革命军事委员会，项英任主席，朱德、毛泽东任副主席。毛泽东从1931年2月开始任中央革命军事委员会总政治部主任，并暂时兼任红一方面军总政治部主任。这时的中央革命军事委员会，除了是最高的军事指导机关外，还指导各级地方政府的工作。所以，毛泽东以中央革命军事委员会总政治部主任名义发布的这个通知，是同时给红军各政治部和地方各级政府的。1931年11月中华苏维埃共和国临时中央政府成立以后，中央革

---

[*] 此篇文章发表在《文献和研究》1982年第6期，发表时题为《读〈不做调查没有发言权，不做正确的调查同样没有发言权〉》。编入本书时，另拟了标题，内容也作了补充。

命军事委员会就不再指导各级地方政府的工作了。毛泽东担任中央革命军事委员会总政治部主任的时间只有几个月。后来因为他的身体不好，就由周以栗代理总政治部主任的职务。

在毛泽东任总政治部主任期间发布的通知和其他文件，现在见到的有五件。除《不做调查没有发言权，不做正确的调查同样没有发言权》外，其余四件是：1931年2月26日发布的《争取三都七堡的意义和工作方法》（中革军委总政治部《通讯》第三期），2月28日发布的关于确定地权等问题的通知（中革军委总政治部《通讯》第四期），3月14日发布的给红军各级政治部、地方各级政府、各界民众团体关于举办《时事简报》的通令（中革军委总政治部《通讯》第五期，在宁都黄陂发出），3月20日发布的关于第二次反"围剿"的准备工作的通令。

《不做调查没有发言权，不做正确的调查同样没有发言权》这个通知发出的地点，文件本身没有写明。据对一些资料的分析，中央革命军事委员会和红一方面军总司令部在1931年3月25日从宁都的黄陂移驻宁都的青塘；4月23日离开青塘，移驻宁都的龙冈。这样，这个通知应是在江西宁都的青塘发出的。

毛泽东在这个通知中阐述的一些重要思想，同这一时期他的其他著作中的有关论述是一致的，在思想上是互相衔接而又有所发展和补充的。

毛泽东在这个通知中第一次提出了"不做正确的调查同样没有发言权"的重要口号，补充和发展了1930年5月他在《调查工作》（《反对本本主义》）中第一次提出的"没有调查，没有发言权"的重要口号，使它更完善了。

"不做正确的调查同样没有发言权"这一口号的提出，在当时是有针对性的。红四军成立以后，在毛泽东的倡导下，社会调查工作逐渐开展起来。1929年陈毅在关于红四军的历史及现状向中央的报告中说："游击部队达到某地以后，第一步必须做调查工作，由军官及党代表负责。必须经过调查工作以后，才能开会决定该地工作。""关于调查的内容，由政治部制定一个极详细的调查表，内分群众斗争状况、反动派情况、当地经济生活工价物价等，当地土地分配情形如地主、富农、中农、贫农等比较及土地百分比之分配，以及当地特殊产品等。"[1]1930年，红四军政治部发布《红军第四军各级政治工作纲领》，其中规定：军、纵队、支队、大队的政治部或政治委员都要督促和指导各部队做实际的社会调查。军政治部工作纲领的一个重要项目是："制发社会经济调查表，指导各部队的实际调查方法，并督促各部队做成统计，交由军政治部做成总统计。"纵队政治部工作纲领的一个重要项目是："督促指导各级工作人员，做实际社会调查工作，并督促其做统计，汇交军政治部做成总统计。"支队、大队政治委员工作纲领的一个重要项目是："指挥官兵做社会调查，报告上级机关。"[2]以上说明，红四军的社会调查工作不仅开展起来了，而且已经形成制度，作为红军政治部或政治委员的一项重要工作任务规定下来了。但是，当时红四军的社会调查工作在方法上还存在着一些问题，主要是不会用阶级分析的方法进行社会调查。毛泽东曾经多次讲到调查方法的问题，他在《反对本本主义》中

---

[1]《建党以来重要文献选编(1921—1949)》第6册，中央文献出版社2011年6月版，第459、460页。

[2]《中国人民解放军政治工作历史资料选编》第1册，解放军出版社2002年版，第514、517页。

说："近来红军第四军的同志们一般的都注意调查工作了，但是很多人的调查方法是错误的。调查的结果就像挂了一篇狗肉账，像乡下人上街听了许多新奇故事，又像站在高山顶上观察人民城郭。这种调查用处不大，不能达到我们的主要目的。我们的主要目的，是要明了社会各阶级的政治经济情况。我们调查所要得到的结论，是各阶级现在的以及历史的盛衰荣辱的情况。""我们调查工作的主要方法是解剖各种社会阶级"。[1]毛泽东在1931年4月2日发出的总政治部通知中，再次强调要用正确的方法进行社会调查，指出必须"照深刻注意实际的正确的统计"填写两种表格，掌握好划分农村阶级的一些政策界限，不要"把阶级成分弄错了，失了统计的正确价值"。[2]他把运用正确的方法进行社会调查工作提到思想原则的高度上进行概括，鲜明地提出"不做正确的调查同样没有发言权"的口号。

毛泽东在这个通知中提出了划分富农的标准。他说："富农标准要是以剥削为他收入的相当部分。那些少量放账或借账的人还是列在中农。"[3]这表明他在划分富农的标准这个问题上，认识比过去前进了，同他后来在《怎样分析农村阶级》中说的富农"经常地依靠剥削为其生活来源的一部或大部"[4]，是一致的。此前，在1930年5月的《寻乌调查》中，他正确地分析了中国富农的半封建性，明确地指出富农进行剥削的方式有雇工、收地租、放高利贷等。但是，还没有提出计算富农的剥削量的问题，因而不

---

[1]《毛泽东选集》第1卷，人民出版社1991年6月第2版，第113页。

[2]《毛泽东文集》第1卷，人民出版社1993年12月版，第266、267页。

[3]《毛泽东文集》第1卷，人民出版社1993年12月版，第267页。

[4]《毛泽东选集》第1卷，人民出版社1991年6月第2版，第128页。

可能将富农同富裕中农严格地区分开来。在 1931 年 4 月 2 日的总政治部通知中，他就进一步地指出富农必须是"以剥削为他收入的相当部分"的人，"那些少量放账"的人"还是列在中农"，这就是为了把富农同富裕中农区分开来。当然，这时还没有提出剥削量的一个具体的百分比作为区分富农同富裕中农的政策界限。到了 1933 年，在《中央政府关于土地斗争中一些问题的决定》中，才规定在一般情况下以剥削收入占总收入的百分之十五作为区分富农同富裕中农的界限。到了 1947 年，中共中央又决定以剥削收入占总收入的百分之二十五作为区分富农同富裕中农的界限。

毛泽东在这个通知中提出的划分富农的标准，对于巩固地联合整个中农，扩大土地革命中的统一战线，取得土地斗争的胜利，具有重要的意义。

在这个通知中，毛泽东还提出了划分独立劳动者（手工工人）的标准。他说："那些全家不耕田，专靠独立劳动（做裁缝、木匠等）谋生活的才叫独立劳动者。半耕半做手艺的还是按照他的经济地位列入贫农、中农或富农里面去。"[1]这一区分也是重要的。在当时革命根据地内的土地革命运动中，什么样的人应当划为独立劳动者，他们应当分田还是不分田，是经常碰到的问题，各地在认识上和政策的掌握上往往不完全一致。有些地方把半耕半做手艺的人都划为独立劳动者，不分田给他们，使他们同贫农、中农发生矛盾，而以涨工价来进行对抗。毛泽东在他做的农村调查中，几次讲到手工工人的分田问题。在《兴国调查》中，他明

[1]《毛泽东文集》第 1 卷，人民出版社 1993 年 12 月版，第 267 页。

确地指出："乡村手工工人，总是兼耕田。以工为专业，完全不耕田的，百人中找不出十个。"[1]这就是说，农村手工工人百分之九十以上是兼耕田的，不应当把这部分人定为独立劳动者，而应当根据他们的经济条件分别"列入贫农、中农和富农"，按照土地法的规定分给他们以应得的土地。

毛泽东在这个通知中指出："这两种表格主要地是要统计各阶级土地和人口比例。"[2]调查和分析农村各阶级的状况，是毛泽东做农村调查所一贯实行的根本方法，目的是为制定正确的土地革命路线和政策提供客观的科学的依据。第二次国内革命战争时期，党的工作重心在农村，正确地解决土地问题，满足广大贫苦农民的土地要求，具有十分重要的意义。1927 年以后，毛泽东做了许多农村调查，特别注意了解农村各阶级的人口比例和他们占有土地的情况。1930 年 5 月，他在《反对本本主义》中强调指出："我们调查工作的主要方法是解剖各种社会阶级，我们的终极目的是要明了各种阶级的相互关系，得到正确的阶级估量，然后定出我们正确的斗争策略，确定哪些阶级是革命斗争的主力，哪些阶级是我们应当争取的同盟者，哪些阶级是要打倒的。"[3]1930年，他在《寻乌调查》和《兴国调查》中，都注意了解农村各阶级的人口比例和他们占有土地的情况。

毛泽东根据自己所做的农村调查，在 1930 年前后提出了有关土地革命的一些正确政策，如对富农的土地实行抽多补少、抽

---

[1]《毛泽东农村调查文集》，人民出版社 1982 年 12 月版，第 227 页。

[2]《毛泽东文集》第 1 卷，人民出版社 1993 年 12 月版，第 266 页。

[3]《毛泽东选集》第 1 卷，人民出版社 1991 年 6 月第 2 版，第 113、114 页。

肥补瘦的政策等。但是这些正确的政策和主张，未被当时中共中央一些犯"左"倾错误的领导人所接受，并被指责为"富农路线"。为了回答这种指责，进一步解决土地革命的路线和政策问题，他在这个通知中再次强调要统计各阶级的土地和人口的比例，"更具体地以铁的事实来解答我们现在许多问题"[1]。

毛泽东写的这个通知，文字不长，仅900余字，但观点鲜明，思想内容深刻，区分了一些政策界限，其中的一些观点和提出的口号，是非常重要和精辟的。

最后，谈一谈总政治部1931年4月2日这个通知的版本考订问题。这个通知，我们最初是从日本学者竹内实监修、北望社出版的《毛泽东集》第2卷中见到的。此卷共编入毛泽东的文献22篇，其中21篇都注明了文献的来源，诸如解放社出版的《农村调查》、1947年版《毛泽东选集》、1947年版《毛泽东选集》（续编）等，还有来源于国民党方面缴获的中共和红军的文献，例如所谓《赤匪文件汇编》《赤匪机密文件汇编》《赤匪反动文件汇编》。22篇文献中唯一没有注明文献来源的一篇，就是总政治部1931年4月2日的这个通知。按文献编辑工作的要求，必须查到这个通知的原始档案。首先，我们到中央档案馆查阅毛泽东1931年的文献档案，没有查到这个通知，又到军事科学院和军事博物馆查询他们所收集的资料，也没有这个通知。那么，这个通知是不是从国民党方面缴获的文件中来的呢？《毛泽东集》第2卷注明文献来源时，曾有国民党缴获文件的三种汇编，但这个通知未注出来源，说明这三种汇编中没有这个通知。国民党将缴获的文

[1]《毛泽东文集》第1卷，人民出版社1993年12月版，第266页。

件还编有别的什么汇编吗？中央档案馆的同志告诉我们，他们买到了"陈诚档案"的缩微胶卷，不妨查一查。所谓"陈诚档案"，是"石叟资料室"收集的资料的别称，这是陈诚掌握的缴获中共和红军的文献。我们将"陈诚档案"的缩微胶卷通看了一遍，果然看到了总政治部 1931 年 4 月 2 日通知的原件。原件情况如下：第一页封面是石印件，竖排，右边是"总政治部通知"六个字，中间两行（标题）是"不做调查没有发言权""不做正确的调查同样没有发言权"，左边靠下是"一九三一年四月二日"。封面之后的几页为油印件，油印的第一页也是竖排，右边是"总政治部通知第　号"；中间两行文字与石印封面上的完全相同，左边用钢笔写有"关于社会调查的指示"九个字（这九个字应是在通知发出后或被国民党缴获后才写上的）。在这个文件上盖有"石叟资料室书签"章，并有编号。北望社出版的《毛泽东集》第 2 卷中，这个通知的标题是《不做调查没有发言权，不做正确的调查同样没有发言权》，副标题却是"关于社会调查的指示"这九个字，说明其文献来源是"陈诚档案"，否则就不可能见到这九个字并写入副标题内。

　　文献的来源终于找到了，这个通知的内容很好，又有毛泽东的署名，但是我们还是有一点担心，这个文件是否真实可靠，有没有可能是国民党方面伪造的？于是，我们又作进一步的分析和考订。首先，从文件的内容来看，没有诬蔑和损害中国共产党和中国革命的内容，国民党方面没有伪造这个文件的必要。这个通知的内容却同当年毛泽东写的有的文章和农村调查报告的内容是相互衔接、互相印证的。其次，我们访问了当年战斗在井冈山和中央革命根据地的一些老同志，如谭震林、萧克、宋任穷、杨尚昆、陈士榘、欧阳毅等，萧克、陈士榘、欧阳毅同志认为，从这个通知的内容和口气上看都像是毛主席的，不像是敌人伪造的。宋任穷同志说，当年我们进行社会调查，填过通知中的这种表格上报。谭震林、杨尚昆二同志认为，这个通知很可能是毛主席写的。

经过以上的分析和考订，我们才将《总政治部关于调查人口和土地的通知》编入 1982 年出版的《毛泽东农村调查文集》，第一次在国内公开发表。

《毛泽东书信选集》介绍[*]

在纪念伟大的马克思主义者、无产阶级革命家毛泽东 90 诞辰的时候，中共中央文献研究室编辑的《毛泽东书信选集》同广大读者见面了。

毛泽东一生写了大量的书信，这些书信是毛泽东著作的重要组成部分。书信一般比较简短，不能像论著那样系统完整地阐述问题，但是他的许多观点和想法，没有在论著中得到论述，只在书信中记载下来了；一些方针政策、理论观点的酝酿过程，在论著中往往不易见到，在书信中却反映出来了。毛泽东生平的某些方面，如学习生活、个人交往，以及他作为党的领导人的某些活动，在论著中没有涉及或很少涉及，在书信中却有较多的反映。因此，毛泽东的书信，是了解和研究他的思想和生平的重要文献。

编入《毛泽东书信选集》的 372 封书信，是从现已收集到的毛泽东的 1500 多封书信与约 200 件具有书信性质和形式的电报和批示（毛泽东有时称之为"短信"）中挑选出来的。主要是选那些有一定思想理论内容，论及重要的政治原则和方针政策的书信；同时也选了一些同党内同志、党外朋友、亲属、故旧等个人

---

* 此篇文章发表在 1983 年 12 月 27 日《人民日报》。

交往的书信。纯属具体工作布置、作战部署等方面的书信，一般都不选入。

已收集到的毛泽东书信，最早是 1913 年的，最晚是 1976 年的。《毛泽东书信选集》以 1920 年 12 月 1 日《致蔡和森等》为开卷篇，1965 年 9 月 25 日《致邓颖超》为终卷篇。开卷篇以前的书信数量不少，有内容的也较多，将来准备编入毛泽东早期著作的集子。"文革"期间的书信很少，这次都没有选入。

由于过去长期处于革命斗争的艰苦环境，毛泽东的不少书信已经散失，特别是 1921 年至 1935 年间的书信，现在收集到的很少。在《毛泽东书信选集》中，1924—1928 年和 1930—1935 年这两段时间的书信竟付阙如。继续收集毛泽东的书信，是今后仍要努力去做的工作。

毛泽东的书信，近年来陆续发表了一些，但编成专集出版，这是第一次。集子中的大多数书信也是第一次公开发表。《毛泽东书信选集》的出版，对于学习和研究毛泽东思想，学习和研究党的历史，保持和发扬党的优良传统和作风，都有重要的意义。

《毛泽东书信选集》的内容很丰富，涉及的方面很广泛，在一篇文章中把它的全部重要内容都加以介绍是不可能的，下面分三段时间就几个方面作一些介绍。

一

1920—1937 年卢沟桥事变爆发前，选入书信 42 封。

开卷篇《致蔡和森等》和第二篇《致蔡和森》，是标志毛泽东已经成为一个马克思主义者的最重要文献。这两封信，表明毛泽东在探索中国革命道路的历程中，这时作出了决定性的选择。他否定了当时在中国进步青年中有比较广泛影响的，也曾经影响过他自己的无政府主义，否定了用和平的方法改造中国与世界等主张，认定中国应当走俄国十月革命的道路，明确表示唯物史观是正在组建中的中国共产党的哲学根据。当然，这两封信对某些问题的论述还有不成熟的地方，这是不可避免的。重要的是，他一旦确定了马克思主义的立场，他就为不断地加深对这个唯一科学的革命理论的理解，并把它创造性地运用于中国革命而不折不挠地奋斗。

1921—1935 年间的书信，选入的只有几封，其中有的表达了重要的思想。例如，1929 年 11 月 28 日给中共中央的信，提出"惟党员理论常识太低，须赶急进行教育"，并要求中央寄给党内出版物和代购一批理论书籍。在当时戎马倥偬的艰苦战争环境中，这样急迫地提出提高党员马克思主义理论水平的问题，是很有见地的。

这段时间里，1936 年的书信最多。这一年，是全党为实现 1935 年 12 月瓦窑堡会议确定的新的政治策略——建立广泛的抗日民族统一战线而奋斗的关键一年。面对着日本帝国主义要变中国为它的殖民地的侵略威胁，毛泽东代表中国共产党和红军，也以他个人的影响，给全国各党各派各界各军的代表人士写了大量的书信，呼吁他们赞同中国共产党的合作抗日主张，以挽救中华民族于危亡。选入《毛泽东书信选集》中的 20 多封信，仅是其中最有代表性的一部分。

从收信人来说，有宋庆龄这样的孙中山三大政策的继承者，有在国民党内和在社会上有影响的文化教育界著名人士，有进步的知识分子和民主人士，有国民党爱国将领和地方实力派，有在十年内战中多次交锋的作战对手，还有国民党中枢当权派。从这里，可以看出我们党的抗日民族统一战线政策所争取和团结对象的广泛性。

毛泽东在信中慷慨陈词，晓以民族大义，竭诚呼吁团结抗日。例如，在给傅作义的信中说："今之大计，退则亡，抗则存；自相煎艾则亡，举国奋战则存。"在给冯玉祥的信中说："在亡国惨祸面前，不分党派信仰将同遭浩劫，因此合作救亡是天经地义。"

毛泽东在信中表现了无产阶级政党和政治家以国家民族利益的大局为重，不计前嫌旧恶的宽广胸怀和至诚恳切之心。例如，在给高桂滋的信中说："转旆击贼，则前事消忘"，"当此国亡无日关头，鄙人等决不因小节而忘大难。区区救国之诚，谅蒙贤者深察"。西安事变发生后，在给阎锡山的信中说："陕变突起，事出非常……敝方为大局计，不主决裂，亦丝毫不求报复南京，愿与我公及全国各方调停于宁陕之间，诚以非如此则损失尽属国家，而所得则尽在日本。"

这些书信，团结抗日是共同的主题，但在写法上各具特色。根据收信人的不同情况，从民族大义谈到私人交往，从一些人的现实态度谈到他们过去的历史，既有对一些人的支持和期待，也有对一些人的规劝和批评，信中倾注了极大的爱国热情，表现了为实现合作抗日的真诚努力。对蔡元培，毛泽东在信中首先追述了"五四运动时期北大课堂，旧京集会，湘城讲座，数聆先生之崇论宏议"的往事，希望他积极支持团结抗日的主张，"持此大义，起而率先，以光复会同盟会之民族伟人，北京大学中央研究院之学术领袖，当民族危亡之顷，作狂澜逆挽之谋，不但坐言，而且起行，不但同情，而且倡导"。对过去曾经参与革命活动而此时尚无团结抗日觉悟的邵力子，毛泽东在信中对他既有中肯的批评，又有热诚的期望。信中说："阅报知尚斤斤于'剿匪'，无一言及于御寇，何贤者所见不广也！""弟与先生分十年矣，今又有合的机会，先生其有意乎？"对曾经进攻过井冈山革命根据地、当时又在西北参加"剿共"战争的王均，信中开头一句话就是："从井冈山就同先生打起，打了十年，也可以休息了！"对坚持"攘外必先安内"反动政策的蒋介石，信中说："今日之事，抗日降日，二者择一。徘徊歧途，将国为之毁，身为之奴，失通国之人心，遭千秋之辱骂。""何去何从，愿先生熟察之。"

毛泽东为争取实现第二次国共合作、共同抗日所写的这些书信，以理服人，以情感人，语言生动，文字优美，堪称文情并茂之佳作。有的甚至可以作为范文，选入语文课本。

二

1937 年 7 月至 1949 年 9 月，即全国抗日战争和解放战争时期，毛泽东所写的书信比较多，共选入 135 封。

在这一时段中，毛泽东同党内领导同志和一些部门的负责同志有不少的通信，同志式地讨论和研究问题，论及一些重要的方针政策、理论观点、政治原则和党性修养等。例如：

1937 年 10 月 10 日给陕甘宁边区高等法院院长雷经天的信，就宣判一个犯了重罪的老红军一事，严肃地指出："共产党与红军，对于自己的党员与红军成员不能不执行比较一般平民更加严格的纪律。"

1940 年给萧向荣的信，说明了在抗日统一战线中，将大资产阶级与民族资产阶级、亲日派大资产阶级与英美派大资产阶级、大地主与中小地主及开明绅士加以区别的策略思想的形成过程。信中说，"在去年十二月写《中国革命与中国共产党》第二章时，正在第一次反共高潮的头几个月，民族资产阶级与开明绅士的态度是否与大资产阶级大地主有区别，还不能明显地看出来，到今年三月就可以看出来了，请参看三月十一日我的那个《统一战线中的策略问题》"。"宣传部正在付印的一本书中，我已将《中国革命与中国共产党》第二章关于这一部分加了修改"。

1941 年 8 月 6 日和 22 日给谢觉哉的两封信，指出了陕甘宁边区财经问题的规律性或决定点在两点，"即（一）发展经济，（二）平衡出入口"。并指出在不发生大的突变的情况下，经济建设是边区各项工作的中心，"有了穿吃住用，什么都活跃了，都好办了"，而不要提其他什么为中心工作。毛泽东在 1942 年提出的"发展经济，保障供给"的财经工作总方针，是这些重要思想的进一步发展。

1941 年 9 月 29 日给中央研究组及高级研究组的信，强调学习方针是"理论与实际联系"，理论以"研究思想方法论为主"，实际是"看六大以来的文件"。这封信是在中央政治局 9 月扩大会议期间写的，要求党的高级干部，用马克思主义的立场、观点、方法，学习和研究党的历史，为全党的普遍整风作重要的准备。

1942 年 9 月 15 日给何凯丰的信，强调大批翻译马恩列斯著作的重要性。信中说："整风完后，中央须设一个大的编译部，把军委编译局并入，有二三十人工作，大批翻译马恩列斯及苏联书籍，如再有力，则翻译英法德古典书籍。我想亮平在翻译方面曾有功绩，最好还是他主持编译部，不知你意如何？不知他自己愿干否？为全党着想，与其做地方工作，不如做翻译工作，学个唐三藏及鲁迅，实是功德无量的。"

1944 年 8 月 31 日给秦邦宪的信，阐述了一些重要理论观点。信中指出家庭的改造应当与革命群众运动联系起来，"我们是提倡'走出家庭'与'巩固家庭'的两重政策"。指出新民主主义社会的基础是工厂和农业、手工业合作社，不是分散的个体经济。分散的个体经济是封建社会的基础，不是民主社会的基础，"这是马克思主义区别于民粹主义的地方"。还提出"被束缚的个性如不得解放，就没有民主主义，也没有社会主义"这一重要论点。

1948 年 3 月 6 日给刘少奇的信，将经验与政策的关系从认识论的角度进行分析。信中说："凡政策之正确与否及正确之程度，均待经验去考证；任何经验（实践），均是从实行某种政策的过程中得来的，错误的经验是实行了错误政策的结果，正确的经验是实行了正确政策的结果。"信中还总结了 1947 年某些地方在土改工作中所犯政策性错误的经验，强调指出必须制定界限分明的正确政策、对政策作系统的说明和实行正确的领导方法，只有这样，才有可能防止发生错误和及时地纠正错误。

1948 年 8 月 15 日给吴玉章的信，不同意提"毛泽东主义"，强调应当"学习马恩列斯的理论和中国革命的经验"。信中对"中国革命的经验"的说明，包含着毛泽东思想是集体智慧的结晶这一思想。

1948 年 10 月 26 日给刘少奇的信，对限制私人资本主义的政策问题作了重要说明。信中说："就我们的整个经济政策说来，是限制私人资本的，只是有益于国计民生的私人资本，才不在限制之列。而‘有益于国计民生’，这就是一条极大的限制，即引导私人资本纳入‘国计民生’的轨道之上。”并指出这种“限制的斗争将是经常不断的”。这是七届二中全会决议关于限制与反限制斗争的论述的先声。

在这一时期中，毛泽东同党内外一些学术界、文艺界的知识分子和著名人士也有许多通信，真诚地同他们交朋友，平等地谈心和交换意见，热情地支持他们的工作，鼓励他们多接触群众，接触实际，帮助他们思想上的进步，并对学术、文艺工作提出一些指导性的意见。在哲学方面，从对艾思奇著作的评价，谈到自己当时“工具不够”，“还只能作工具的研究，即研究哲学，经济学，列宁主义，而以哲学为主”，并对研究孔子、墨子、老子的哲学文章详尽地提出意见。在历史学方面，从何干之对民族史的研究谈到范文澜对经学的批判，从郭沫若的《甲申三百年祭》谈到吴晗的《朱元璋传》。在文学艺术方面，谈到了反映敌后斗争生活的现代话剧，郭沫若的历史话剧，开创旧剧革命新局面的《逼上梁山》，艾青论秧歌剧的小册子，还谈到丁玲的特写，萧三的诗歌，等等。毛泽东强调不论是学术研究还是文艺创作，都应当以马克思主义作为指导，应当同现实斗争相结合。例如，他推崇范文澜关于中国经学简史的讲演提纲是“用马克思主义清算经学”的“头一次”，认为这种清算“必有大益”，“因为目前大地主大资产阶级的复古反动十分猖獗，目前思想斗争的第一任务就是反对这种反动”；他建议一位文学工作者“用马克思主义的观点将自己的作品检查一番”；他希望研究民族史要注意“证明民族抵抗与民族投降两条路线的谁对谁错，而把南北朝、南宋、明末、清末一班民族投降主义者痛斥一番，把那些民族抵抗主义者赞扬一番"，这"对于当前抗日战争是有帮助的"；他对郭沫若说"你的《甲申三百年祭》，我们把它当作整风文件看待。小胜即骄傲，大胜更骄傲，一次又一次吃亏，如何避免此种毛病，实在值得注意。倘能经过大手笔写一篇太平军经验，会是很有益的"。毛泽东同学术界、文艺界人士的这些通信，表明他对知识分子和学术、文艺等意识形态方面的问题给予很大的注意，从一个侧面反映了他作为一个革命家和思想家的面貌。

毛泽东给青年、包括他自己的孩子的几封书信中，向他们指出学习和工作的努力方向，期望他们健康地成长。1941 年 1 月 31 日给毛岸英、毛岸青的信，强调青年学习科学的重要性，要求他们努力学习自然科学和社会科学，"只有科学是真学问，将来用处无穷"。1946 年 1 月 8 日给在苏联学习的五位青年的信，指出新中国需要很多的学者及技术人员，鼓励他们向这方面努力。

毛泽东还有几封书信（如 1938 年 10 月 30 日《致柳夷》、1946 年 3 月 12 日《致洪禹》等），对一些党员和干部反映的个人问题，如在入党问题上遇到的困难，在审干中受到错误的对待等，采取热情而严肃的态度，认真负责地帮助他们解决问题，体现出党的领导人对人的关心，待人的真挚，读来十分感人。

这个时期的最后一组书信，是中共中央 1948 年 5 月提出召开新的政治协商会议的号召以后，毛泽东写给各民主党派、各人民团体的代表和其他著名人士的。其中有当时在香港的中国国民党革命委员会负责人李济深和中国民主同盟负责人沈钧儒，有受到中国共产党和中国人民敬重的宋庆龄，有远在海外、同情和支持中国革命事业的华侨领袖陈嘉庚、司徒美堂，等等。中共中央的号召和毛泽东写的有关的书信，得到了广泛的热烈的响应。1949 年 2 月 2 日毛泽东写给李济深、沈钧儒、马叙伦、郭沫若等 56 人的复信，反映了在人民解放战争胜利发展的形势下，全国人民团结一致的空前盛况。在这个基础上，召开了中国人民政治协商会议，成立了中华人民共和国。

三

中华人民共和国成立后，毛泽东的书信保存下来的比较多，《毛泽东书信选集》中选入了 195 封。

中国革命取得全国胜利后，毛泽东的一些亲朋故旧纷纷写信给他。有他的近亲毛家、文家、杨家的人，有他少年时代的同学、朋友、乡邻，有辛亥革命后他在湖南新军中的同事，有他在湖南省立第一师范学校读书时的同学、新民学会的会友，有他的老师，有烈士的遗属，还有湖南的社会名流，等等。他们在信中追叙旧谊，表示怀念和敬意，一些人也提出某些个人要求。国家初建，百废待兴，毛泽东担负着党和国家的繁重的领导工作，但是对于亲朋故旧的来信，他都亲自作复。他对他们怀着真挚的感情，在一些信中缅怀先烈，关心遗属；对生活确有困难的，常常用自己的稿费给以经济上的帮助；对群众日常生活中的一些问题，常常在信中关切地问及。他把同他们的通信和交往，作为联系群众、了解下情的一种方式。

对亲朋故旧提出的一些个人要求，毛泽东从不利用他享有的权力给以特殊的照顾。例如，对要求他帮助介绍工作的老同学，他说："吾兄出任工作极为赞成，其步骤似宜就群众利益方面有所赞助表现，为人所重，自然而然参加进去，不宜由弟推荐，反而有累清德。"对要求他帮助解决入党问题的旧友，他说，"入党事要在当地经过一定规章办理"，"未便率尔绍介"。对曾经照顾过杨开慧烈士的陈玉英的女儿的升学问题，他说："升学的事，我不宜于向学校写信。能否考取，听凭学校。"他对自己的近亲要求特别严格。1949 年 10 月给杨开智的信中说："湖南省委派你什么工作就做什么工作，一切按正常规矩办理，不要使政府为难。"他的近亲文家的人做了错事，他不但亲自对他们进行教育，还写信给当地的组织，请他们帮助进行教育。1954 年 4 月给湖南湘乡石城乡党支部、乡政府的信就是很有代表性的一封。信中说："文家任何人，都要同乡里众人一样，服从党与政府的领导，勤耕守法，不应特殊。请你们不要因为文家是我的亲戚，觉得不好放手管理。"在处理亲朋故旧反映的地方上的一些事情时，他严格遵照这样的原则："地方事，我只愿收集材料以供参考，不愿也不应当直接处理一般地方性的问题，使地方党政不好办事。"

在同旧友的通信中，给周世钊的信最多，共选入了 10 封，从谈诗论词、酬唱奉和到研究历史唯物主义、探讨对受任新职的态度，既有对他从事教育工作的鼓励，也有对他接触实际的督促。这些书信，情意拳拳，不拘形迹，亲切感人。

新中国成立以后，给党外民主人士的书信也很多，从一个侧面反映了党同党外人士长期合作的政策。这些书信有谈国家大事、方针政策的，有谈理论观点、思想方法和工作方法的，还有关心他们身体、关心他们学习的。毛泽东注意将一些重要情况及时向他们通报，使他们了解和支持党的政策，以增强党同他们合作共事的基础。例如，当黄炎培收到江苏许多地主向他告状的信后，毛泽东立即给他送去华东局关于镇反工作和土改工作的两个指示，并于1951年1月10日写信给当时的华东局负责人和苏南区党委负责人，让他们准备向将去苏南巡视的黄炎培介绍全面情况。他积极支持和鼓励党外民主人士多到基层参观，通过接触群众、接触实际提高认识。1951年3月18日，他在给几个中央局负责人的信中说："民主人士及大学教授愿意去看土改的，应放手让他们去看，不要事先布置，让他们随意去看，不要只让他们看好的，也要让他们看些坏的，这样来教育他们。"1950年和1951年，他两次写信给当时的教育部长马叙伦，关心学生的健康问题，提出"健康第一，学习第二"的方针。1951年2月17日给黄炎培的信，强调"对匪首，恶霸，特务（重要的）必须采取坚决镇压的政策，群众才能翻身，人民政权才能巩固"；同时全面地论述了宽大与镇压的问题，提出"如同宽大应有边，镇压也应有边，无边是不对的"这一重要论点。特别是1956年12月4日给黄炎培的信，根据党的八大的决议，指出我们国家内部的阶级矛盾已经基本上解决了，并在这个估计的基础上从全社会范围提出了社会主义社会两类矛盾的重要思想。这些思想，后来在《关于正确处理人民内部矛盾的问题》中作了进一步的阐述。

这一时期中，毛泽东在同党内负责同志的通信中，谈到各项重大方针政策的信件更多。例如，1949年11月14日给彭德怀和西北局的信，提出"要彻底解决民族问题，完全孤立民族反动派，没有大批从少数民族出身的共产主义干部，是不可能的"；1952年6月14日给周恩来的信，提出反对干部子弟学校待遇的特殊化，要求"干部子弟学校，第一步应划一待遇，不得再分等级；第二步，废除这种贵族学校，与人民子弟合一"；1952年10

月 15 日给谭震林的信，指出“今年征粮必须不超过中央规定的比率，大大减轻民负”；1958 年 1 月 12 日给刘建勋、韦国清的信，指出“一张省报，对于全省工作，全体人民，有极大的组织、鼓舞、激励、批判、推动的作用”，要求省委领导同志亲自过问省报工作；同年 10 月 11 日给杨尚昆的信，肯定关于西医学习中医的建议，指出“中国医药学是一个伟大的宝库，应当努力发掘，加以提高”；同年 11 月 9 日（第一次郑州会议期间）给中央、省市自治区、地、县四级党委委员的信，建议他们“联系中国社会主义经济革命和经济建设”来读马克思主义理论书，“使自己获得一个清醒的头脑，以利指导我们伟大的经济工作”；同年 12 月 22 日给陆定一的信，针对当时在知识分子问题上的“左”倾错误，提出要“端正方向，争取一切可能争取的教授、讲师、助教、研究人员为无产阶级的教育事业和文化科学事业服务”；1959 年 8 月 3 日给刘少奇、周恩来等的信，建议在党内一律称同志；1964 年 9 月 27 日给陆定一的信，提出艺术上“古为今用，洋为中用”的方针；1964 年 12 月 14 日给薄一波的信，赞成他关于川汉线的三条选线都要同时同样进行实地勘察的建议，指出“资源、线路都要用两三年时间认真调查，确有根据，才能比选。不可草率从事。也不可拖拖延延，不认真紧张地从事调查”；1965 年 7 月 18 日给陆定一等的信，指出画模特儿是绘画和雕塑的基本功，加以禁止是不妥当的，等等。这些信件，对于指导实际工作起了很好的作用。

这一时期中，反映毛泽东调查研究的思想和活动的书信，比较集中在 1961 年。这一年 1 月，他在中央工作会议的讲话中重新提倡调查研究，这对于初步纠正 1958 年以来工作中的错误，使国民经济得到较快的恢复和发展，起了重要的作用。他曾亲自组织和领导三个调查组，分别到浙江、湖南、广东的农村进行调查，1月20日给田家英的信，反映了这次调查活动的情况。4月25日给邓小平的信，要求中央和各地领导同志，对农村中的若干关键问题（食堂问题、粮食问题、供给制问题等）进行重点调查，"下十天至十五天苦工夫，向群众寻求真理"。5月6日给李井泉、陈正人的信，要求各中央局，各省、市、区党委第一书记，在这半个月内，"下苦功去农村认真做一回调查研究工作，并和我随时通信。信随便写，不拘形迹"。5月14日给张平化的信中说："一切问题都要和群众商量，然后共同决定，作为政策贯彻执行。各级党委，不许不作调查研究工作。绝对禁止党委少数人不作调查，不同群众商量，关在房子里，作出害死人的主观主义的所谓政策。"

这一时期中，毛泽东有一些同学术、文化界著名人士和负责这方面工作的同志的通信，谈到了他对学术、文化方面一些问题的看法。例如，1951年至1954年间给李达的三封信，就李达写的《〈实践论〉解说》《〈矛盾论〉解说》和两篇批判胡适的文章，特别指出，"关于辩证唯物论的通俗宣传，过去做得太少，而这是广大工作干部和青年学生的迫切需要"，应加强这方面的工作，"使成百万的不懂哲学的党内外干部懂得一点马克思主义的哲学"。有几封信是谈学术上的百家争鸣方针的。1956年2月19日给刘少奇等的信，针对一位苏联学者对《新民主主义论》中关于孙中山世界观的论点提出了不同看法一事，指出"对学术思想的不同意见，什么人都可以谈论，无所谓损害威信"，"对此类学术问题和任何领导人有不同意见，也不应加以禁止"。1957年

4 月 30 日给胡乔木的信，建议《人民日报》转载李汝祺的《从遗传学谈百家争鸣》一文。他给李汝祺的文章换了一个肯定的题目《发展科学的必由之路》，并为《人民日报》代拟了转载此文的编者按语。1958 年 7 月 28 日给周谷城的信，对周谷城请他为《形式逻辑与辩证法问题》一书作序的事，说："我对逻辑无多研究，不敢有所论列；问题还在争论中，由我插入一手，似乎也不适宜。作序的事，不拟应命，可获谅解否？"在章士钊的旧著《逻辑指要》编入"逻辑丛书"出版时，毛泽东在 1959 年 6 月 7 日给他的信中，代他拟了一篇"再版说明"，说"近年以来，逻辑一学引起了学术界的极大兴趣，于逻辑学的范围及其与唯物辩证法的关系，争论繁兴，甚盛事也"，并欢迎在学术问题上"保卫正确论点，指出纰谬地方，导致真理之日益明白"。1965 年关于《兰亭序》真伪的辩论中，他亲自写信给作为辩论一方的郭沫若，说"笔墨官司，有比无好"，支持发表高二适的驳议文章。毛泽东一方面坚持主张在学术研究中必须学习和运用马克思主义的立场、观点和方法，批判资产阶级的思想和方法，例如 1950 年 8 月 29 日给陈寄生的信中说"中国的历史学，若不用马克思主义的方法去研究，势将徒费精力，不能有良好结果"；另一方面他主张在具体的学术争论中，应当坚持百家争鸣的方针。这些思想，在今天仍然有重要的指导意义。

最后，谈一谈《毛泽东书信选集》注释的情况。全书注释共900 余条。为写这些注释，进行了大量的调查和访问。注释大多比较简要，但有一部分注释有较重要的内容。例如，1944 年 1 月14 日《致彭德怀》的注，介绍了毛泽东在彭德怀一次讲话的记录稿上写的关于党史和党的建设问题的一些重要观点；1950 年 6 月

4 日《致刘少奇》的注,介绍了毛泽东在刘少奇《关于土地改革问题的报告》草稿上加写的关于 1946 年以后一个时期土地改革工作经验的一段话;1951 年 3 月 27 日《致李达》的注,介绍了毛泽东对李达《〈实践论〉解说》一稿的几处重要修改;1951 年 12 月 15 日《致刘少奇》的注,介绍了党的历史文献中关于半工人阶级也是领导阶级这一提法的使用和修正的情况;1952 年 9 月 5 日《致黄炎培》的注,介绍了毛泽东修改黄炎培一个讲话稿时阐述的对资本家进行教育和改造的一些重要思想;1959 年 6 月 7 日《致章士钊》的注,介绍了章士钊记述的毛泽东关于把学术问题同政治问题相区别的一段谈话;1965 年 7 月 18 日《致章士钊》的注,介绍了毛泽东在另一封信中对章士钊《柳文指要》的评价。这些注释,介绍了为了解和研究有关书信的内容所需要的、过去没有公开发表过的一些历史文献,这对于广大读者,特别是理论工作者和党史工作者,是会有帮助的。

一信之考，旬月踌躇

——《毛泽东书信选集》编辑记事之一

编辑工作是一门学问，具有科学性和规律性。就拿编辑已过世的和现任的党和国家领导人的文集这项工作来说，文稿的收集，篇目的确定，版本的校勘，文内人名、地名、事件及其他史实的考订，个别文字的订正和作注释，等等，要求编辑人员具有相当的马克思主义理论的基础知识和其他方面的知识，具有较好的语言文字水平，科学的和兢兢业业、一丝不苟的工作态度。

《毛泽东书信选集》的编辑工作从 1983 年 3 月全面展开（1982年进行了一些准备工作），有十几个人参加，经过半年多的紧张工作才告完成。

在编辑这本书信选集时，我们对一些信的收信人，写信的时间，信中谈到的一些时间、地点、人名、书名和事件等，进行了核实和考订。全书作了 900 多条注释。

在进行这些工作时，文献资料方面我们以档案材料为主要的依据。在北京，我们到中央档案馆和中共中央组织部等单位，查阅了大量的文献档案和干部档案；还到其他几十个单位，查阅了

---

* 此篇文章发表在《文献和研究》1985 年第 2 期。《毛泽东书信选集》编辑记事共三个部分（之一、之二、之三），发表时作者署名为"《毛泽东书信选集》编辑小组"。之一和之二由冯蕙起草，之三由张诚起草。

有关的档案材料和文物。我们还到湖南省档案馆和南京第二历史档案馆等单位查阅档案材料。此外，我们查阅了许多书籍、刊物和报纸。同时，我们开展了大量的调查访问。在北京进行了300余次的调查访问，到湖南长沙、湘潭、湘乡等十几个市、县访问了近200个单位和个人，并在南京、上海、无锡、宁波等地访问了十几个单位和个人，了解到许多情况，收集到一些文字资料。我们还发出了上百封函调信。

《毛泽东书信选集》的编辑工作，正是在文献档案资料同调查访问相结合的基础上，在二者互相补充、互为印证的情况下，才得以完成。

现在，就《毛泽东书信选集》编辑工作的情况和体会，写成这篇编辑记事。这是总结我们的工作，以便发扬成绩，克服缺点和错误；也是向读者汇报我们的工作，进行编者同读者之间的交流；当然也是把我们的某些一虑之得介绍出来，同我们的编辑工作同行们切磋，共同为编辑学的建设添砖加瓦。

"各位教授先生们"是谁？

在毛泽东书信中，有个别书信的收信人不清楚或不完全清楚的情况。例如1936年11月2日毛泽东有一封写给各位教授先生的信，这封信没有信封，信是用毛笔写的，有手稿。信的上款是"各位教授先生们"。"各位教授先生们"指的是哪些人呢？

当时的著名教授，较多地住在北平、上海两地。我们认为指北平的教授可能性较大，因为信中说"我们正准备一切迅速地进到团结全国出兵抗日，我们与你们见面之期已不远了"，当时的抗日前线是在华北。这封信中还说："收到惠赠各物（火腿、时表等），衷心感谢，不胜荣幸！"这样，我们决定访问当年北平的著名教授和在北平做地下工作的老同志。

我们首先访问了郭明秋，询问"各位教授先生们"指的是哪些人。她建议我们访问当年燕京大学的著名教授张友渔。

我们访问张友渔时，他说这封信他记不得了。关于火腿等是谁送去的？他分析说：如果说是上海送去的，有这种可能性，不过上海的抗日救亡运动中以教授身份出面的人不多，主要是一批爱国民主人士；而北平则是由黄松龄、许德珩、程希孟和我等人公开地以教授身份组织了华北救国会，火腿等是北平送去的这种可能性更大。他还说，黄松龄、杨秀峰和他当时已是共产党员，毛泽东的这封信很可能是写给党外的几位教授的，当时党外的著名教授有许德珩等。

这样，我们来到了许德珩家里，93 岁高龄的许老热情地接待我们。当他看完毛泽东写给"各位教授先生们"的信（手稿的复印件）后，欣喜异常地说："有这么回事！有这么回事！"他追溯那已经流逝的岁月，明确、具体、生动地给我们介绍了有关的情况。他说："火腿和时表，是我和我爱人劳君展送的。劳君展是新民学会会员，早年就同毛主席相识。1935 年 12 月，徐冰、张晓梅告诉我们，毛主席率中央红军已经到达陕北。我们听了很高兴，并问毛主席他们在那里生活上有什么不方便的吗？徐冰说，生活比较艰苦，最缺三样东西，一是没有鞋穿，二是没有时表，三是缺少吃的东西。我当即拿出几百块大洋，让劳君展和张晓梅去买东西。她们在东安市场买了三十几双布鞋、十几只金华火腿、12 只怀表（十块大洋一只）。这些东西都交给了徐冰他们。他们问我这些东西送到后要不要毛主席亲笔写个收条。我说：'不要，这点小事不用写收条。'现在看来，要是有个收条就更好了，可以放在博物馆作为革命文物展览。1945年重庆谈判时，毛主席在红岩村八路军办事处请我和劳君展吃饭，周恩来等也在座。劳君展问毛主席：'过去给你送的一些火腿等物收到没有？'毛主席说：'收到了，收到了。他们都吃了，我也吃了。'"许老正说到这里，他的秘书牟小东走了进来，许老把信递给他看，并说："你看这信，我过去对你说过的事，这上面都写着哩！"牟小东看完信后问："您过去说送的是三样东西，信上怎么没有说到布鞋呢？"许老笑了，说："信上不是写的'火腿、时表等'吗？那个'等'字里面就包含着布鞋了嘛！"我们又问许老，当时看见了毛泽东这封亲笔信没有？他说在记忆中这封信是由徐冰念给他们听的，没有见到亲笔信。

在考证一个问题时，人们常说"孤证不立"。许德珩关于这封信的回忆，对于考证"各位教授先生们"是哪些人，虽然也是一个孤证，但是，这个孤证是有说服力的，可信的。首先，许老的回忆是明晰、详细的，是有情节有过程的，而且是与信的内容相符合的。其次，许老说他没有见到这封亲笔信，而是由徐冰念给他们听的。这一点同我们从文献方面掌握的有关情况也是吻合的。毛泽东给"各位教授先生们"的这封信，在信的手稿第一页的右侧有他用铅笔写的"已发"二字。这一情况说明这封信不是通过邮政递送的，而是用电报发出的。这样，许老当然不可能见到毛泽东的亲笔信，而只能是由徐冰将抄收的这封信的电文念给他们听了。

这种确凿可信的孤证，我们认为是可以作为下判断的根据的。这样，我们将毛泽东给"各位教授先生们"的信，题为《致许德珩等》。

给高桂滋的信是哪一年写的？

毛泽东写的书信，有相当一部分没有写明年份，有的没有写明月份，有的甚至连年月日都没有写明。还有个别的书信，他亲笔写了年月日，但仍有可疑之处。在我们的编辑工作中，考证写信的时间，也是很费力气的。

毛泽东写给高桂滋的一封信，中央档案馆提供的原抄件上没有写明年月日。中共中央办公厅秘书局编印的一种内部文集收入了这封信，编者判定的写信时间为"一九三五年十二月"。对于这一判断，我们存在着一些怀疑。信中说"敝军间关南北，克抵三秦"，这说明这封信是在 1935 年 10 月红一方面军经过长征到达陕北以后写的。信中还说："附上敝党中央之政治决议及文告多种，借供参考。"这里所说的"政治决议"，应是指 1935 年 12 月 25 日中共中央政治局会议（瓦窑堡会议）通过的《关于目前政治形势与党的任务的决议》。内部文集的编者判定这封信的时间是 1935 年 12 月，那就是说这封信是在 1935 年 12 月 26 日至 31 日之间写的。瓦窑堡会议后的短短六天中，决议就印成了文件，毛泽东等就写信给高桂滋，这种可能性不能说绝对不存在，但一般说来是比较小的；相反，在 1936 年初写这封信的可能性比较大。这只是我们的一个初步分析，要证实它需要有材料作依据。

信中与判断写信时间有直接关系的一段话是："阁下率领之数千健儿，与于一九二七年大革命之役，复与于四年前抗日之役"。如能查明"四年前抗日之役"指的是什么，那么这封信的年份就基本上可以确定了。经查阅有关的材料和向长期追随高桂滋的齐天然进行了解，弄清楚了"四年前抗日之役"是指1933年的长城抗战。当时，高桂滋的84师与商震的部队在长城冷口同日本侵略军作战。毛泽东等的信中将1933年的长城抗战称作"四年前抗日之役"，由此推算写信的时间似应是1937年了。但从信的内容看，这封信不可能是1937年写的。理由是：（一）信中的"卖国贼首蒋介石"这一用语，不可能出现在1936年西安事变和平解决以后的书信中；（二）信中所说的与高桂滋谈判签订停战抗日协定的事，也不会发生在西安事变和平解决之后，因为那时国内和平已基本上实现了。我们认为，信中的"四年前抗日之役"是一个不精确的说法，将写信的1936年上溯到长城抗战发生的1933年所跨着的四个年头，说成是"四年前"了。如果说这封信是1935年写的，那"四年前"的说法就根本无从解释了。因此，我们判断这封信是1936年写的。至于月份，则难以确定，我们倾向于是1936年初写的。为了慎重起见，我们对这封信的时间只署"一九三六年"，放在1936年第一封信的位置。

艾思奇到达延安的时间

毛泽东写给艾思奇的一封信，信的下款没有年月日。有人曾说这封信写于1937年9月。我们考察和分析了这一说法的依据。毛泽东在写给艾思奇的信中谈到艾思奇的著作《哲学与生活》，并把自己对这本书的摘录随信附上请艾思奇看一看。毛泽东做的摘录共19页，题为《艾著〈哲学与生活〉摘录》，署的日期是

"一九三七，九月"。上述关于写信日期的说法，很可能是根据这个摘录所署的日期来判定的。

但是，写信的时间不一定就是作摘录的时间。这封信是艾思奇到延安后毛泽东写给他的，查清楚艾思奇到延安的时间，对于分析和判断写信的时间是会有帮助的。

关于艾思奇到延安的时间，他 1964 年填写的《干部履历表》中说："1937.9—1938 年底到延安抗大任主任教员"。但是，1937年 9 月 24 日毛泽东给潘汉年的电报中说："艾思奇已到西安，即来延安。"1937 年 10 月 4 日《新中华报》关于陕北公学筹备情况的一篇报道中说，陕公聘请的教授"艾思奇、周起应、李初梨等五人已离沪北来"。从这两个材料看来，直到 10 月 4 日艾思奇尚未到达延安。为了进一步查清这个问题，我们询问过当年同艾思奇一起到延安的周扬，周扬说他们是 1937 年 10 月 10 日左右到达延安的。综合以上情况，我们认为艾思奇到达延安的时间应是1937 年 10 月。那么，艾思奇在《干部履历表》中写的"1937.9—1938 年底到延安抗大任主任教员"，又该怎么解释呢？我们认为有两种可能性：（一）时隔 20 多年之后填写的这个履历表，记忆有不准的地方；（二）表中所说的 9 月，指离开上海动身来延安的时间。

既然艾思奇是 1937 年 10 月到达延安的，那么毛泽东写给他的信就不可能是 9 月的。是不是 10 月写的，我们难以作出最后的判断。但从信中毛泽东急切地要同艾思奇面谈哲学上的一些问题看来，这封信不像是在艾思奇到延安很久后才写给他的，而像是在艾思奇到后不久写给他的。由于缺少直接的根据，我们没有将这封信的时间写为 1937 年 10 月，而是写为"一九三七年"，在目录上将它排在 1937 年 10 月 10 日《致雷经天》与 1937 年 11 月 27 日《致文运昌》这两封信之间，表示这封信的时间不早于 1937 年 10 月 10 日。我们认为，这样处理是应当采取的实事求是的慎重的态度。

从林伯渠的个人生产节约计划判断出毛泽东写信的年份

毛泽东写给林伯渠的一封信，下款署的日期是"一月十九日"，没有年份。有关单位提供手稿复印件时，注明写信年份是 1943 年。这封信是不是 1943 年的，我们有些怀疑。信中说："来示诵悉，生产节约今年必比去年有更好成效。"我们知道，陕甘宁边区党政机关的生产运动是在 1943 年才比较大规模地开展起来的，信中说生产节约去年已取得了好成效，这里的"去年"是指 1942 年吗？信中还说："你个人的计划能实行，必有好的影响。"从这里我们想到查明林老的个人计划是哪一年订的，对判定这封信的年份会有帮助。查阅资料后，我们了解到林老的个人计划是指他 1944 年订的个人生产节约计划。这个计划首先在陕甘宁边区政府机关 1944 年新年墙报上刊出，接着又在同年 1 月 28 日《解放日报》上发表。这样，毛泽东写给林伯渠谈到他的个人计划的这封信，不是 1943 年写的，而应是 1944 年写的。

"八年抗战"应当怎么理解？

毛泽东写给邓宝珊的一封信，手稿上只署明"十二月二十二日"，没有年份。信中说："只有人民的联合力量，才能战胜外寇，复兴中国，舍此再无他路。如果要对八年抗战作一简单总结，这几句话，鄙意以为似较适当，未知先生以为然否？"最初我们认为，既然信中说到对八年抗战作简单总结，那这封信似乎应是在抗日战争结束以后写的，而且可能是在 1945 年写的。但是，信中还说："去年时局转换，先生尽了大力，我们不会忘记。""去秋晤叙，又一年了。"这些又指的什么呢？抗战时期我们党同国民党将领和民主人士来往联系的一些具体事宜，有些是经过陕甘宁边区政府交际处办理的。于是，我们向当时任边区政府交际处处长的金城了解这封信的有关情况。金城十分肯定地说这封信是 1944 年的，并对信中提到的一些事作了明确的解释。他说：信中的"去年时局转换，先生尽了大力"，是指邓宝珊在蒋介石 1943 年发动第三次反共高潮时采取不支持蒋介石的中立态度；"去秋晤叙"，指 1943 年 11 月邓宝珊由西安返回榆林时途经延安同毛泽东等会晤。他还说，这封信是经他交刘绍庭送给邓宝珊的。我们还向当时在邓宝珊处工作的沈求我（曾任民革中央副秘书长）了解这封信的情况，他提供的情况同金城谈的是一致的。毛泽东致邓宝珊信的年代，就这样确定为 1944 年。信中的"八年抗战"，可以理解为说的是跨着八个年头的抗战。

给符定一的信的年份是怎样确定的？

毛泽东写给符定一的一封信，下款署的日期是"九月三十日"，没有写明年份。毛泽东还有一封给符定一的信（这封信未收入《毛泽东书信选集》，但同考证 9 月 30 日信的年份有密切关系），从内容看是在接到符定一对 9 月 30 日信的复信后写的，这封信的下款署的日期是"一九三六年，十一月廿八日"。由此可以推导出前一封信也是 1936 年写的。但这有两点矛盾：（一）11 月 28 日给符定一信的信封上毛泽东写有"剑英同志转陈"六个字，那就是说这封信是由叶剑英带交符定一的。但在 1936 年叶剑英根本没有去过北平，怎么能将毛泽东的信带给符定一呢？（二）这两封信的毛泽东手迹，不像他在 1936 年时写的字，而像他在抗战胜利前后写的字。这样，我们认为这两封信的年份需要考订。9 月 30 日的信说："既接光仪，又获手示，诲谕勤勤，感且不尽。德芳返平，托致微物，尚祈哂纳。""既接光仪"，说明毛泽东同符定一见了面；"德芳返平"，是说符定一的女儿符德芳从延安回北平。如果查清楚这两件事情发生的时间，那就可以确定这封信的年代了。符定一、符德芳均已去世。我们访问了符定一之子符同天，他详细地向我们介绍了有关的情况。他说：1946 年毛泽东邀请符定一访问延安。这一年的夏天，符定一带着女儿德芳乘飞机去延安，同机前往的还有陈瑾昆夫妇。符定一到延安后因水土不服很快回北平，符德芳稍后才回北平。9 月 30 日的信是由德芳带回来的，11 月 28 日的信是由叶剑英转交的，两封信都写于 1946 年。

我们还查阅了陈瑾昆的档案材料，他在自传中写道："一九四六年六月，到延安见到毛主席、朱总司令、刘少奇、林伯渠等中央同志。"从这里可以印证出符定一是 1946 年 6 月去延安的，符同天提供的情况是准确的。关于陈瑾昆去延安的时间问题，需要补充一点情况。陈瑾昆 1946 年 6 月到延安见了毛泽东等后，离开了延安。1946 年 9 月陈瑾昆率全家到达延安，此后一直住在解放区，1949 年到达北平。

我们还查考了叶剑英到北平的时间。叶剑英是 1946 年 1 月 13 日由重庆飞抵北平，作为中国共产党的代表参加军事调处执行部的工作。1947 年初军事调处执行部正式宣告结束，叶剑英离北平回到延安。毛泽东 11 月 28 日给符定一的信是由叶剑英转交的，那应是叶剑英在北平这一年多的时间内转交的。从这里也可以推导出这封信写于 1946 年。

综合以上情况，我们判定这两封信都是写于 1946 年，校正了 11 月 28 日信上毛泽东所写的"一九三六年"这一笔误。

判定《致陈瑾昆》写作年份的两点依据

毛泽东写给陈瑾昆的一封信，下款署明"一月十六日"，没有年份。有关单位提供这封信的手稿复印件时，注明写于 1946 年。根据信封和信的内容，我们认为这封信不可能是写于 1946 年的。

首先，毛泽东在信封上写的收信人的地址是"杨家岭"。陈瑾昆是 1946 年 9 月在张家口发表《余为何参加中共工作》的声明后，举家来延安的。因此，1 月 16 日写的这封送到杨家岭的信，不可能是写于 1946 年的。同时，这封信也不可能是写于 1948 年的，因为 1948 年 1 月延安还被国民党军队占领着。这样，这封信应是写于 1947 年的。

其次，从信的内容分析，这封信也应是写于 1947 年的。信中说的"目前美蒋所提和谈"，正是发生在 1947 年 1 月中旬的事情。据《美国与中国的关系（白皮书）》第六章记载，1947 年 1

月 15 日蒋介石通知美国驻华大使司徒雷登："国民政府愿意派一个代表团到延安去或是邀请共产党派一个代表团到南京来，以继续谈判，或同意在任何双方可以接受的地点举行圆桌会议。"蒋介石并请求司徒雷登同仍在南京的中国共产党首席代表王炳南接触，以试探共产党方面的态度。1 月 16 日，司徒雷登会见王炳南，转告了国民党政府希图恢复和平谈判的意向。"中国共产党当即予以直截了当的答复，说如果政府同意以前所约定的两项条件（废除宪法与恢复 1946 年 1 月 13 日停战协定生效时的军事位置），谈判即可在南京恢复；否则即使派代表团到延安去，也不会有什么结果。"1947 年 2 月 1 日，毛泽东为中共中央起草的党内指示（《毛泽东选集》第 4 卷的《迎接中国革命的新高潮》一文）中也谈到蒋介石的这一和谈欺骗。

根据以上情况，我们判定这封信写于 1947 年。

信封上的"51377"编号有误

毛泽东给王首道的一封信，下款署的日期是"十月十一日"，没有年份。这封信的信封上有用编号机打印的"51377"字样，意即 1951 年的第 377 号。信的内容是说湖南教育界老人张次仑（张干）、罗元鲲（罗瀚溟）及袁吉六的夫人生活贫苦，请湖南省政府酌予接济。张次仑是毛泽东在湖南省立第一师范学校求学时的校长，罗元鲲、袁吉六均为教员。10 月 11 日，毛泽东还给罗元鲲一信（此信未收入《毛泽东书信选集》），信中说："赐示敬悉"，"先生及张次仑先生……年老贫苦，甚为系念。已函王首道主席由湖南省人民政府予以协助，袁吉六夫人亦在其列"。1977

年 5 月 10 日中共湖南省委办公厅上交这封信的手迹时填写的"说明卡"上说,"这是毛主席一九五二年十月十一日给罗瀚溟的复信","原件由罗的孙女罗宗华提供"。毛泽东写给王首道的信和写给罗元鲲的信应是同一年写的,但上述材料关于写信年份的说法却不一致,需要考订。

我们去湖南访问了罗元鲲的孙女罗宗华。她向我们提供了罗元鲲生前抄写的《第一次致毛主席的信和他的回信(一九五○年八月—十月)》《第二次致毛主席的信和他的回信(一九五一年十月十九日—廿二日)》《第三次致毛主席的信和他的答复(一九五二年十月—十一月)》三个抄件。罗元鲲的这些抄件只抄写了他给毛泽东的信,没有抄上毛泽东给他的复信;但所署的年月日应是分别包含了他写信的时间和毛泽东复信的时间。罗元鲲给毛泽东的第一次信写于 1950 年 8 月 16 日,信中说,他"年届七十","个人生活,尤觉彷徨";袁吉六已去世,"其夫人戴氏……日在饥饿线上挣扎,殊觉可怜,望主席垂意及之";"当日校长张干先生,老境颓唐,与我略同,并乞垂念是幸"。上面说到的 10 月 11 日毛泽东写给罗元鲲的信,从内容看正是对他第一次来信的复信。从月份看也与罗元鲲抄写的"一九五○年八月—十月"相符合,"八月"是他写信的时间,"十月"是毛泽东复信的时间。这样,10 月 11 日毛泽东给罗元鲲的复信,应是写于 1950 年。我们还在湖南访问了袁吉六的儿媳,又写信向他的孙子袁大川了解有关的情况。袁大川回信说:"新化县人民政府接省府通知找到我们家的时间是 50 年冬天,嗣后(51 年)我祖母奉召到北京参加了这一年的'五一节'观礼,故毛主席给罗元鲲的和王首道的信一定在此前的 50 年,而绝不会在 51 年的 10 月 11

日。我母亲和我对这件事的记忆是准确的。"

综上所述，10 月 11 日毛泽东给罗元鲲的信写于 1950 年，湖南省委办公厅"说明卡"关于此信写于 1952 年的说法有误；毛泽东在同一天（10 月 11 日）写给王首道的信，也应是写于 1950 年的，这封信的信封上打印的"51377"号码，其中表示年份的"51"有误。

寻绎而辨，严校细勘
——《毛泽东书信选集》编辑记事之二[*]

这里，介绍对毛泽东书信正文中的史实和文字的考订和校正。

在包括书信在内的毛泽东文稿中，存在着极少数的史实不准确和文字上的笔误。对待这类问题，我们遵循党和毛泽东一贯倡导的实事求是的原则，根据周密的考证和有确凿依据的判断，进行校正。这样做，是编辑工作者的责任。在已经出版的毛泽东的选集和文集中，还有个别不准确的史实和错别字没有校正。原因何在呢？这并不是像有的同志认为的那样是有什么顾忌，因而没有得到校正。出现上述情况，是由于编辑工作者知识水平不够高，调查研究不够，没有发现问题，或者虽然感觉到有问题，但又做不出有充分依据的判断；还由于编辑工作不够细致，使应当发现并有把握作出判断的问题，从眼前滑过去了。

收入《毛泽东书信选集》的 372 封书信中，有手稿的 300 封，约占 80%，其余是：手稿影印件 29 封，毛泽东亲笔署名或修改过的抄件 10 封，中央档案馆保存的原抄件 28 封，印件五封。在编辑过程中，我们对信中提到的人名、地名、时间等进行了核实

---

* 此篇文章发表在《文献和研究》1985 年第 3 期。编入本书时，内容作了补充。

和校订，对信中文字方面的极少数的笔误（错别字、漏字、重字等）作了相应的订正。

一、对书信手稿、手稿影印件正文的核实和订正

毛泽东在书信中多次提到他外祖父家的居住地"唐家圫"，但写法不一，有时又写作"唐家垯"或"唐家坨"。"圫""垯""坨"三个字中，哪一个是正确的呢？我们在湖南调查时向湘乡县党史资料征集办公室负责人了解这个问题，他说应用"圫"字。我们又向湖南省地名委员会进行了解，他们回信说：目前湘乡、湘潭、长沙一带习惯都写作"唐家圫"；清同治《湘乡县志》、清光绪《湘潭县志》中也写作"唐家圫"；湖南省地名普查时，定为"唐家圫"（圫，音 tuō，较大的凹陷地，或有水，或无水）。这样，我们将毛泽东书信中的"唐家垯"和"唐家坨"，均订正为"唐家圫"。

毛泽东书信中，有将某一事情的时间写错的情况，我们进行了核实和订正。例如：

1949 年 10 月 15 日给周世钊的信中说："迭接电示，又得十月二十八日长书，勤勤恳恳，如见故人。"这里出现一个疑问：毛泽东的复信是 10 月 15 日写的，信中却说得到周世钊的"十月二十八日长书"，这封"长书"是哪一年写的呢？如果是1949 年写的，那毛泽东信中写的"又得十月二十八日长书"与毛泽东复信的下款所署的"一九四九年十月十五日"有矛盾，怎么复信的日期竟比来信的日期还早了十多天呢？如果说是1948 年或更早的时间写的，可是毛泽东信中又没有"去年"等

字样。我们没有见到周世钊这封"长书"的手稿。在湖南调查时，我们就"十月二十八日长书"的年份问题访问了周世钊的儿子周思源。他提供了周世钊生前亲笔整理记录的关于毛泽东写给他的信的一个材料，题为《一九四九年——一九六八年的信》。这个材料将毛泽东历次写给他的信按时间顺序编号记录，有每一封信的时间、页数和首句。这个材料上的第一号信即 1949 年 10 月 15 日毛泽东写给他的信，周世钊记录的首句是："迭接电示，又得九月二十八日长书，勤勤恳恳，如见故人。"周世钊将"十月"改为"九月"，说明他也发现了我们在上面提出的疑问。当时，我们认为，这封"长书"是周世钊写的，他本人最清楚这封信写于何月何日，他既然将"十月"改为"九月"，说明"长书"是 9 月写的。毛泽东信中还说："陈泽同先生的意见书已收阅，当交此间工业机关研究，请兄为我代致谢意。"从信的上下文看，陈泽同的意见书很可能是与周世钊的"长书"一起寄给毛泽东的。于是，我们在湖南又访问了陈泽同。他说：长沙解放后，我去看望周世钊，问他是否写信给毛主席。后来我就写了一封信，并撰写了《建设湘潭工业区刍议》的意见书，随周给毛主席的信寄出。毛主席信中说的"十月二十八日长书"，当指周世钊这一次给毛主席的信。陈泽同提供的以上情况，说明周世钊的"长书"写于 1949 年，因为长沙是 1949 年 8 月 4 日和平解放的。

我们根据周世钊的改正和陈泽同提供的情况，将毛泽东信中的这个"十月"，订正为"九月"，成为"又得九月二十八日长书"。[1]

---

[1] 关于周世钊给毛泽东的这封"长书"的写作日期，后来又作了进一步的考订。《毛泽东书信选集》于 1983 年 12 月出版后，周世钊的亲属周彦瑜、吴美潮在《中共党史研究》2007 年第 2 期发表文章，指出《毛泽东书信选集》将周世钊"长书"的写作日期"十月二十八日"订正为"九月二十八日"是不正确的，周世钊的"长书"是 1949 年 10 月 28 日写的，毛泽东复信的日期应为 1949 年 11 月 15 日，毛泽东复信下款所署的"一九四九年十月十五日"中的"十月"有误。文章中说"陈泽同先生的女儿陈淞女士提供给我们一本陈泽同先生的手稿，手稿中有周世钊、陈泽同 1949 年 10 月 28 日致毛泽东函的抄写件，周信长达 7 页"。文章没有披露陈泽同对周世钊"长书"的手抄件，也没有提到周世钊亲笔整理的毛泽东历次给他的信的材料中，将毛泽东复信的手稿中写的"又得十月二十八日长书"改写为"又得九月二十八日长书"的缘由。读到周、吴二同志的文章时，我们正在编写《毛泽东年谱（1949—1976）》，在年谱中，毛泽东 1949 年复周世钊的这封信，应当记在 10 月 15 日呢，还是 11 月 15 日呢？需要作进一步的考订。而进一步的考订需要解决两个问题：一是周世钊给毛泽东的"长书"下款所署的日期究竟是几月几日？二是如何解释周世钊将毛泽东复信手稿中的"又得十月二十八日长书"，在自己整理的材料中改写为"又得九月二十八日长书"？在进一步考订中，我们多次同吴美潮同志联系、磋商，得到他真诚的帮助。他在 2013 年向我们提供了当年陈泽同对周世钊致毛泽东的"长书"的手抄件复印件，陈泽同的手抄件用的是那时的十行信纸，竖写，共七页，标题为《周惇元先生上毛主席书》。从这个抄件看出，周世钊致毛泽东的"长书"中，上款为"润之主席学长兄"，下款为"周世钊上　十月廿八日"。陈泽同在另一处记有周世钊"十月二十八日长书"，同他 10 月 28 日写给毛主席的信及他写的《建设湘潭工业区刍议》意见书一起，于 10 月 29 日上午 11 时投邮寄出。他还记有"十一月二十四日周敦元先生在第一师范接到毛主席复信"，说明毛泽东的复信是 11 月写的。至于周世钊为什么在自己整理的材料中改写为"又得九月二十八日长书"，吴美潮同志说：周世钊整理这个材料是在"文革"时期，当时年事已高，那封"长书"又是 20 年前写的，他记不清楚是几月几日写的了，又因"十月二十八日长书"与毛泽东下款署的"一九四九年十月十五日"有矛盾。所以就改为了"九月二十八日长书"。这样，我们在《毛泽东年谱（1949—1976）》中，将毛泽东复周世钊的这封信，记在 1949 年 11 月 15 日条，信中照毛泽东手稿恢复为"又得十月二十八日长书"。将来《毛泽东书信选集》再印时，也应将编入书信集的这封复信内的"又得九月二十八日长书"恢复为"又得十月二十八日长书"，毛泽东复信的日期，应订正为 1949 年 11 月 15 日。

　　1951 年 1 月 14 日给徐悲鸿的信中说:"一月十三日给我的信并附石永懋先生所为书二本均已收到。"我们查阅有关这封信的资料时,在中共中央办公厅信访局看到了徐悲鸿给毛泽东的原信。信中说:"敬呈上石君永懋所著《论语正》一部,恳主席略为翻阅,一见其用心。石君其人失业,今石君困居天津,毫无照顾。"信的下款是:"徐悲鸿挥上　十月十三日"。信封上注明:"外书两册"。中办信访局 1951 年 1 月 7 日上报这封信时写的内容摘要是:徐悲鸿"请求主席照顾石永懋。附石所著《论语正》一部二册"。上述材料说明,徐悲鸿给毛泽东的信应是 1950 年 10 月 13 日写的,毛泽东在复信中说的"一月十三日给我的信","一月"应为"十月",我们据此作了订正。

　　我们还订正了书信正文中的错别字,例如,1936 年 10 月 22 日给叶剑英等的信中,"柳湜的《阶头讲话》"的"阶"字,订正为"街"字;1937 年 1 月 30 日给徐特立信中,"畏崽不前"的"崽"字,订正为"葸"字;1939 年 6 月 17 日给萧三信中,"这事到不很容易"的"到"字,订正为"倒"字;1939 年 10 月 7 日给吕超信中,"翌赞中枢"的"翌"字,订正为"翊"字;1945 年 2 月 22 日给萧三信中,"也否也请你去谈一下"的前一个"也"字,订正为"可"字;1958 年 10 月 25 日给周世钊信中,"要讨贷价""不付贷价"的"贷"字,均订正为"代"字;1965 年 7 月 21 日,给陈毅信中,"味同嚼腊"的"腊"字,订正为"蜡"字,等等。

　　毛泽东书信手稿中个别笔误,属于用词或语法不够妥当,或把意思说反了,我们根据文意作了订正。例如,1962 年 11 月 15 日给杨开智信中,"祝你节哀顺变"的"祝"字,订正为"望"字。

1959 年 9 月 13 日给胡乔木信中，"给了我的启发"的"的"删去。1950 年 6 月 4 日给刘少奇信中说："所谓生产关系，是指人们对生产资料的所有关系，即财产的所有权关系。生产资料的使用，例如农民使用（租用）地主的土地，只是地主对于土地的所有关系的结果，这种所有关系表现为地主对佃农的隶属关系（人与人的关系），即是生产关系。"这句话中的"这种所有关系表现为地主对佃农的隶属关系"有误，订正为"这种所有关系表现为佃农对地主的隶属关系"。

二、对书信印件、抄件正文的核实和订正

1920 年 12 月 1 日给蔡和森等的信的印件中说："和森在八月十三日的信里说：'我将拟一种明确的提议书，注重无产阶级专政和国际色彩两点。因我所见高明一点的青年，多带一点中产阶级的眼光和国际的色彩，于此两点，非严正主张不可。'"从文意看，第二个"国际的"三个字可能有误。我们从《新民学会会员通信集》第三集中查阅了 1920 年 8 月 13 日蔡和森给毛泽东的信，信中说的是："因我所见高明一点的青年，多带一点中产阶级的眼光和国家的色彩。"这样，我们将第二个"国际的"订正为"国家的"。

书信抄件中有个别抄错的地方，使语句的意思看不明白，上下衔接不起来，订正时是颇费推敲的。订正这类错误时，不仅需要从文意方面进行分析，而且还应对形成差错的原因进行分析，作出合理的说明。将这两方面的分析结合起来，才能作出根据充足的订正。1936 年 5 月 25 日给阎锡山的信，中央

档案馆提供的原抄件上有一句话写作："敝军抗日被阻，然此至为昨，千回百折非达目的不止。""然此至为昨"是什么意思呢？我们进行了反复的揣摩、分析，认为这里有抄写错误。"至"是"志"之误，这是抄写者发生的同音字笔误；"为"是"如"之误，"为"与行书"如"字的字形相近，这是抄写者发生的形近字笔误。"然此至为昨"应是"然此志如昨"，"此志"指信中所说的红军的抗日要求和决心，这样上下文的意思就可以顺下来了，可以理解了。我们照此作了订正。

1936 年 9 月 18 日给宋庆龄信的抄件中的一个错别字的订正，也有类似上面所说的情况。这封信中说："付上我们致国民党中央的信以作恭考。""恭"是个什么字呢？在词典中查不到。按文意这里似应是"叅"字（今简化为"参"），可是怎么把"叅"写成了字形差别甚大的"恭"了呢？《康熙字典》和《辞海》说"叅"是"参"的俗字或异体字。我们分析，抄件上的"恭"是抄者在写"参"字时写了它的俗字"叅"，但没有写准确，写成了"恭"。为了进一步证实这一分析，我们从中央档案馆提供的毛泽东的其他书信抄件中查"参"字的写法。在 1936 年 9 月 22 日给李济深等的信的抄件（从笔迹看，这一抄件和前面说的那个抄件是同一个人抄写的）中，"参加"的"参"字，同样写成了"恭"。这样，我们将"恭"订正为"参"。

我们订正的书信抄件中的错别字和补正的漏字，还有：1936 年 8 月 14 日给宋子文信中，"周健吾"订正为"董健吾"，"深望竿头更进，起为首倡"的"偶"字订正为"倡"字；1936 年 9 月 8 日给邵力子信中，"询谋签同"的"签"字，订正为"佥"字；1936 年 9 月 8 日给朱绍良信中，"抛弃释怨"的"弃"字，订正为"嫌"字；1936 年 9 月 22 日给蔡元培信中，"□觉生"补正为"居觉生"，"陈壁君"订正为"陈璧君"，"丁维汾"订正为"丁惟汾"，"李德麟"订正为"李德邻"，"陈护芳"订正为"陈护方"，等等。

毛泽东领导起草《关于若干历史问题的决议》的经过[*]

　　1945 年 4 月六届七中全会原则通过的《关于若干历史问题的决议》(以下简称《决议》),是中国共产党在新民主主义革命时期的重要历史文献。《决议》总结了党从成立到全国抗战爆发这一时期,特别是十年内战时期正反两方面的斗争经验,对于十年内战时期党的若干历史问题,尤其是六届四中全会至遵义会议前中央的领导路线问题,作了正式结论。它是党中央在延安开展整风教育的成果,对于统一全党思想,加强全党在马克思列宁主义、毛泽东思想基础上的团结一致,起了巨大的作用。最近,由于准备纪念毛泽东逝世十周年的需要,我查阅了《决议》起草过程中的各次存稿和有关的档案材料,访问了当年曾经历《决议》起草过程的有关同志,对《决议》的起草情况,得出一个基本认识,即:《决议》是在毛泽东思想和毛泽东本人直接指导下经过长时间反复修改直至最后完成的一个集体创作。毛泽东自始至终领导了《决议》的起草工作,多次提出起草《决议》总的和各部分的指导思想,并对《决议》草案稿做过多次和大量重要的修改,《决议》的基本内容和重要思想观点是他提出来的。1953 年出版

---

[*]　此篇文章第一次发表在《文献和研究》1986 年第 2 期,后又在《红旗》杂志 1986 年第 13 期发表。

的《毛泽东选集》第3卷，由毛泽东提议，中央政治局委员同意将《决议》作为附录编入。现将《决议》起草经过作一简要介绍，为关心和研究这方面问题的同志以及广大的党史工作者提供一些基本情况。

一

1941年9月和10月，中央政治局举行扩大会议，检讨党的历史上特别是第二次国内革命战争时期的领导路线问题。毛泽东在会上作了重要讲话，明确提出反对主观主义和宗派主义。这次会议为全党整风作了重要准备。这一年的10月13日，中央书记处会议决定组织清算过去历史委员会，由毛泽东、王稼祥、任弼时、康生、彭真五人组成，以毛泽东为首，曾委托王稼祥起草文件。档案中保存有当时起草的文件，题目是《关于四中全会以来中央领导路线问题结论草案》(以下简称《结论草案》)。《结论草案》是毛泽东起草、由他的身边人员抄清的，在抄清稿上毛泽东又作了修改，并在封面上写了"历史草案〈密〉"几个字。

《结论草案》对第三次"左"倾路线作了这样的概括："这条路线的主要负责人是王明同志与博古同志，这条路线的性质是'左'倾机会主义的，而在形态的完备上，在时间的长久上，在结果的严重上，则超过了陈独秀、李立三两次的错误路线。"《结论草案》分析了第三次"左"倾路线在思想上、政治上、军事上、组织上所犯的严重原则错误，指出：思想方面，犯了主观主义与形式主义的错误；政治方面，在形势估计上，在策略任务的提出与实施上，在对中国革命许多根本问题的解决上，都犯了过"左"

的错误；军事方面，犯了从攻打大城市中的军事冒险主义到第五次反"围剿"中的军事保守主义最后在长征中转到完全的逃跑主义的错误；组织方面，犯了宗派主义的错误。《结论草案》指出，"左"倾错误产生的社会根源，"主要的是小资产阶级思想在无产阶级队伍中的反映。中国极其广大的生活痛苦的小资产阶级群众的存在，是我们党内右的、而特别是'左'的错误思想的来源"。《结论草案》还指出，遵义会议"实际上克服了当作路线的'左'倾机会主义"，解决了当时最主要的问题——错误的军事路线、错误的领导方式和错误的干部政策，"实质上完成了由一个路线到另一个路线的转变，即是说克服了错误路线，恢复了正确路线"。

由于当时全党还没有开始整风，党的高级干部也还没有集中学习党的历史，回顾和检讨过去历史上的错误，所以对四中全会和第三次"左"倾路线的了解还不够完整，从而在认识上受到一定程度的局限。这种局限性也反映在《结论草案》中。例如，它认为四中全会的路线基本上是正确的，1931年9月20日中央的《由于工农红军冲破敌人第三次"围剿"及革命危机逐渐成熟而产生的紧急任务决议》才是第三次"左"倾路线的起点。这个《结论草案》，原来准备提到中央政治局会议讨论通过。后来，随着中央内部整风的开始，《六大以来》《六大以前》《两条路线》等党内重要文件汇集在1941年、1942年、1943年先后编出，以及党的高级干部对历史问题讨论的逐步深入，从而感到《结论草案》在某些方面的内容和对某些问题的认识，需要进一步充实以至修正，这样，它没有由中央政治局正式讨论通过而被搁置起来。但是，它的许多重要内容和思想观点，都仍然保存在后来由六届七中全会原则通过和七届一中全会修正通过的《决议》中。

二

经过整风运动和高级干部学习党的历史，为了肃清"左"倾路线特别是第三次"左"倾路线的错误影响，统一全党的思想和认识，党中央重新提出起草历史决议的问题。

在1944年3月5日政治局会议上，毛泽东作了关于路线学习、工作作风和时局问题的讲话，针对党的高级干部学习党史中提出的许多问题，他就其中的几个重要问题提出了六条意见，得到会议的赞同和批准，成为政治局的结论。接着，他4月12日在党的高级干部会议和5月20日在中央党校第一部先后所作的报告（这两次报告后来合并整理成《学习和时局》一文）中，传达了政治局的结论。这些结论成为起草《决议》的一些重要指导原则。

1944年5月10日，中央书记处会议决定组织党的历史问题决议准备委员会，成员是任弼时、刘少奇、康生、周恩来、张闻天、彭真、高岗，由任弼时负责召集。5月19日，又增加秦邦宪为成员。任弼时作为这个委员会的召集人，主持《决议》起草的日常工作，作了大量的组织工作，并参加《决议》草案的起草和修改。当时在延安的中央领导人如陈云等，虽未列名于这个委员会，但在《决议》的起草过程中，经常到会参加讨论，提出过不少的意见。1945年春，成立了由在延安的党的主要高级干部参加讨论《决议》草案的一些小组，各小组组长如李富春、叶剑英、聂荣臻、刘伯承、陈毅等人，也都参加过委员会的会议，并在会上发言。此外，从1941年起担任毛泽东秘书的胡乔木，后来毛泽东在中央政治局会议上曾宣布他兼任中央政治局的秘书，他作为毛泽东的工作助手，也曾经历了 1944 年开始的《决议》起草工作的全过程。

三

从档案中看到《决议》草案的一个复写稿，注明时间为 1944年 5 月，题目是《检讨关于四中全会到遵义会议期间中央领导路线问题的决定（草案）》，共五个问题。据延安时期在中央秘书处担任速记工作的同志辨认，复写稿是当年参加速记工作并兼理任弼时交办的日常事务工作的张树德的笔迹。对这个复写稿，任弼时作了修改，并加写了一个问题——"（六）检讨历史的意义和学习党史的重要"。这个复写稿应是任弼时起草的，是档案中保存的 1944 年重新起草历史决议的最早的一个稿子。经查对档案，发现这个复写稿的内容主要来源于 1941 年的《结论草案》。在结构上，这个复写稿同《结论草案》基本相同，加写第六个问题，是考虑到党的高级干部学习党史以后的一些情况。在内容和文字上，这个复写稿的主要部分也跟《结论草案》基本相同，不少重要段落同《结论草案》一字不差，只是对四中全会的评价不同，这是因为经过延安整风和高级干部学习党史以后，中央对四中全会的认识和评价已有重要的变化。

档案中还有一份胡乔木起草的《决议》草案稿，根据分析，该稿起草时间是在上述复写稿之后。他起草的这个稿子没有标题，共四个问题。其中的第二个问题（第三次"左"倾路线的错误）和第三个问题（第三次"左"倾路线错误的根源），一些基本思想也是来源于《结论草案》。这个稿子同前一个稿子在结构和写法上有较大的不同，主体部分的框架结构比较接近后来的《决议》。这个稿子任弼时修改过三次，加上了题目《关于四中全会到遵义会议期间中央领导路线问题的决定（草案）》，加写了一段关于"左"倾教条主义得到经验主义支持的内容，特别是对第三次"左"倾路线错误写了七点提纲式的意见。这七点意见是：第一，不了解中国民族矛盾与阶级矛盾的关系、政治经济发展的不平衡、城市与农村的特殊关系；第二，不了解新民主主义革命是反帝反封建的资产阶级性革命；第三，不承认任何其他阶级有成为同盟者的可能，不能组成抗日反蒋统一战线；第四，对革命的长期性没有认识；第五，不了解农村武装斗争的重要意义及战略战术；第六，政治斗争策略上的错误；第七，组织上的宗派主义。根据当时党中央的工作情况和历史问题决议准备委员会的工作情况，这七点意见很可能是集中了集体讨论中提出的意见。

　　档案中还有一份张闻天修改的稿子。张闻天修改所用的底稿是毛笔抄写的（其中有两页不是毛笔抄写的，而是胡乔木起草的稿子的复写件），没有标题，起草人现在还不能正式确定，时间应是在胡乔木起草的稿子之后。档案中所存的张闻天修改过的这件文稿不全，缺后半部分，只有前面三个问题。第一个问题，概述了1924年第一次国共合作至1937年卢沟桥事变爆发这一时期的革命斗争历史和党反对陈独秀右倾投降主义和张国焘分裂主义的斗争。在这个问题的末尾，张闻天加写了三段话，其中比较重要的是第一段："尤其值得我们骄傲的，是十年内战更使我党马列主义的理论与中国的实际结合起来了。以毛泽东同志为代表的马列主义理论与中国实际统一的思想，在内战中有了极大的发展，给中国共产党指出了正确的行动方向。而毛泽东同志终于在内战的最后时期确立了他在中央的领导，这领导，无疑的，将保证中国共产党在以后的完全胜利。"第二个问题，叙述大革命失败至卢沟桥事变爆发这一时期党的历史，讲到了11月扩大会议、"六大"、立三路线、三中全会、四中全会、临时中央、五中全会、遵义会议等。张闻天在末尾加了一段话："大会欣幸地指出：党经过了自己的一切成功与失败，终于在毛泽东同志领导下，在思想上，在政治上，在组织上第一次达到了这样的一致与团结！这是要胜利的党，是任何力量不能战胜的党！"第三个问题，讲第三次"左"倾路线的错误，改变了以前的稿子从思想上、政治上、军事上、组织上四个方面分析的写法，而是综合地讲七点，基本上是按照前面说过的那七点提纲式的意见写的（后来还曾有稿子增加为八点）。对这个问题，张闻天作了较多的修改和增补。

四

毛泽东对《决议》草案稿的修改，是在张闻天修改稿的抄清件上开始的，时间当在1945年春季。毛泽东使用的抄清件已包含第四、第五个问题，并有标题。这五个问题，基本上就是后来《决议》的第二、第三、第四、第五、第六个问题。档案中现存毛泽东的六次修改稿。

第一次修改，毛泽东把底稿的原题《关于四中全会到遵义会议期间中央领导路线问题的决定（草案）》改为《关于若干历史问题的决议（草案）》。这次修改对第一个问题加写了很多内容。

"团结全党同志如同一个和睦的家庭一样，如同一块坚固的钢铁一样，为着获得抗日战争的彻底胜利与中国人民的完全解放而奋斗"这句话，就是这次加上的。

第二次修改的主要内容是：强调六大的正确方面；批评四中全会打击所谓"右派"的错误，对何孟雄、林育南、李求实等受打击的同志作了充分肯定的评价；指出遵义会议实现的转变对克服张国焘路线、挽救一部分主力红军的重要意义。在这个稿子的首页上，毛泽东写了一个批语："弼时同志：请邀周、朱、洛、刘（如在此时）看一下，是否这样改，然后印若干份，编号发给四十多个同志，再集他们座谈一次，就可成定议，再交七中通过。毛泽东　三月廿四日。"

在毛泽东批示后，《决议》草案于1945年3月26日第一次排印出铅印稿。

《决议》草案第一次铅印稿经修改后在同年4月5日又排印一次。毛泽东第三次、第四次、第五次修改的底稿，都是4月5日排印的铅印稿。他主要是在开头加写了一大段话，说中国共产党从产生以来就以马克思主义的普遍真理与中国革命的具体实践相结合为自己一切工作的指针。自1921年以来的24年中，进行了英勇奋斗，取得了伟大成绩和丰富经验，在思想上、政治上、组织上日益巩固，成为中国人民解放事业的伟大领导者。这一大段话，基本上就是后来《决议》的第一个问题的内容。

档案中，有一份胡乔木以4月5日铅印稿为底稿，汇总毛泽东等的修改意见的稿子。在这个修改稿后面装订有一封他4月9日写给任弼时的信，全文是："弼时同志：历史稿送上，因考虑得仍不成熟，改得仍不多，你上次所指出的许多地方因记得不甚

清楚亦尚未改正。将来的改正稿望你给我一份以便继续研究。关
于教条主义宗派我是先讲小集团，待宗派主义事迹说清后才安上
教条主义宗派的头衔，以见实事求是之意，经验主义的问题也是
先说事后说责任，这样说不知是否妥当？敬礼　乔木九日。"

经毛泽东修改过的稿子，在同年4月8日再次排印。这次印
出的铅印稿，对第三次"左"倾路线的错误这一部分已重新改写了，
将原来讲的八点又恢复为从政治（包括军事）、组织、思想三个方
面进行分析，内容也大大地丰富了。毛泽东对这个稿子作了修改，
加写了一些内容，这是他对《决议》草案稿的第六次修改。

《决议》草案在1945年4月20日六届七中全会原则通过后，
在7月24日又印出一次稿子。在这一稿上，关于第三次"左"
倾路线错误部分，把军事方面独立出来，成为政治、军事、组织、
思想四个方面。

六届七中全会原则通过的《决议》草案，七大委托七届一
中全会修改和通过，后来在同年8月9日召开的七届一中全会
第二次会议上一致通过。同年8月12日，《决议》正式印成党
内文件。

新中国成立后编辑《毛泽东选集》的过程中，1950年8月
19日由毛泽东提议，后经中央政治局委员同意，把《决议》作为
附录编入第3卷，并在文内加上了应对第三次"左"倾路线负主
要责任的人即陈绍禹（王明）、秦邦宪（博古）的名字。

五

在《决议》草案起草过程中，党的高级干部进行了多次认

真的讨论。在 1945 年三四月间，讨论进入加紧进行阶段，高岗、李富春、叶剑英、聂荣臻、刘伯承、陈毅、朱瑞、林枫等负责的各个组，连续开会讨论，提出很多意见。如前所说，各组负责人有一部分还曾多次参加党的历史问题决议准备委员会的讨论。所有讨论中提出的重要意见，都及时向毛泽东汇报。党中央、毛泽东和党的历史问题决议准备委员会认真地研究这些意见，将合理的有益的意见尽量吸收在《决议》中。下面根据档案材料，举几个例子。

《决议》草案关于六大的写法，在讨论中不少人多次提出意见，草案进行了反复修改，才基本上定下来。从张闻天修改用的底稿开始，直到 1945 年 3 月 26 日铅印稿中，都说六大"仍然没有在思想上给盲动主义以彻底的清算。这样就埋下了'左'倾思想在党内得以继续发展的一个根苗"。在讨论中，大家对"根苗"的说法意见较多，不同意说六大埋下了"左"倾思想继续发展的根苗，而认为应当强调六大的正确方面。这样，在 4 月 5 日铅印稿中去掉了"根苗"的说法，但对六大写得比较简单，只说："党的第六次全国代表大会进行了两条战线的斗争，批判了陈独秀主义与盲动主义，特别指出党内最主要的危险倾向是脱离群众的盲动主义与命令主义。"讨论中，有同志提出对六大的评价应再高一些。4 月 15 日铅印稿中，对六大的正确方面就作了比较充分的阐述，对它的缺点只用"这里不来详说"几个字一笔带过。对这种写法，讨论中又提出意见，认为：六大有缺点，应指出，不提反而不好。7 月 24 日铅印稿中，对六大的正确方面和缺点作了全面的阐述和评价。

关于六届四中全会是不是第三次"左"倾路线的开始这个问

题，从《决议》草案起草开始，直到印出 1945 年 3 月 26 日铅印稿，都只说四中全会在清算党内"左"倾错误上不但没有起过积极作用，而且扩大与发展了许多"左"倾错误，认为 1931 年 9 月 20 日中央的《由于工农红军冲破敌人第三次"围剿"及革命危机逐渐成熟而产生的紧急任务决议》才是第三次"左"倾路线充分形成的开始。对四中全会的评价是一个比较大的问题，从 1941 年 9 月政治局扩大会议起，特别是 1943 年 9 月开始的政治局会议以后，中央反复考虑和研究，一直没有作出正式结论。《决议》起草过程中，党中央又斟酌这个问题，也听取了党的高级干部讨论中提出的意见。例如，有同志提出从四中全会起就是"左"倾路线，不应只强调九一八事变后中央 9 月 20 日决议。在 1945 年 4 月 5 日铅印稿中，对这个问题作了重大修改，第一次明确指出四中全会是第三次"左"倾路线的开始。

关于第三次"左"倾路线错误问题改为八点的写法，讨论中不少人提出不同意见，认为八点的写法要改变，应当加以归并。在 1945 年 4 月 8 日印出的铅印稿上，对这一部分重新改写，从政治（包括军事）、组织、思想三方面进行阐述和分析。后来，又根据讨论中的一些意见，把军事问题单独列为一个方面，并在内容上加以充实。

对于被错误的肃反所迫害甚至冤杀的同志，讨论中提出应当给以昭雪。根据这个意见，《决议》草案增加了这样一段话："扩大的七中全会在此宣布：一切被错误路线错误地处罚了的同志，应该根据情形，撤销其处分或其处分的错误部分。一切经过调查确系因错误处理而被诬害的同志，应该给予昭雪，恢复党籍，并受到同志的纪念。"

　　参加讨论的同志还提出了其他的一些意见，如要求在《决议》草案中写上"教条主义宗派"和"经验主义宗派"；要求写上第三次"左"倾路线使根据地损失百分之百、白区工作损失百分之九十；不同意说四中全会和临时中央是合法的，等等。对这些意见，党中央和毛泽东进行了耐心的说服和解释。1945 年 3 月 31 日毛泽东在七中全会的一次会议上说：决议草案中没有说百分之百、百分之九十的问题，没有说品质问题，也没有说非法问题，也没有说宗派。这些不说，我看至多是缺点；说得过分，说得不对，却会成为错误。毛泽东的这一讲话，对党的高级干部进一步领会中央处理党内历史问题的方针和起草《决议》的指导思想，统一大家的认识，起了重要作用。

　　在《决议》草案的起草和讨论中，充分体现了党内生动活泼的民主生活，参加讨论的同志畅所欲言，各抒己见，党中央和毛泽东认真地听取各种不同的意见。这充分说明《决议》是集体智慧的成果。关于这一点，毛泽东作了很好的说明，1945 年 4 月 21 日，他在七大预备会议上作的关于《"七大"工作方针》的报告中说："我们现在学会了谨慎这一条。搞了一个历史决议案，三番五次，多少对眼睛看，单是中央委员会几十对眼睛看还不行，七看八看看不出许多问题来，而经过大家一看，一研究，就搞出许多问题来了。很多东西在讨论中你们提出来，这很好，叫做谨慎从事。"[1] 又说："最近写决议案，写过多少次，不是大家提意见，就写不这样完备"。[2]

---

[1]《毛泽东文集》第 3 卷，人民出版社 1996 年 8 月版，第 295 页。
[2]《毛泽东文集》第 3 卷，人民出版社 1996 年 8 月版，第 298 页。

六

上述情况说明，《决议》经过几次起草，经过党的高级干部多次讨论，经过多人和多次的修改，从 1941 年 10 月起草《结论草案》算起，前后经过将近四年的时间，才得以完成。《决议》是党的集体智慧的结晶，而不是某一个人的作品。参与这一集体创作的每一个人，都对这一历史文献作出了自己的贡献，有一些同志作了较多的贡献。历史事实和档案材料明确无误地表明，贡献最大的始终是毛泽东。

再谈《关于若干历史问题的决议》的起草经过

——答《只有忠实于事实，才能忠实于真理》一文[*]

《湖南党史月刊》1989年第7期发表了曹瑛、张树德、王发武、王晋同志的文章《只有忠实于事实，才能忠实于真理》（以下简称《只有》一文），对《文献和研究》1986年第2期发表的我写的《毛泽东领导起草〈关于若干历史问题的决议〉的经过》一文，提出意见，说我的文章是依据自己的材料进行推理和设想，不符合历史，"失真失妥之处颇多"。现就《只有》一文提到的主要问题，谈谈我的看法，作为答复。

一、从"忠实于事实"谈起

研究问题自然要忠实于事实。但是，什么是事实，这是首先要弄清的。我那篇文章主要是依据中央档案馆保存的有关起草和讨论通过《关于若干历史问题的决议》（以下简称《决议》）的档案材料，包括现存的《决议》的多次过程稿和最后印稿，以及有关的中央会议记录等。这些材料是党的历史档案，是《决议》起草经过的真实记录，是研究《决议》形成过程的最可靠的第一手材料。依据这些档案材料作出的分析和判断，不能说是不忠实于

*　此篇文章发表在《党的文献》1990年第2期。

事实的！《只有》一文的作者如果没有查阅这些历史档案材料，就指责别人的文章是不忠实于事实，不符合历史，岂不是武断一点了吗？置党的历史档案材料于不顾，而以个人记忆中的情况作为唯一的依据和标准，好像只有自己个人的记忆才是历史，别人依据的材料（包括历史档案材料）及所作出的分析和判断，只要不符合自己的记忆，就一概斥之为不忠实于事实，不符合历史，难道这是客观的态度吗？自然，当事人的回忆有时确实可以弥补历史档案的不足。但个人接触到的情况毕竟有不少局限，多年之后的回忆更难免有模糊或失实之处。不得不指出的是，《只有》一文中所引述的作者自己的记忆和所作出的判断，得不到历史档案材料的证实。

二、1944 年任弼时起草的一份《决议》草稿同1941 年毛泽东起草的《结论草案》对照

档案中有一份张树德同志复写的《决议》草稿，我分析这份草稿应是任弼时起草的（以下简称"任稿"）。我的文章说，经过查对档案，发现任稿在结构、内容和文字上都基本上来源于 1941 年毛泽东起草的《结论草案》，甚至有的段落整段同《结论草案》一样。《只有》一文不同意我的分析，说"1941 年的《结论草案》和 1944 年任弼时主持起草的《决议》草案内容怎么可能基本相同呢？如果真是如她所说的那样，连文字都整段整段地一样，六届七中全会委托任弼时主持起草《决议》不是多此一举吗？"这里，《只有》一文的作者似乎是在有意混淆概念，至少是有一个很大的误解，即认为任稿就是或者基本上就是后来正式通过的

《决议》。因此，当我说任稿同 1941 年的《结论草案》基本相同时，他们立即说如果这样的话那 1944 年重新起草《决议》就是"多此一举"了。应当如实地指出，任稿同后来正式通过的《决议》相差较远，并没有成为《决议》的基础。

任稿是不是同毛泽东在三年前起草的《结论草案》基本相同？是不是有的段落整段地一样？这根本不是一个需要展开争论的问题，而只要把两者对照一下便一清二楚了。

首先，从框架结构上看。任稿写了六个问题，《结论草案》写了 16 个问题，任稿的第一、第二、第三、第四、第五个问题是将《结论草案》的第二至第十六中的 14 个问题归并综合而成。任稿的第一个问题相当于《结论草案》的第二个问题；任稿的第二个问题是将《结论草案》的第三、第四、第五、第六、第七、第八个问题综合而成；任稿的第三个问题是将《结论草案》的第九、第十、第十一个问题综合而成；任稿的第四个问题是将《结论草案》的第十二、第十四个问题综合而成；任稿的第五个问题是将《结论草案》的第十五、第十六个问题综合而成；任稿的第六个问题"检讨历史的意义和学习党史的重要"是《结论草案》中所没有的，《结论草案》的第一个问题"三个时期路线"（全文只有 100 字左右），在任稿中没有单列为一个问题，而且任稿在开头的一段话中说"一九三一年一月四中全会到一九三五年一月遵义会议期间中央领导路线是错误的"。

其次，再从内容、文字方面作对照。

任稿的第一个问题"关于四中全会的估价"，有些内容和文字基本上来源于《结论草案》的第二个问题"关于四中全会及其以后一个时期中央路线的估价"。《结论草案》对四中全会的缺点、错误讲了五点，任稿采用了其中第一、第二、第三点的内容。两稿不同之处在于对四中全会的评价不一样，对关于以王明、博古为代表的第三次"左"倾路线是从什么时候开始的这个问题看法有不同。《结论草案》说：四中全会虽有缺点和错误，但是"基本上是正确的，因为它反对了李立三的错误路线与罗章龙的反党行为"。认为 1931 年 5 月 9 日中共中央决议案——《目前的政治形势及党的紧急任务》，是第三次"左"倾路线的"萌芽或胚胎"；同年 9 月 20 日中共中央决议案——《由于工农红军冲破第三次"围剿"及革命危机逐渐成熟而产生的党的紧急任务》，是第三次"左"倾路线的"起点或出胎"。这些观点，反映了 1941 年 9 月中共中央政治局会议关于第三次"左"倾路线的看法。任稿说："七大认为四中全会在党的历史上并没有起到进步的作用"，"四中全会的决议应加以否定"。这是由于经过延安整风和高级干部学习党史，特别是 1943 年 9 月至 11 月中央政治局召开了一系列的会议，讨论党的历史上的路线问题（主要是第三次"左"倾路线），中央对四中全会的认识和评价已经有了重要的变化。但任稿在另一处又说："新的立三路线就以一九三一年九月二十日中央的《由于工农红军冲破第三次'围剿'及革命危机逐渐成熟而产生的党的紧急任务》这个决议为起点而最后形成。"

　　任稿的第二个问题"'左'倾领导路线的错误"，是综合《结论草案》的第三至第八个问题而成，只是将第五个问题中分析"左"倾错误思想的社会根源、政治根源、国际根源、代表人物的根源的这些部分，放入任稿第三个问题中。《结论草案》第三个问题讲"左"倾路线的错误，第四个问题讲王明、博古"左"倾路线是一条形态最完备的错误路线，第五个问题讲"左"倾路线在思想形态方面的错误，第六个问题讲"左"倾路线在政治形态方面的错误，第七个问题讲"左"倾路线在军事形态方面的错误，第八个问题讲"左"倾路线在组织形态方面的错误。

任稿第二个问题共 23 个自然段，现就它同《结论草案》的关系作具体分析。

任稿的第一、第二、第三段讲四中全会后的中央领导在许多具体政策上一开始就是"左"的，这标示着新的立三路线在怀胎，新的立三路线以 1931 年 9 月 20 日决议为起点而最后形成，五中全会是其发展的顶点，遵义会议才将它加以克服。这三个自然段的基本内容和部分文字主要来源于《结论草案》的第三、第四个问题。《结论草案》说，中央 1931 年 5 月 9 日决议（四中全会后中央的第一个政治决议）"既有上述这些错误，便形成了新的立三路线即'左'倾路线的萌芽或胚胎"，"九月二十日决议是'左'倾路线的起点或出胎"，"一九三五年一月九日在贵州遵义开的中央政治局扩大会议，才把这条错误路线加以克服"。还可以举一段文字为例。任稿说："七大认为这一'左'倾领导路线在思想上、政治上、军事上和组织上都犯有严重的原则错误，它是形态最为完备的一条错误路线。"这段话也基本上是从《结论草案》抄过来的，《结论草案》说："王明同志与博古同志领导的这条路线是在思想上、政治上、军事上、组织上各方面都犯了严重原则错误的，集各方面错误之大成，这是形态最完备的一条错误路线。"

任稿的第四至第九段讲第三次"左"倾路线在思想形态上的错误，内容和文字基本上来源于《结论草案》第五个问题，但略为简要一些。例如，任稿在分析第三次"左"倾路线一切凭主观愿望出发时说："观察红军力量时，则只强调其优点，忽略其困难与弱点，乃提出与反革命决战的口号；在军事上五次'围剿'前则认为只有一个不断的进攻，而提出进攻大城市的口号，打土围子也是错误的；在五次'围剿'中又认为只有一个单纯防御的战略。在长征中又只有一个避战方针，总之这种方法论是反辩证法的，反历史主义的，片面的、绝对的、独断的，是一种形式主义的方法论。"这段话是将《结论草案》的两段文字稍加删略调整而成的，这两段文字是："在观察党与红军的力量时，则强调了它们的优点与顺利一面，忽视了它们的弱点与困难一面，而提出了向反革命'决战'的口号。在军事问题上，他们在五次'围剿'前，便认为只有一个不断的进攻，而提出了'占领大城市'的口号。在五次'围剿'中，则又认为只有一个单纯防御的战略，而提出了'短促突击'的口号，在长征中，则又认为只有一个避战方针。""总之，他们的方法都是反辩证法的，反历史主义的，片面的，表面的，形式的，绝对的，独断的。他们的形式主义的方法论发展到了极点。"又如，任稿中的一段话"这种主观主义与形式主义的思想形态，表现在政治上是'左'倾机会主义，在另一种情况下则可变为右倾机会主义；表现在军事上是军事冒险主义，在另一种情况下则变为军事保守主义与逃跑主义；表现在组织上是宗派主义、打击政策和家长制度"，同《结论草案》第17页的一段话相比较，除多了"打击政策和家长制度"九个字以外，其余无一字之差。《结论草案》的这一段话未提"家长制度"，但有人在这段话旁注有"是否也有家长主义"八个字。

任稿的第十至第十五段讲第三次"左"倾路线在政治形态上的错误，基本内容和大部分文字来源于《结论草案》第六个问题。下面举两段文字为例，可以看看是何其相似。其一是：任稿说

"在政治形态上，四中全会后，特别在九一八事变后到遵义会议这一时期中，不论在形势估计上，在策略任务规定上，在对中国革命许多根本问题的解决上，都是过'左'的，不合实际的"。《结论草案》说"在政治形态方面，从九一八至遵义会议这一个长时期是犯了'左'倾机会主义错误的。这不论在形势估计上，在策略任务上，在对中国革命许多根本问题的解决上，都是过'左'的，不合实际的"。其二是：任稿说，"在策略任务的提出与实施上，则是占领大城市在上海进行中国的十月革命与建立苏维埃。反对北方落后论，主张在北方建立苏维埃红军。认为已经进到与帝国主义国民党进行决战的时期。否认公开工作与秘密工作的配合，强迫罢工与示威，打倒一切小资产阶级与民族资产阶级的一切政治派别。在经济上是消灭富农与肉体消灭地主的土地政策，过高的劳动政策，在文化上是实行共产主义的国民教育政策等"。《结论草案》说"在策略任务的提出与实施上：是占领大城市；是在上海进行中国的十月革命与建立上海苏维埃；是在北方建立苏维埃；是红军与帝国主义国民党的'决战'；是否认公开工作与秘密工作的配合；是强迫的罢工与示威；是打倒一切小资产阶级与民族资产阶级的政治派别；是在经济上消灭富农与肉体上消灭地主的土地政策；是过高劳动条件与过高农村工人政治地位的劳动政策；是特务式的肃反政策；是在民主革命中实行共产主义的国民教育政策等等"。而任稿中的"在经济上是消灭富农与肉体消灭地主的土地政策"一句，似有文字上的抄写错误。

任稿的第十六至第十八段讲第三次"左"倾路线在军事形态上的错误，共220字左右。任稿第十六段全文是："在军事形态上，开始是很'左'的，是打大城市的军事冒险主义（一九三一年至一九三三年）。后来转到右的变为在五次'围剿'中的军事保守主义，实行了所谓'短促突击'的单纯防御路线，同时也包含着拼命主义（一九三四年），最后则在长征中转变为完全的逃跑主义（一九三四年冬）。"这同《结论草案》第七个问题第一段是一样的。任稿第十七段的内容和文字同《结论草案》第七个问题第二段基本上一样。任稿第十八段同《结论草案》第七个问题第三段是一样的。

任稿的第十九至第二十三段讲第三次"左"倾路线在组织形态上的错误，基本内容和大部分文字来源于《结论草案》的第八个问题，限于篇幅就不一一列举了。

任稿的第三个问题"'左'倾领导路线的恶果和其思想根源"，是将《结论草案》的第九、第十、第十一个问题和第五个问题中分析"左"倾路线根源的部分综合而成的。《结论草案》第九个问题讲王明、博古"左"倾路线的第一个特点，第十个问题讲王明、博古"左"倾路线的第二个特点，第十一个问题讲王明、博古"左"倾路线的第三个特点。任稿第三个问题，首先讲第三次"左"倾路线的三个特点，第一个特点（共60余字），是将《结论草案》第九个问题（共130字左右）的内容综合而成；第二个特点（共50余字），是基本上照《结论草案》第十个问题写的；第三个特点，是将《结论草案》第十一个问题的第一段和第三段的内容综合而成，文字也接近。接着，任稿讲第三次"左"倾路线给革命造成的损失，内容同《结论草案》第十一个问题第二段相同，文字一半以上是一样的。最后，任稿分析第三次"左"倾路线的社会根源、政治根源、国际根源和个人根源，内容和文字基本上来源于《结论草案》第五个问题的有关部分，但要简略一些。

任稿第四个问题"在错误路线领导下还能获得一些成绩的原因",是将《结论草案》第十二、第十四两个问题的内容综合而成,但在文字上有较多的改写。《结论草案》的第十二个问题讲第三次"左"倾路线的错误是对当时的形势作了错误的估计,对于策略路线(包括政治路线、军事路线)与组织路线采取了错误的方针;第十四个问题讲只有正确领导才能胜利。

任稿第五个问题"遵义会议结束了这一错误路线,恢复正确的领导路线",基本上是综合了《结论草案》第十五、第十六个问题的内容,但增加了一段讲以毛泽东为首的正确路线。任稿讲第三次"左"倾路线打着国际路线的招牌的一段文字,是将《结论草案》第十五个问题的第一、第二段综合而成,文字上还保留着原来的痕迹。任稿讲遵义会议的一段文字(七行),是将《结论草案》第十六个问题的第一、第二段合并而成,文字上作了一点调整和删略。任稿第五个问题最后两段文字讲遵义会议后中共中央的正确路线和所取得的胜利,是将《结论草案》第十六个问题的最后五个自然段合并而成,文字也相差不大。

通过以上的具体对照和分析,可以看出,任稿从框架、内容到文字主要来源于毛泽东在1941年写成的《结论草案》,应当是清楚明白的。

三、关于张树德同志的文章

张树德同志已经在1988年4月去世。1989年7月发表的《只有》一文,作者署名仍然加框写上了他的名字,并在文内引录他在1985年写的那篇文章,这样我也就不能不提到这篇文章了。

张树德同志写的《任弼时与〈关于若干历史问题的决议〉》一文，发表在 1985 年 9 月 17 日《人民日报》上。这篇文章说《决议》的初稿，是由任弼时口述，他速记整理，再交任弼时修改，然后由他复写而成。又说："我记得《决议》从起草到修改的过程中，没有一次完全推翻重来，而是一步步丰富的。"这些话给人的印象是《决议》是在任弼时口述记录整理稿的基础上，经过修改、丰富而成的。《只有》一文也再次说："我们记得《决议》从起草到整个修改过程中，没有一次是完全推翻重新来的，而是一步步充实丰富的。"

关于"口述"问题，我不想多谈。只想提醒一下，长达 37 页的复写稿，其中有些段落整段地同《结论草案》一样，能否口述出来，是需要考虑的。

关于《决议》的草稿有没有完全推翻重来的问题，现存的档案材料不能证实张树德等同志的上述记忆。档案中有胡乔木起草的《决议》草稿，共有三次稿：一是胡乔木的手稿；二是胡乔木手稿的复写件，现存一式三份，其中两份有任弼时修改的笔迹，一份胡乔木自己做过修改；三是照任弼时、胡乔木的修改又复写一次的稿子。胡乔木起草的稿子共四个问题。第一个问题叙述大革命失败至卢沟桥事变爆发的十年间党领导的革命斗争的历史，分析了这一历史过程中正确路线与错误路线的斗争。第二个问题讲第三次"左"倾路线的错误。第三个问题讲错误路线的根源。第四个问题讲遵义会议结束了第三次"左"倾路线在党中央的统治，确立了以毛泽东为领袖的新的中央，在实际上开始了党的马列主义的新时期；强调总结历史经验，应着重清算思想，而不着重个人责任，对犯错误的同志要采取"惩前毖后，治病救人"的方针。胡稿第二、第三个问题的主要思想仍来源于《结论草案》，但这个稿子的主体框架在某种程度上比较接近后来正式通过的《决议》。胡乔木起草的这份稿子，应当说是一个重新写的稿子，但我并不认为它就是后来通过的《决议》的基础。真正成为后来《决议》的基础的，是毛泽东开始修改时用的那份稿子，这是张闻天修改过的稿子的抄清件，并补上了第四、第五个问题。这五个问题，基本上就是后来《决议》的第二、第三、第四、第五、第六部分。毛泽东先后作了六次修改，补充了重要的内容，增写了《决议》的第一部分。后来，又将第六部分的最后两段文字独立出来成为第七部分。这样，才从框架、内容、文字上形成了后来的《决议》。毛泽东1945年4月21日在"七大"预备会议上作的关于"七大"工作方针的报告中说："最近写决议案，写过多少次。"我认为，这个"多少次"中，应包括重新起草的稿子，而档案中也保存有这类稿子。

四、《决议》是集体智慧的结晶，不是某一个人的作品

这个问题，在我的那篇文章中已经论述过。现在，结合《只有》一文再讲几点看法。

（一）任弼时主持了《决议》起草的工作，他起草了一份稿子，又修改过胡乔木起草的稿子，还召集一些座谈会征求对《决议》草案的意见等，他对《决议》的起草有较大的贡献。但是，不能说《决议》就是他起草的。

（二）《只有》一文的作者硬说由于我指出有一份胡乔木起草的稿子，和我说过张闻天修改的那份稿子的起草人还不能确定，

就是"想证明《决议》如果不是胡乔木所起草，就是一无名氏起草"。我的文章在什么地方说过或暗示过《决议》是胡乔木起草的呢？我的文章明确地说："《决议》是党的集体智慧的结晶，而不是某一个人的作品。"至于张闻天修改用的那份稿子，现在还没有充分根据判断是谁起草的，因而我的文章说"起草人现在还不能正式确定"。在历史研究中暂时存疑的问题是常有的，这当然是令人遗憾的事，却没有什么可奇怪的。《只有》一文的作者硬说我说《决议》是无名氏起草的，不知这是他们如何推理出来的？这份稿子的起草人肯定是有姓有名的，但我还不清楚他姓甚名谁，如果有知情的同志能帮助解开这个谜，那就不胜感谢之至了！

（三）《只有》一文说："我们认为，无论胡乔木起草的一稿还是张闻天修改的一稿，根据冯文所说的情况及我们的记忆和分析，都不能称为《决议》的某一稿，顶多是某一不成形稿的一部分。"这里必须说明，我的文章从来没有说过胡乔木起草的稿子和张闻天修改的稿子"是某一不成形稿的一部分"，从我的文章所介绍的情况也得不出这样的结论。我的文章认为胡乔木起草的稿子在主体框架上比较接近后来的《决议》，张闻天修改过的稿子是提供给毛泽东修改用的，是较有基础的一个稿子。正如我前面所说的，胡乔木起草的稿子有三次稿，手稿 16 页，第一次复写稿 27 页，第二次复写稿 29 页，讲了四个问题，都有完整的论述，是一个完整的稿子。张闻天修改过的那份稿子可以说是后来通过的《决议》的基础。怎么能说这两份稿子"顶多"才是什么"某一不成形稿的一部分"呢？《只有》一文的作者不知是否查阅过这些稿子？无视历史档案的客观存在，用"我们认为"就随意地作出自己想得到的结论，这能算是忠实于事实吗？我还想请教一下，既然你们说胡乔木起草的稿子、张闻天修改的稿子都"顶多"才是什么"某一不成形稿的一部分"，那么你们认为成形的稿子是哪一份稿子，又是谁起草的呢？

（四）《只有》一文说："毛泽东曾多次称赞《决议》是我们党历史文件中最好的一个文件。'文化大革命'前《决议》作为《毛泽东选集》附录，'文化大革命'中《决议》从《毛泽东选集》中删去，都可以说明《决议》不是毛泽东主持起草的。"对这段话，我是不敢苟同的。首先，不能从毛泽东称赞过《决议》就认为《决议》不是他领导起草的。对反映了客观历史实际和正确地体现了党的路线、方针、政策的《决议》，如何评价，是一个严肃的原则性问题，不是什么个人谦虚的问题。不但如此，毛泽东对自己的著作也不忌讳评论，甚至公开地褒贬。例如，对《新民主主义论》和《实践论》，他自己是满意的，认为写得好。难道能由此得出结论说《新民主主义论》和《实践论》不是毛泽东的著作吗？其次，新中国成立后编辑《毛泽东选集》时，由毛泽东提议经政治局委员同意将《决议》作为附录编入。这一情况，只能说明《决议》不是毛泽东一个人起草的，不能算是他的著作，这同是不是他领导起草或主持起草显然是两回事。第三，"文革"期间，在1967年7月出版的《毛泽东选集》将《决议》从其中抽出，大家都知道，那是因为《决议》中说刘少奇是白区工作正确路线的代表等，是政治方面的原因，而不是《决议》是不是毛泽东领导起草或主持起草的问题。

一篇很有特色的纠"左"的历史文献
——读毛泽东《党内通信》*

1959 年 4 月 29 日毛泽东写的《党内通信》，是纠正"大跃进"运动和人民公社化运动中的"左"倾错误的一篇重要文献，同时它又是一篇很有特色的文献。

一

1958 年，中共中央和毛泽东在"左"的思想指导下，轻率地发动了"大跃进"和人民公社化运动，使"左"倾错误严重地泛滥开来。它的直接起点，是毛泽东在北戴河主持召开的中共中央政治局扩大会议（北戴河会议）。"左"倾错误的主要标志是高指标、瞎指挥、浮夸风和"共产风"。

北戴河会议结束以后，毛泽东就密切地注视着全国大炼钢铁和人民公社化运动的发展形势。他通过认真研究下面反映上来的一些情况和他派下去作调查的人所写的报告，通过亲身到一些省，同那里的省、地、县、公社以至生产队的负责人座谈了解情况，还通过实地考察一些公社的农业生产情况，逐步了解到这一时期出现的一些"左"的错误。毛泽东对这一时期"左"的错误，

---

* 此篇文章发表在《毛泽东思想研究》1986 年第 4 期。

负有主要的责任，但是在中央领导层中，他觉察错误是比较早的，并率先纠正错误，尽了很大的努力。毛泽东认识和纠正这些错误，经历了不断探索的艰难过程。他既要向别人进行耐心的说服工作，消除党的一些领导干部对纠正"左"倾错误的思想阻力，还要否定和纠正自己思想上有过的"左"的东西。就在1958年11月召开的武昌政治局扩大会议上，他自己说过：这一向，在我的脑筋里头，十五个吊桶打水，七上八下，一些问题到底这样好还是那样好？这些话正是反映了他在纠"左"过程中由于对一些问题还没有认识清楚而产生的一种矛盾心理。他始终在认真地努力地探索这些问题和正确解决这些问题。他在这一方面所作的努力，集中地反映在这一期间他主持召开的多次中央会议和他在这些会议上的多次讲话中，以及他亲身所作的调查研究中。

　　1958年11月2日至10日召开的第一次郑州会议，主要解决划清社会主义同共产主义、集体所有制同全民所有制之间的界限问题，初步纠正"共产风"的错误。同年的11月21日至12月10日在武昌先后召开的政治局扩大会议和八届六中全会，在批评"共产风"错误的同时，着重解决高指标和浮夸风的问题。会议通过的《关于人民公社若干问题的决议》，集中地反映了这一时期纠正人民公社化运动中的错误所取得的成果。1959年2月27日至3月5日召开的第二次郑州会议，集中解决人民公社内部的所有制问题。毛泽东提出三级所有、队为基础的体制，提出反对平均主义和过分集中这两种倾向。3月25日至4月5日先后在上海召开的中央政治局扩大会议和八届七中全会，进一步降低了钢铁指标（当时钢铁指标问题对国民经济有全局性的影响），又通过了《关于人民公社的十八个问题》，确定了人民公社的生产队基本所有制，在纠正农村工作中的"左"倾错误方面又前进了一步。

　　毛泽东 1959 年 4 月 29 日的这篇《党内通信》，正是在上述一系列中央会议之后，继续纠"左"的一篇重要文献。

二

　　毛泽东在这篇通信中，针对当时农业生产和农村工作中普遍地、严重地存在着的不实事求是、不因地制宜、不讲真话、瞎指挥等思想作风和工作作风，向全国省、地、县、公社、生产队、生产小队六级干部，提出了几点意见。这篇通信直接发到生产小队一级，绝不是偶然的，而是因为：（一）信中涉及的问题，都是十分急迫的，需要立即解决。当时正值春耕春种季节，过高的生产指标和违反因地制宜原则而强行规定的高度密植，遭到生产单位和农民群众的抵制，直接影响到春耕生产的适时进行。为了迅速解决这些问题，调动农民群众的生产积极性，不误农时地掀起一个生产高潮，毛泽东将他的这篇通信一直发到生产小队，以求在农业生产上立即发生实际的效果。（二）在一部分中、上层干部中间，对纠正"左"倾错误仍有思想阻力。他们对中央关于纠正"左"倾错误的决议和指示贯彻不力，甚至在某些方面成为梗阻。为了有效而又迅速地解决农业生产中存在的问题，毛泽东采取了这种非同寻常的方式，直接将中央的方针、政策传递到地、县、公社、生产队直至当时农村最基层的生产实体——生产小队。

　　毛泽东的这篇通信，明确提出了当时农业生产和农村工作中急需解决的几个重要问题：包产问题、密植问题、节约粮食问题、播种面积问题、讲真话问题等。正确解决这几个问题所要达到的目的，用毛泽东自己的话来说，是"意在真正调动积极性，达到增产的目的"。

毛泽东在这篇通信里，直接讲的是几个具体问题，但里面包含着下面一些重要的思想原则：

第一，生产单位和生产者应当有生产的自主权

这个问题是关系到能否调动群众生产积极性的根本问题。从第二次郑州会议以来，中共中央和毛泽东明确提出在人民公社体制中反对过分集中的倾向，主张放权，要给农业生产的最基本单位以自主权，这是一个重要的决策。但那时着重解决的是改变权力、财力、人力过分集中于人民公社一级的状态，还未解决生产单位在包产指标和采用生产技术措施等方面的生产自主权问题。

到了1959年春耕时节，由于浮夸风尚未得到基本纠正，农业生产方面的高指标还没有压下来，过高的包产指标遭到生产单位和农民群众的反对，包产落实不了。而在生产技术方面，自上而下地强制推行那种违反科学的"高度密植"的瞎指挥和强迫命令之风，刮得很厉害。一个包产指标过高，一个强令"高度密植"，成为当时直接影响农民生产积极性和农业生产的两个突出问题，也是妨碍生产单位和生产者行使生产自主权的两个突出问题。毛泽东对这两个问题已有发觉。1959年4月由他主持起草的《关于人民公社的十八个问题》中就已经提出："在人民公社内，实行包产的时候，在目前的条件下，包产指标一般要比实际可能达到的产量低百分之十到二十，使包产单位和社员群众可以从超产部分得到较大的实惠，这样才有利于刺激群众的增产积极

性。"[1]至于密植问题，毛泽东早在 1958 年北戴河会议上就说：太密了不通风也不好。他在 1959 年 2 月视察河北、山东时，又对过分密植表示了很大的怀疑。对这两个问题，毛泽东始终感到不安，所以在这篇通信中，首先提出的就是这两个问题。关于包产问题，他说："南方正在插秧，北方也在春耕。包产一定要落实。根本不要管上级规定的那一套指标。不管这些，只管现实可能性。"关于密植问题，他说："不可太稀，不可太密。""既然要包产，密植问题就得由生产队、生产小队商量决定。上面死硬的密植命令，不但无用，而且害人不浅。因此，根本不要下这种死硬的命令。"毛泽东这些切中时弊、一针见血、言简意赅而又包含着深刻思想内容的话，说得多么好啊！真是掷地有声！尊重生产单位和生产者的生产自主权思想的光辉，跃然纸上。

第二，尊重科学

毛泽东在这篇通信中，对包产、密植等问题所表述的意见，贯穿着一个重要思想，就是尊重科学。

从 1958 年"大跃进"以来，由于生产工作中的瞎指挥、浮夸虚报的坏作风严重蔓延开来，不尊重科学的问题，成为一个十分尖锐的问题。1958 年 11 月 23 日，毛泽东在政治局扩大会议的讲话中指出：破除迷信，现在有一些把科学也破除了。破除迷信不要把科学破除了。凡迷信一定要破除，凡真理，凡科学，一定要保护。他还说：经济事业要越搞越细密，越深入，越实际，越科学。在接着召开的八届六中全会上，他强调党的任何工作必须坚持革命热情和科学精神相结合这一重要原则。

---

[1]《建国以来重要文献选编》第 12 册，中央文献出版社 1996 年 5 月版，第 174 页。

尊重科学，首先要根据现实可能性办事。这个问题的关键，又在于党的领导机构确定的方针、政策，提出的工作任务，规定的工作步骤，是否符合实际，有没有实现的可能性。毛泽东1958年11月25日针对云南因肿病死人的问题，写了一篇题为《一个教训》的批语，其中写道："在我们对于人民生活这样一个重大问题缺少关心，注意不足，照顾不周（这在现时几乎普遍存在）的时候，不能专门责怪别人，同我们对于工作任务提得太重，密切有关。千钧重担压下去，县乡干部没有办法，只好硬着头皮去干，少干一点就被叫做'右倾'，把人们的心思引到片面性上去了，顾了生产，忘了生活。"他在这个批语里，还特别提醒："任务不要提得太重，不要超过群众精力负担的可能性，要为群众留点余地。"[1]这个批语，既体现了对群众生活的关心，又体现了尊重科学的精神。

尊重科学，就要因地制宜地推广科学技术，而不能不顾具体条件地强制推行，实行"一刀切"。任何一种生产技术措施的推行，都不能脱离具体条件。不顾具体条件地硬性推行，即使是先进的生产技术措施，也不能达到增产的目的，反而可能减产，要走向反面。所以，在密植问题上，毛泽东提出，密植的程度因受气候、土壤、肥料、水、种子、各种作物的情况、田间管理水平等条件的制约，而应有所不同。这就是科学的态度。

尊重科学，就要尊重群众的实践经验。认识来源于实践，归根结底是来源于群众的实践，特别是有着丰富经验的群众的实践。当时，还没有摸清合理密植的规律，还不能提出一个比较科

---

[1]《建国以来毛泽东文稿》第7册，中央文献出版社1992年8月版，第584、585页。

学的密植程度的规定，因此毛泽东提出，各生产队、生产小队要由老农、中年人、青年三种人开一个会，商量出一个适当的密植程度。

第三，反对讲假话

在当时出现的"左"的错误中，在思想作风方面的一个重要表现，就是讲假话，弄虚作假，不实事求是。

关于反对讲假话，毛泽东早就提出来了，并努力纠正。在纠"左"期间，他多次讲到这个问题。在1958年11月第一次郑州会议的讲话中已提出这个问题。他说：提倡实事求是，不要谎报。在同月召开的武昌政治局扩大会议的讲话中，他强调正在起草的八届六中全会关于人民公社的决议，"要把作假这个问题写一条"，不要同工作方法写在一起，要专门写一条，以示郑重，引起大家的注意。后来通过的《关于人民公社若干问题的决议》中，专门写了一段话，指出"目前社会主义建设工作中值得注意的一种倾向是浮夸"。在这篇通信中，毛泽东再次对讲假话问题，痛加针砭，指出它的危害是"一害人民，二害自己"。大家知道，1959年许多农村发生春荒缺粮，一个重要原因就是对1958年粮食产量的浮夸虚报。对于讲假话这种坏作风产生的原因，毛泽东在这篇通信中作了中肯的分析："应当说，有许多假话是上面压出来的。上面'一吹二压三许愿'，使下面很难办。"在这以前，他还指出过讲假话的另一方面的原因，是干部作风不老实，争虚荣。

因此，要纠正讲假话的坏作风，除了教育干部要做老实人、坚持实事求是的思想作风以外，从领导上来说，就是不要向下级提出过重的任务而使他们感到难办，更不要只爱听报喜，不爱听报忧，而是应当鼓励下级干部敢于讲真话，敢于讲逆耳的忠言，从而使下情能够客观地全面地上达。这样，实事求是的思想作风才能在全党蔚然成风。

三

从 1959 年 3 月 9 日至 5 月 2 日不到两个月的时间内，毛泽东在调查研究的基础上，连续发出六次党内通信，指导纠正人民公社化运动中的"左"倾错误。其中四次通信是写给省市区党委第一书记的，还有一次是写给中央各部委党委或党组书记和省市区党委书记的，唯独 4 月 29 日这一次是写给六级干部的。

毛泽东用个人名义直接向全党一直到农村基层生产组织发通信，一竿子插到底，阐述党的方针、政策，这是极为少见的。他之所以这样做，是希望以他自己在党内的威望和影响，引起全党对这些问题的重视，并很快产生效果。

毛泽东的这篇通信是在调查研究的基础上写成的，就拿密植问题来说，他曾多次同省、地、县、公社、生产队的干部座谈，了解情况，交换意见。1959 年 2 月 23 日，他在天津（当时为河北省省会）同河北省委负责人谈话，了解小麦下种和密植的情况，当听说每亩分蘖有二百多万株时，他立即说：二百万株怎么行呀？最好你们割掉一部分吧！同月 25 日，他在济南同山东的省、县、公社、生产队的一些干部座谈，当听到有的公社每亩小麦下种四五十斤甚至六十斤时，他立即反问：每亩地施这么多种子行吗？就在他起草这篇通信的前一两天，还约集个别大区书记、省委书记谈当年的农业生产问题。

　　毛泽东的这篇党内通信，虽然是以个人署名的，但并不是只代表他自己的一种个人行动，而是集中和代表了中共中央最高领导层的集体意见。1959 年 4 月 29 日上午 9 时毛泽东起草了这篇通信后，立即送给中央政治局常务委员刘少奇、邓小平、周恩来、陈云、林彪、朱德，政治局委员彭真、谭震林（在政治局内分工主管农业）传阅，他亲笔写上："请你们斟酌，看是否可用。如有修改，请直作改动。"[1] 他还送给有的大区书记、省市委书记传阅，并亲笔写道："看一看，是否可行，请求修改。"[2] 上述中央和地方负责人迅速传阅了毛泽东的这篇通信，有的还对个别问题附上了自己的意见。例如，有人认为，关于密植问题，省里可以提出一个密植的幅度，供下面参考，因为老农偏于保守，青年则有些冒进，他们在密植问题上争论很大，省里提出一个供参考的幅度，容易使下面的意见趋向一致。4 月 30 日，毛泽东又约集刘少奇、邓小平、谭震林及有的大区书记、省市委书记谈这篇通信，听取大家的意见。随后，毛泽东对这篇通信进行了修改，吸收了一些有益的意见。例如，在密植问题一段，加上了"省委可以规定一个密植幅度，不当作命令下达，只给下面参考"这句话，这篇通信在 5 月 3 日由中共中央办公厅正式发出。

　　1959 年 5 月 7 日中共中央关于农业的五条紧急指示中，要求各省市区党委、地委、县委，将毛泽东的这篇党内通信，"立即发到生产小队，在群众中普遍地进行传达讨论和执行"。[3] 这篇通信，受到干部和群众的热烈欢迎和拥护，在促进农业生产、端

[1][2]《建国以来毛泽东文稿》第 8 册，中央文献出版社 1993 年 1 月版，第 238 页。
[3]《建国以来重要文献选编》第 12 册，中央文献出版社 1996 年 5 月版，第 293 页。

正干部作风方面起了很好的作用。

　　毛泽东这篇通信，尽管受着当时历史条件的限制，在个别问题上，例如对我国农业机械化进程，估计不正确，实践证明不可能那么快，但总的说来，是一篇很有价值的文献。这篇通信是二十多年前写的，但是今天读起来，仍然感受到它强烈的现实意义和感染力。更为可贵的是，毛泽东从认识论的角度，初步提出认识社会主义建设规律的问题。

　　他说："我们办农业工业的经验还很不足，一年一年积累经验。再过十年，客观必然性可能逐步被我们认识，在某种程度上，我们就有自由了。什么叫自由？自由是必然的认识。"这里顺带说一下，关于自由与必然的关系，这篇通信中的表述还不是毛泽东所作的完备的表述。他对这个问题的完备的表述是："自由是对必然的认识和对客观世界的改造。"对于这个问题，《毛泽东著作选读》中为这篇通信所写的一条注释作了说明。

《老一代革命家家书选》介绍[*]

中共中央文献研究室编辑的《老一代革命家家书选》，已于1990年5月由中央文献出版社和三联书店出版，同广大读者见面了。

中国历史上有编名人家书的传统，在古代和近现代都出版过一些有影响力的名人家书集。将中国一批著名的无产阶级革命家的家书选编出版，本书还是第一次。

这本家书选，从我国已故世的老一代革命家中，编选了19位的家书，共178封。19位老一代革命家是（按姓氏笔画为序）：王稼祥、毛泽东、叶剑英、朱德、任弼时、刘少奇、刘伯承、吴玉章、张闻天、陈毅、林伯渠、罗荣桓、周恩来、贺龙、徐特立、彭德怀、董必武、谢觉哉、瞿秋白。编入的这些家书，大部分是亲属珍藏的，一部分是中央档案馆提供的，其中大多数为第一次公开发表。编者作了600多条注释。

这些家书，从一个侧面反映了老一代革命家对共产主义理想的追求和全心全意为人民服务的精神，记录了他们的革命生涯和战斗生活，体现了他们的思想观点和道德情操，饱含着他们对亲属的挚爱深情。密切党同人民群众的联系的思想，闪耀在家书的

---

* 此篇文章发表在 1990 年 6 月 22 日《光明日报》。

字里行间。对子女的严格要求和谆谆教诲，是家书的一个重要内容。

这些家书，感情真切，风格各异，具有鲜明的个性特色，生动地表现出这些老一代革命家各自的识见、性格、爱好和文风。家书生活气息浓厚，是了解老一代革命家的日常生活、窥探他们的感情世界的一个窗口。

艰苦奋斗　不断进取

老一代革命家为中国革命事业英勇奋斗，出生入死，历尽艰辛。新中国成立以后，他们仍保持了艰苦奋斗的传统，突出地表现在勤政与廉洁这两个方面。从他们的家书中，可以看到他们宵衣旰食、勤政为民、廉洁清正的革命精神。

周恩来为人民废寝忘食的工作精神，是大家熟悉和敬佩的，他的这种工作精神也反映在他的家书中。1954 年他在参加日内瓦会议期间写信给邓颖超说："来日内瓦已整整七个星期了，实在太忙，睡眠常感不足，每星期只能争取一两天睡足八小时。"在当时那种复杂的政治环境中，有时参加国际会议还要冒着生命危险。1955 年 4 月 11 日万隆会议召开前夕，台湾当局妄图谋害周恩来，派遣特务炸毁了中国代表团的包机"克什米尔公主号"。周恩来幸免于难，在 4 月 12 日写信给为他的安全担心的邓颖超，说："有这一次教训，我当更加谨慎，更加努力。文仗如武仗，不能无危险，也不能打无准备之仗。"为了亚非人民的利益，为了世界和平，他毅然前往印度尼西亚出席万隆会议。

彭德怀从 1959 年庐山会议起就身处逆境。1965 年当他 67 岁之时，被任命为西南三线建设委员会第三副主任，重新获得工作的机会，他不计较职务的高低，很快就到成都上任。他上任后写给侄女的一封信，反映了他当时的心境："我即将外出了解情况，掌握第一手资料。属于我的时间已经不多了，实在遗憾，我将珍惜时间，以慰晚年。"蒙受着极大的冤屈，既无怨恨情绪，也无意志消沉，心中所想的是如何珍惜垂暮之年的时光，为党为人民做一些工作。

我们党内受人尊敬的董必武、吴玉章、徐特立、谢觉哉，从他们耄耋之年写的家书中，可以看到他们生活简朴，勤奋地工作，老而弥坚，壮心不已。已是 82 岁高龄的吴老，在 1960 年写给孙儿女的一封长信中说"先天下之忧而忧，后天下之乐而乐"是他的夙愿。应做的工作很多，"使我不能不以'唯日不足'的心情奋勇前进"。"我时时觉得对国家、社会贡献太少，而党和政府给我以崇高的地位、优厚的待遇……使我深深感激，而不敢不力求进步以报答党和政府及人民对我的厚爱。我并无过人的特长，只是忠诚老实，不自欺欺人，想做一个'以身作则'来教育人的平常人。我是以随时代前进不断改造自己，使不致成为时代落伍的人。"谢老的家书，把他为人民服务的孺子牛精神，廉洁奉公，对不正之风的深恶痛绝，用形象而深刻的语言表达了出来。1950 年 1 月他写给儿子的信中说："你们会说我这个官是'焦官'。是的，'官'而不'焦'，天下大乱，'官'而'焦'了，转'乱'为安。"

关心群众疾苦　造福子孙后代

新中国成立初期，毛泽东同家乡亲属通信的一个主要内容，是了解农村的情况。他把群众的生产和生活情况，群众对党的政策和地方工作的意见，时时挂在心间。1950年4月他写信给表兄文运昌，说："地方工作缺点甚多，应当纠正。如有所见，尚望随时见告。"同年5月又写信给表兄文南松，询问乡间情况，说："你说乡里缺粮，政府不发，不知现在怎么样？还是缺粮吗？政府一点办法也没想吗？来信时请详为告我。"毛泽东家乡的亲友向他要求来北京探望或者治病的，一般都不容易得到他的应允，但要向他反映农村情况的，则往往能获准来京。1953年他写信给表侄文九明，说："你有关于乡间的意见告我，可以来京一行。"有时为了了解农村情况，他还主动邀请一些亲友来北京面谈。例如，1952年他写信给堂兄毛宇居说："乡里粮缺猪贱，不知现在好些否？方便望将乡情赐告。为了了解乡间情况，拟待秋收以后，邀李漱清、邹普勋二位来京一游。"

老一代革命家时时想着从多方面造福于人民，为子孙后代着想。我国是一个人口多耕地少的国家，土地特别宝贵，我国自古以来主要是土葬，既占用土地，又浪费钱财。改变土葬是移风易俗的一件大事。1956年毛泽东率先倡议实行火葬，党和国家领导工作人员一百多人在倡议书上签名，表示自己死后一定要用火葬。吴老也签了名，而且还带头在自己的家族中推行火葬，倡导新的风气。1958年3月他专为此事写信给侄子，说他打算过几天就回到家乡，"把从我的曾祖这一系的祖先及其所属后辈的坟墓内的骨化成灰（放在罐内或盒内），集中放在我们从前家屋旁边的石厂墕西壁上。这个地方即可作为乡的一个公墓地。"植树造林是造福人民的一项长远事业，从董老和谢老的家书中，可以看出他们十分关心我国的林业建设，尽力地宣传和推动。

严格要求　谆谆教诲

老一代革命家都非常喜爱自己的子女，但在政治上、思想上、生活上对他们的要求又是严格的。他们对子女的教诲，语重心长，期望殷切。

他们教育子女努力学习，掌握为人民服务的本领。1941 年毛泽东写信给在苏联学习的儿子毛岸英、毛岸青，鼓励他们潜心学习自然科学，将来再以学习社会科学为主，"总之注意科学，只有科学是真学问，将来用处无穷"。1947 年他在给毛岸英的信中又说："一个人无论学什么或做什么，只要有热情，有恒心，不要那种无着落的与人民利益不相符合的个人主义的虚荣心，总是会有进步的。"叶剑英 1950 年写信给在苏联学习的女儿叶楚梅，说："努力把自己锻炼成为人民所需要的人，不是多一个少一个没有什么关系的人，不是可有可无的人，确有一点本领，拿出来为人民做点事，尽点小螺丝钉的作用。这就是学习的目的，也是做人的目的。不要好高骛远，幻想多而实干少。这一点，可要注意。"陈毅 1963 年写给儿女的信中说："我作为父亲，总是希望你们四个，成为有学问有品德的人，这一点心事，老放不下去，只惭愧我对你们教育太少。"

立志自己创造自己的前途，不要依靠家长——这是许多老一代革命家对子女的教育和期望。毛泽东 1941 年写给儿子毛岸英、毛岸青的信中说："你们有你们的前程，或好或坏，决定于你们自己及你们的直接环境，我不想来干涉你们，我的意见，只当作建议，由你们自己考虑决定。"1957年，在苏联学习的毛泽东儿媳刘松林，要求转学回国内学习文科，毛泽东写信给她说："转学事是好的，自己作主，向组织申请，得允即可。""不论怎样，都要自己作主，不要用家长的名义去申请，注意为盼。"吴老1964年写给孙子的信中说："你们这一代要负起革命事业接班人的责任。路子要靠自己去走，不能因为干部后代就骄傲自满。不然，就可能像林育生一样，甚至更坏。这是要时刻警惕的。"

鲜明的个性　各异的风格

人们常说"文如其人"，应当说家书是更如其人。老一代革命家的家书，不同于他们的政治理论性著作，较多地反映了他们的家庭生活、骨肉深情。家书是写给亲人的，感情逼真，很少或极少拘束，有的信可以说写得不拘形骸。家书具有鲜明的个性特色，读这些家书，好像又看见老一代革命家各自栩栩如生的形影。

毛泽东的家书，观点鲜明，思想性强，言简意赅，旁不多及。从他的家书中，看出他是一个很关心人很有感情的人。他喜爱古诗词，在家书中也常常引录古诗词来激励和教育子女。例如，他引录李白的诗句"登高壮观天地间，大江茫茫去不还。黄云万里动风色，白波九道流雪山"，激励儿媳刘松林，要她消愁破闷，心襟开阔。

周恩来的家书蕴蓄、稳重，感情深挚，从他的笔端溢流出的他与邓颖超之间的情爱，如春风一样的温馨。例如，1951年3月他写信给在杭州养病的邓颖超，信中说："西子湖边飞来红叶，竟未能迅速回报，有负你的雅意。""忙人想病人，总不及病人念忙人的次数多，但想念谁深切，则留待后证了。"

陈毅的家书，感情深切，爱憎分明，理与情如水乳交融，文字活泼清丽，读来感人并很上口。他1937年写给嫂子的那封信，在他的家书中是有代表性的，真挚恳切，情文并茂，倾诉他在戎马倥偬、出生入死的革命战争中对骨肉亲人的思念和深情，可算得是一篇陈情表。

吴老的家书，叙事析理细致，言词温和，字里行间透出慈祥与亲切，用深刻的自我剖析和叙述个人经历对亲属进行启发和教育。吴老自己说他"想做一个'以身作则'来教育人的平常人"，他的家书是这方面的一个例证。吴老是德高望重的长者，又是著名的教育家，他的家书像润物的春雨，丝丝地注入人们的心田。

瞿秋白的家书，感情炽热奔放，正如他自己在信中所说"像火山的喷烈"。文学家的笔触，一些段落写得像散文诗，颇有意味。

《老一代革命家家书选》，是学习和研究老一代革命家的思想和生平的重要资料，是对青年进行爱国主义教育和革命传统教育的生动教材。它的出版，对发扬艰苦奋斗精神，密切党和政府同人民群众的联系，搞好廉政建设，都将起到促进作用。

《毛泽东选集》1至4卷第二版编辑纪实[*]

中共中央文献编辑委员会修订出版的《毛泽东选集》（以下简称《毛选》）1至4卷第二版，向广大读者提供了一部更完善的《毛选》版本。

《毛选》1至4卷第一版的修订工作，经毛泽东同意，从1962年就开始进行。当时主要进行注释的校订工作，后因"文革"而中断。1990年5月，中共中央决定在建党70周年出版《毛选》1至4卷第二版。

《毛选》1至4卷第一版共编入158篇文章，都是毛泽东亲自审定的。1962年修订工作开始后，毛泽东指出，第二版不再增加文章。这次修订，根据毛泽东的这一意见，保持原有的篇目，只增加《反对本本主义》一篇。这是毛泽东非常重视和心爱的一篇文章，因长期散失，没有能编入《毛选》1至4卷第一版。失而复得后，1964年经毛泽东亲自审定，编入《毛泽东著作选读》甲种本和乙种本，第一次公开发表。

除篇目以外，这次修订包括正文、题解和注释。

对正文的修订，包括五个方面。（一）对158篇文章的时间，

---

* 此篇文章发表在1991年7月17日《人民日报》。发表时，作者署名为"中共中央文献研究室毛泽东研究组、注释组"。文章由冯蕙执笔。

逐一作了核校和考证，共订正和补正了15篇文章的时间。（二）订正史实。一般说来，人名、地名、时间、数字有误的，采用直接改正的方法。对于有误而不能直接改正的史实，采用加注订正的方法。（三）少量词语，经过版本核对证实有误，采用直接改正的方法。（四）某些重要的观点，毛泽东后来在讲话或谈话中作了修正或进一步的说明，通过作注的方法加以介绍。（五）纯文字的修订：改正错字，补正漏字；按国务院关于文字规范化的要求，统一用字；改正使用不当的标点符号。

《毛选》1至4卷第一版共有题解118篇。1至3卷的题解，有一部分是毛泽东亲自撰写的，特别是他写的那些提供了重要历史情况、阐述了重要的思想理论观点的题解，具有重要的价值。第4卷的题解是编者写的。前三卷的题解同第4卷的题解，在体例和风格上不尽一致。这次修订，对题解中不准确的史实（时间、地点、数字、事件经过等）作了订正，对不准确的提法作了修改或删略。此外，还增写了四篇简单的题解。

《毛选》1至4卷第一版原有注释872条。这次修订，对原有注释的大部分作了不同程度的修改，删去了12条不需要的注释，增写了84条注释，按体例增加了一些参见注释。第二版共有注释1215条，16万字左右。注释的修订，主要是：（一）订正史实；（二）修改对人物、事件的偏颇评述以及其他不准确的论断；（三）丰富了一些注释的内容。新增写的84条注释，有的根据正文的需要对某些人物、事件等作了诠释；有的纠正了正文中讹误而不能直接改动的个别史实；有的对正文中的某些观点提供了重要的解释和说明。

实事求是，尊重历史

《毛选》1至4卷的修订工作，以毛泽东一贯倡导的实事求是的思想原则为指导，以确凿的史料为依据，订正了第一版正文中某些不准确的史实，也纠正了对个别文章（《关于淮海战役的作战方针》）所作的不恰当的删节。

《关于淮海战役的作战方针》是毛泽东1948年10月11日写的一封电报。这封电报所规定的作战任务，主要是消灭国民党刘峙集团主力的一部（不是全部），开辟苏北战场，使山东、苏北打成一片，即通常所说的"小淮海"战役。后来在战役的准备和发起过程中，淮海战场和全国战局发生了有利于人民解放军的重大变化，特别是11月2日辽沈战役胜利结束，中央军委决定扩大淮海战役的规模。11月9日，毛泽东为中央军委起草的给中原、华东两野战军首长的电报中，规定淮海战役的作战任务是极力争取在徐州附近消灭刘峙集团的主力。至此，淮海战役由原来消灭刘峙集团一部为战役目标的"小淮海"战役，发展为在徐州附近消灭刘峙集团主力为战役目标的"大淮海"战役，这个"大淮海"战役，才是解放战争中三个有决定意义的最大战役之一。《关于淮海战役的作战方针》这一电报的内容共五点。1960年编辑《毛选》第4卷时，删去了其中的第四点（第四点的全文是："淮海战役的结果，将是开辟了苏北战场，山东苏北打成一片，邱李两兵团固守徐蚌一线及其周围，使我难于歼击。此时，你们仍应分为东西两兵团。以大约五个纵队组成东兵团，在苏北苏中作战。以其余主力为西兵团，出豫皖两省，协同刘邓，攻取菏泽、开封、郑州、确山、信阳、南阳、淮河流域及大别山各城。西兵团与刘邓协力作战的方法，亦是一部兵力打城，以主要兵力打援阻援，这样去各个歼敌。刘邓因为兵力不足，不能实现如像你们攻济打援战役及淮海战役那样的作战。你们西兵团去后，就可以实现那样的作战。六七两月开封睢杞战役就是西兵团与刘邓协力的结果。"），并将电报的第五点改为第四点，在其中的"明年一月休整"后面，删去"二月西兵团转移"一句。题解也是把这个电报作为"大淮海"战役的方针。正文所作的这样的删节和题解的写法，就看不出淮海战役作战方针的发展过程，而造成一种误解，好像这个电报就是"大淮海"战役的作战方针，这也给研究淮海战役增添了困难。另外，题解说："这是毛泽东同志为中共中央革命军事委员会起草的给华东野战军和中原野战军、华东局和中原局的电报。"这一写法是不准确的。事实上，这封电报是写给华东野战军并告华东局、中原局的。原题解的写法同正文出现不协调，如果说这封电报是给华东野战军和中原野战军的，那正文中的"你们以十一、十二两月完成淮海战役。明年一月休整。三至七月同刘邓协力作战"，就很费解。

这次修订，为这封电报增写了两条注释，分别补正了被删去的"二月西兵团转移"一句和原电报的第四点，同时，将原题解作了改写。这样，通过增补被删去的内容和改写题解，恢复了《关于淮海战役的作战方针》这封电报的原貌，并说明了淮海战役作战方针的发展过程。

详细占有材料，掌握充足可靠的依据

《毛选》1至4卷的修订工作，大量的是考证史实。每一个考证，每一个判断，每一处修订，都要求详细地占有材料，掌握充足可靠的依据。不仅查阅档案材料，还要查阅其他的重要材料；不仅查阅我方的材料，还要查阅对方的材料；不仅查阅近期的材料，还要查阅早期的材料；不仅查阅国内的材料，还要查阅国外的材料。有些材料并不是信手即可拈来，而是多方寻觅才能得到。

为了考证第 2 卷《放手发展抗日力量，抵抗反共顽固派的进攻》（1940 年 5 月 4 日）一文中所说的"叶、张两部"的"张"，究竟是指张云逸，还是指张道庸（陶勇），就是颇费了一番工夫的。毛泽东在这篇文章中讲到对国民党顽固派要进行针锋相对的斗争，说："例如，他们要四、五支队南下，我们则以无论如何不能南下的态度对付之；他们要叶、张两部南下，我们则以请准征调一部北上对付之。"《毛选》第一版对"四、五支队"和"叶、张两部"都作了注，注文说："四、五支队，即新四军第四、第五两个支队"（按：四、五支队是张云逸领导的）。"叶、张两部，即叶飞、张云逸两同志所率领的一部分新四军"。毛泽东在正文中，是将"四、五支队"与"叶、张两部"并提的，四、五支队既是张云逸领导的，接下来的叶、张两部的"张"又说还是指张云逸，这就令人感到费解，曾有读者怀疑正文中的"张"字是否有误。据查，1940 年 5 月以前，新四军在江北的部队主要有张云逸领导的第四、第五支队，叶飞率领的新四军挺进纵队和张道庸率领的苏皖支队。1940 年 4 月，顾祝同多次打电报给项英，强要新四军在江北的部队南调，项英曾主张"叶、张两团"南调。这次校订，查阅了 1940 年 5 月以前项英同中共中央的来往电报，发现有两封电报很能说明问题。4 月 20 日，中共中央致电项英，明确指出："在与顾谈判中，绝对不能答允四、五支队和叶、张两团之南调。现在和将来，全部或一部均不能南调。"4月22日，项英再电中共中央，仍说："为着使江南能够勉力坚持取得反击胜利，再度坚决要求叶、张两团南调。至四、五支队南调问题，当然不会负责答应他。"这两封电报中所说的"叶、张两团"就是正文中所说的"叶、张两部"，因为叶飞和张道庸率领的部队原来都是一个团的建制，即三支队的六团和二支队的四团。这里所说的"张"，不可能是指张云逸，因为他当时担任新四军江北总指挥，所指挥的部队大于团的建制，而且电报中也是将四、五支队与叶、张两团并提的。"张"应是指张道庸。这次校订，将注文中的"张云逸"订正为"张道庸"，纠正了注文中的一个史实错误，对正文提供了准确的解释。

为了考证第2卷《为皖南事变发表的命令和谈话》的时间，查阅了大量的材料，包括毛泽东的手稿。《毛选》第一版中这篇文章的时间是"一九四一年一月"。它的两个分标题又各自署有时间，《中国共产党中央革命军事委员会命令》署"一九四一年一月二十日，于延安"，《中国共产党中央革命军事委员会发言人对新华社记者的谈话》署"一九四一年一月二十二日"。查考当时有关的大量文献，发现《谈话》所署的"一九四一年一月二十二日"有误，应为1941年1月20日，命令和谈话是同一天的。主要依据是：（一）毛泽东在1941年1月所写的四封电报，都说命令和谈话是1月20日同一天的。1941年1月20日亥时给周恩来、彭德怀、刘少奇的电报中说："延安军委已于二十日发表命令、谈话，收到望广泛散播。"这份电报是特别重要的依据，1月20日的电报中就说到延安军委已于20日发表命令和谈话，说明这个谈话不可能是 1 月 22 日的。稍后几天的三封电报，也是有力的佐证，即：1 月 23 日给彭德怀的电报，1 月 25 日给彭德怀、刘少奇、周恩来的电报，1 月 28 日给廖承志的电报。（二）在1941 年毛泽东主持编辑的《六大以来》文集中，《中共中央革命军事委员会为皖南事变发表的命令与谈话》署的日期是"一九四一年一月二十日"，分标题《谈话》未另署日期。（三）毛泽东起草命令和谈话的手稿，保存在中央档案馆。命令和谈话是一份完整的手稿，从头到尾不分段一气接连写下来，可以想见当年奋笔疾书的急迫情景。从手稿看，命令和谈话也应是同一天的。

这次修订，将《为皖南事变发表的命令和谈话》原署的"一九四一年一月"，补正为"一九四一年一月二十日"，两个分标题下所署的"一九四一年一月二十日，于延安"和"一九四一年一月二十二日"，均删去。

有时，为了考证一个字，也要查阅不少的材料，找出有力的证据。例如，将第 4 卷《关于淮海战役的作战方针》和《敦促杜聿明等投降书》中的"黄伯韬"订正为"黄百韬"，就不是据某一种书上的写法便作出决断的，而是查到两个第一手的材料作为根据。（一）在淮海战役战场上收缴到黄百韬佩戴的胸章上写为"黄百韬"。（二）1948 年 11 月 29 日《申报》刊载的黄百韬为该报特邀记者题字的手迹，署名为"黄百韬"。这类事例是不少的。常常是一字之考，旬月踟蹰。

在详细地占有材料方面，注意掌握新的材料，吸收新的成果。

考证和修订，要求详细地占有材料，但不排斥在个别的情况下以确凿的无可辩驳的孤证作为根据。例如，将第 2 卷《必须强调团结和进步》一文的时间"一九四〇年二月十日"改正为

"一九四〇年二月七日"，依据就是 1940 年 2 月 7 日的《新中华报》，这一天的报纸上登载了这篇文章，题目原为《强调团结与进步》。这篇文章的写作日期，无从查考，因为没有留下毛泽东手稿，只能用发表的日期，即《新中华报》刊载的日期。

史料、版本、调查相结合

《毛选》1 至 4 卷修订工作的依据，总的说是来源于史料、版本和调查。档案和其他文献资料无疑是修订工作的重要依据，但有时仅仅依靠档案和其他文献资料还不够，必须有版本的考证和调查访问，使三者互相补充、互为印证。

《毛选》第一版的每一篇文章都是经过毛泽东亲自审定的。因此，这次修订没有必要将原有的版本同《毛选》逐篇逐句逐字对勘。这次版本的查考，主要为了订正少量的史实、个别的词语和个别文章的日期。通过史料和版本的查考，不能解决或不能完全解决的问题，则通过实地或以通信的方式进行调查，向专家和有关部门及个人请教，进一步了解情况，作出判断。

第 1 卷的《井冈山的斗争》一文，是这次修订工作中用它的两种原抄本和《六大以来》版本同《毛选》进行全面对校的唯一的一篇文章，也是修订工作中将史料、版本、调查三者相结合的一个比较典型的例子。《井冈山的斗争》是红四军前委书记毛泽东 1928 年 11 月 25 日写给中共中央的报告，在当时白色恐怖的环境下，为了能把这个报告送达中央，曾抄写了三份，通过不同的地方党组织转送。在档案中保存下来的只有两份，一份是由湖南省委转送中央的（以下简称"湖南本"），一份是由江西省委转送中央的（以下简称"江西本"）。1941年中共中央书记处编印的《六大以来》，收入的这篇文章是湖南本，毛泽东作了少量文字修改，排校中出现一些错漏字和衍字。新中国成立前编印的几种《毛泽东选集》，收入的这篇文章都据《六大以来》。1950年编辑《毛选》第1卷时，此篇以老《毛选》为底本，又作了一些文字修改，但没有同江西本对校。江西本同湖南本在某些史实和词语方面有出入，这次通过这篇文章的原抄件、铅印版本的对校，并查阅其他史料和进行调查访问，共订正史实和词语近20处。下面举两个例子。

（一）将"在永新有……西乡的小西江区"订正为"在永新有……西乡的小江区"。湖南本原文为"西乡小江西一区"，《六大以来》误植为"西乡小西江一区"。江西本为"西乡小江西区"，同湖南本相近。编辑《毛选》第1卷时，在"西乡"后边加上"的"字，删去"小西江"后的"一"字，成为"西乡的小西江区"。可是，《井冈山的斗争》另一处说"永新的小江区"。为了弄清这一地名，查阅了当时的一些文献资料，证实永新县有"小江区"，而无"小西江区"和"小江西区"。为了使修订确有把握，询问了永新县委党史办公室负责人，答复是"小西江区"和"小江西区"均误，应是"小江区"。

（二）将"木材、茶、油等农产品不能输出"和"出产最多的木材和茶、油"中的两处"茶、油"删去顿号，订正为"茶油"。在湖南本和江西本中，这两处都为"茶油"。在《六大以来》中，一处印为"茶、油"，另一处仍为"茶油"。新中国成立后编辑的《毛选》第1卷，将另一处也改为"茶、油"。为弄清究竟应是"茶、油"两种产品，还是"茶油"一种产品，查阅了当时有关湘赣边

界的历史文献，证实"茶、油"是"茶油"之误。例如，1929 年
2 月 25 日杨克敏《关于湘赣边苏区情况的综合报告》中，谈到湘
赣边界的经济情况，都是说的"茶油"，而不是"茶、油"。由此
可以断定这几处"茶油"都不是指茶和油两种产品，而是说的用
油茶树的种子榨的油。此外，还向井冈山革命博物馆进行了解，
他们根据当地的物产情况，说《毛选》的《井冈山的斗争》一文
中的两处"茶、油"，应是"茶油"，而不是茶和油。

　　这次修订中，有的问题是以版本考证作为依据的，例如，将
《新民主主义论》中的一处"工农人民"订正为"工人农民"。
这篇文章说第二次国内革命战争时期国民党的两种反革命"围
剿"，"杀戮了几十万共产党员和青年学生，摧残了几百万工农人
民"。"工农人民"这一词组，用在这里不大准确，怀疑有误。查
《新民主主义论》的几种版本，发现有些版本上是"工人农民"。
1940 年在延安刊印的《新民主主义论》，主要有三种本子。一是
首次发表这篇文章的，为 2 月 15 日出版的《中国文化》创刊号，
其中是"工人农民"；二是稍后几天刊载这篇文章的，为《解放》
第 98、第 99 期合刊，其中是"工农人民"；三是解放社 3 月出版
的单行本，其中是"工人农民"。从版本价值讲，《中国文化》创
刊号和解放社出版的单行本应是比较具有权威性的。从上下文的
意思看，也是"工人农民"更准确，《解放》周刊印为"工农人
民"，可能是排校方面的差错。新中国成立后编辑的《毛选》第 2
卷，这篇文章所用的底本沿袭了《解放》周刊所误刊的"工农人民"
而未得到校正。

　　这次修订中，有的问题是以调查访问获得的材料作为依据
的，例如将《井冈山的斗争》一文中的一个人名"圆盘珠"订正

为"盘圆珠"。盘圆珠是湖南酃县中村人。湖南酃县县委党史办公室的同志曾写过"圆盘珠"应是"盘圆珠"的考证文章。前几年我们访问酃县，走访中村时，一位年逾古稀的管理中村革命遗址的工作人员告诉我们：盘圆珠，乳名圆珠狗，瑶族人。他居住的那个村子，瑶族人只有两个姓氏，一姓盘，一姓赵，没有姓圆的。

全面地评述人物

在《毛选》第一版中，关于人物的注释有80多条。这些人物不少是中国现代史上的知名人士，或在中国共产党的历史上，或在国民党的历史上，或在文化界等，曾经有过重要的或一定的影响。第一版对有些人物的注释，评论比较多，断语比较多。这次修订，从理解正文的需要出发，客观地介绍人物一生中的主要经历，重点注明同正文有关的重要情节或背景，修正对某些人物偏颇的评述或不准确的提法。

第1卷《论反对日本帝国主义的策略》一文对张国焘的注释，一开头是几句政治性的断语："张国焘，中国革命的叛徒。早年投机革命，参加中国共产党。他在党内错误极多，造成了极大的罪恶。"在中国共产党的历史上，张国焘确实是一个错误非常严重、最后叛党的人。但是，张国焘有在党内18年的经历，只是简单地说他"早年投机革命"是不恰当的，也不能如实地反映张国焘的这一段历史。这次修订，删去原注的"早年投机革命"的断语，介绍了张国焘早年参加五四运动，后参加北京共产主义小组的建立，并出席中共"一大"，曾被选为中共中央委员、政治局委员、政治局常委，在党的历史上起过重要的作用；同时，明确地写出他分裂红军、分裂党的严重错误，最后投入国民党特务集团，成为中国革命的叛徒，被开除出党。

第 3 卷《在延安文艺座谈会上的讲话》一文对梁实秋的注释，注文说："梁实秋是反革命的国家社会党的党员。他在长时期中宣传美国反动资产阶级的文艺思想，坚持反对革命，咒骂革命文艺。"这个注文不够妥当。梁实秋是在国内外有影响的文学评论家、散文家、翻译家和教授。1926 年参加新月派。他在关于文学的翻译、文学的阶级性等问题同以鲁迅为代表的左翼作家进行的论战中，发表过反对无产阶级革命和无产阶级文学的主张，受到鲁迅的批评。这次修订，根据以上情况改写了原注，以介绍他的一些经历为主，结合正文中的"像鲁迅所批评的梁实秋……"，指出鲁迅曾著文批评梁实秋，并写出鲁迅的有代表性的批评文章的篇名，以便读者从这些文章中了解梁实秋的文艺主张和立场。

这次修订，作了以上这类改写的人物注释，还有陈独秀、戴季陶、胡汉民、周作人、何鸣、谭延闿、陈纳德等。人物注释的修订，是比较复杂的，颇费思索和斟酌。全面地了解和分析一个人，需要查阅大量的材料，不仅要了解一个人一生中的主要经历和活动，还要了解人物所处的历史条件，进行客观的分析，得出准确的判断。

通过注释发表毛泽东的一些重要思想观点

毛泽东的思想和理论是从实践中总结出来的，又随着实践的发展而发展。毛泽东总结和概括在《毛选》1 至 4 卷中的观点和理论，其中个别的后来随着实践的发展他自己又作了补充和修正。这种补充或修正，具有重要的思想和理论的意义，应当通过一定的方式介绍给读者。这次修订《毛选》1至4卷，注意到这一问题，增写了几条注释，将毛泽东对自己的某些观点和理论的补充或修正，写成注文，提供给读者。

毛泽东在《新民主主义论》一文的第七部分"驳资产阶级专政"中，有一个著名的理论观点，他认为，在第二次世界大战爆发以后，"殖民地半殖民地的任何英雄好汉们，要就是站在帝国主义战线方面，变为世界反革命力量的一部分；要就是站在反帝国主义战线方面，变为世界革命力量的一部分。二者必居其一，其他的道路是没有的"。1958年9月2日，毛泽东在北戴河同巴西的两位记者马罗金和杜特列夫人谈话中，对上述观点作了修改。他说：《新民主主义论》中有一个观点需要修改。这个观点认为在第二次世界大战爆发以后，殖民地和半殖民地的资产阶级，要就是站在帝国主义战线方面，要就是站在反帝国主义战线方面，没有其他的道路。事实上，这种观点只适合于一部分国家。对印度、印度尼西亚、阿拉伯联合共和国等国家就不适用，它们是民族主义国家，拉丁美洲也有许多这样的国家。这样的国家将来还要多。这些国家既不站在帝国主义的一边，也不站在社会主义的一边，而站在中立的立场，不参加双方的集团。这是适合于它们现时的情况的。毛泽东还说：《新民主主义论》中的这个观点还没有来得及修正，下次出版时就要修正。因此，这次修订，将毛泽东同巴西记者的这一段谈话写成一条注释，放在《新民主主义论》的上述一段话之后。

毛泽东在《为什么要讨论白皮书？》这篇评论中，驳斥艾奇逊关于中国共产党领导的政府是所谓"极权政府"的诬蔑时，曾说："一切资产阶级的政府，包括受帝国主义庇护的德意日三国的反动派政府在内，都是这样的政府。南斯拉夫的铁托政府现在也成了这一伙的帮手。""南斯拉夫的铁托政府现在也成了这一伙的帮手"的说法，是不符合事实的，不正确的。1956 年 9 月中国共产党第八次全国代表大会期间，毛泽东在会见南斯拉夫共产主义者联盟参加"八大"的代表团时，纠正了自己过去的上述说法，讲了一段很重要的话。毛泽东说：我们有对不起你们的地方。过去听了情报局的意见，我们虽然没有参加情报局，但对它也很难不支持。这是 1948 年的事。1949 年情报局骂你们是刽子手、希特勒分子，对那个决议我们没有表示什么。1948 年我们写过文章批评你们。其实也不应该采取这种方式，应该和你们商量。假如你们有些观点是错了，可以向你们谈，由你们自己来批评，不必那样急。反过来，你们对我们有意见，也可以采取这种办法，采取商量、说服的办法。在报纸上批评外国的党，成功的例子很少。这次事件对国际共产主义运动来说，是取得了一个深刻的历史教训。毛泽东的这段话讲得十分深刻，在今天仍是处理国际上党与党之间的关系所必须遵循的基本准则之一。这次校订，将毛泽东的这段话写成一条注释，放在"南斯拉夫的铁托政府现在也成了这一伙的帮手"这句话之后。

潜在的工作，大量的心血

《毛选》1 至 4 卷正文的修订工作，是逐篇逐句逐字（包括标点符号）反复地细读和推敲，发现疑点，找出问题，再查阅史料进行考证和研究，作出判断，确定是否需要修订，并提出修订的方案。工作量是很大的。各卷书末所附的正文校订表，1至4卷订正之处总共也不过约80条。这些修订，是呈现在读者面前的，读者也不难想到这里面凝聚着参加修订工作同志的大量劳动。但是，更大量的工作和劳动，是读者不易看出来的或看不到的，是潜在的。《毛选》正文的99％以上的部分，是没有作修订的，但并不意味着这些部分没有花费大量的工作和艰辛的劳动。许多地方也是经过周密细致的研究和考证，才能判断它们是正确的、准确的和不需要修订的。注释的修订，也有大量的潜在的劳动。《毛选》1至4卷原有注释872条，这次修订作了内容方面修改的达300余条，占原有注释的三分之一强。约三分之二的原注没有作内容方面的修订，这也是根据大量的材料对这些注释的内容作了考证之后，证实它们的内容是准确无误的。

关于大量的潜在的工作，下面举一个例子，可见一斑。

第2卷的《反对投降活动》一文中，有一句话是："武汉失陷后日本的甜言蜜语，例如放弃其所谓'不以国民政府为对手'的方针，转而承认以国民政府为对手，例如所谓华中、华南撤兵的条件，乃是诱鱼上钓取而烹之的阴险政策，谁要上钓谁就准备受烹。"这句话中两处使用的"上钓"一词，是经过查考和反复斟酌才决定不修改的。这里的"上钓"，就是上钩的意思。在古汉语中，"钓"字既可作动词，也可作名词，作名词时的含义是钓钩。但在现代汉语中，"钓"字只作动词。毛泽东在第2卷《和英国记者贝特兰的谈话》中，曾说"危险是在中国居然有些动摇分子正在准备去上敌人的钓钩"，用的是在现代汉语中作名词的"钓钩"。按现代汉语的要求，这次修订曾经考虑将上述两处"上钓"改为"上钩"。但是，还必须考虑以下两方面的情况：一是毛泽东在自己的文章中有不时用一些文言词语的习惯；一是"上钓"一词是有出处的，在过去出版的讲姜太公垂钓渭水而遇周文王的历史故事的书籍中曾经用过。元代话本《武王伐纣平话——吕望兴周》一书中说："当日，姜尚西走至岐州南四十里地，虢县南十里，有渭水河岸，有磻溪之水。姜尚因命守时，直钓钓渭水之鱼，不用香饵之食，离水面三尺，尚自言曰：'负命者上钓来！'"鉴于以上情况，决定"上钓"一词不必修订为"上钩"。

《毛选》正文的修订，包括对标点符号的修订。修订的原则，是只改正使用不当的标点符号，不求规范化和统一。标点符号的修订，读者是不易觉察的，但在修订过程中也是经过反复推敲，付出不少劳动，并请语言学家帮助审定的。第2卷第一版第609—610页上有这样一段话："既然中国社会……，既然中国革命的敌人……，既然中国革命的任务是为了推翻这两个主要敌人的民族革命和民主革命；而推翻这两个敌人的革命，有时还有资产阶级参加，即使大资产阶级背叛革命而成了革命的敌人，革命的锋芒也不是向着一般的资本主义和资本主义的私有财产，而是向着帝国主义和封建主义。既然如此，所以……"这次修订，将"而推翻这两个敌人的革命"前面的分号改为逗号，将"既然如此"前面的句号改为逗号。

《毛选》1至4卷的修订工作，经过艰苦努力已经完成，第二版已经同读者见面了。这次的修订工作，还要接受历史的检验和读者的评判。参加修订工作的同志兢兢业业，一丝不苟，但由于思想理论水平和知识水平的限制，以及工作中难以完全杜绝的疏漏，修订工作可能存在缺点和错误，恳切希望专家、学者和广大读者给予批评指正。

吕叔湘与《毛选》第二版[*]

北京建国门外永安南里中国社会科学院宿舍楼的一套住房，是中共中央文献研究室的一些同志经常趋前就教的地方，著名语言学家、中央文献研究室特邀顾问吕叔湘的家在这里。近十年来，吕老与中央文献研究室的文献编辑工作结下了不解之缘。

事情还须从 1981 年说起。当时，中央文献研究室正在编辑《毛泽东农村调查文集》，遇到一些文字、标点方面的问题，想找一位专家请教。我们同吕老并不相识，怀着试探的心情去向这位知名度很高的专家登门求教。已届耄耋之年的吕老，对慕名而来的陌生人给以热情的接待，对不属于他工作职责范围内的事给以悉心的指导，令前去求教的同志深为感动。从此，吕老就同中央文献研究室的文献编辑工作有了联系，1986 年被正式聘为中央文献研究室的特邀顾问。这些年来，中央文献研究室编辑的老一代革命家的著作集，吕老常常在句法、文字、标点方面给予指导，包含着他的心血。

1990 年 5 月，中共中央决定在纪念建党 70 周年出版《毛选》1 至 4 卷第二版后，修订工作立即全面展开。9 月，中央文献研究室将拟就的对《毛选》正文中一些用字、标点等的修订意见（草

---

*　此篇文章发表在 1991 年 7 月 18 日《光明日报》。

稿），给吕老送上一份，听取他的意见。这个草稿不仅提出一些原则性的修订意见，还列出对一些句子的修订方案，一共有十几页。吕老对表中所列的修订方案，一一写明了自己的意见，并写上他的很有见地的总体性的意见："字体不妨从严，最好不用到通用字表之外（引用语不能改者作为例外）。这是为了免得读者多查字典。句法以从宽为宜，因毛主席说话有他自己一套习惯，读者也未必打算从《毛选》里学造句。"在这以后三个多月的时间里，86岁高龄的吕老，为《毛选》修订工作中的一些句法、用字、标点问题，多次接受了我们的请教，不厌其详地为我们答疑释惑，往往一谈就是一个多小时。《毛选》的修订工作要求严格，对一个句子、一个字、一个标点，我们常常寻根究底地这样问、那样问，吕老总是反复地透辟地分析和说明，明确地表示自己的意见，直到我们彻底弄明白为止。

编辑工作是十分细致的工作，虽然一般说来都有一个相当的过程，但也有急迫的时候。这次《毛选》的修订工作中，有一次向吕老请教就是很急迫的。1991年元旦这一天，我们为个别文字、标点问题，急于要请教吕老。但是，一想到今天正是新年，是合家团聚的日子，况且吕老年事已高，在节假日去打扰他的休息是很不合适的，因此心中颇为犹疑。可是工作又很急迫，不得已还是同吕老通了电话，陈明情况，并对在节日打扰他再三表示歉意。不料吕老却不假思索地十分干脆地回答："你们来吧！为了工作嘛，元旦又有什么关系？"这样，我们就在元旦佳节又去登门求教了。吕老同我们详细地交谈，对我们的问题作了圆满的解答。那天虽是寒冬时节，但在吕老那间不大的客厅里，我们这些求教者如坐春风。

　　我们向吕老请教，事前虽把问题一一列出，但一般都没有先送给吕老。往往是我们到吕老家里一落座，就一问一答地谈起来。有时我们离开后，吕老对某个问题还在思索，还有未尽之意，就亲自打电话同我们再谈。今年1月11日，吕老打来电话，说："你们昨天问的那个问题，我晚上还在想，再把《毛选》那一句话整个地念给我听听。"听了以后，吕老又进一步阐明他的意见，使这个问题得到了妥善的处理。吕老对待工作，就是这样严肃认真，一丝不苟。

　　十年来，我们在向吕老求教的过程中，对他精湛的学术造诣，全心全意为人民服务的工作热忱，学术前辈诲人不倦的精神，深深敬佩。吕老的平易、谦虚、质朴、淡泊的风貌，给我们留下十分亲切的印象。我们衷心地祝吕老健康长寿，为祖国的语言文字工作作出更多的贡献。

《毛泽东选集》第一版第2卷正文和题解的主要修订情况

　　《毛泽东选集》（以下简称《毛选》1至4卷在20世纪50年代和60年代相继出版后，陆续发现一些需要校订的问题，包括正文和注释在内。毛泽东生前于1962年提出要修订《毛选》1至3卷的注释。当时在田家英的主持下，由中央政治研究室和中央档案馆各抽出三位研究人员，即缪楚黄、陈铭康、冯蕙、田逢禄、曹雁行、胡传章，具体进行注释的校订工作。这一工作由于"文革"的爆发而中断，未能全部完成。

　　1990年5月，中共中央政治局常委会批准中央文献研究室有关修订《毛选》1至4卷第一版，在1991年建党70周年时出版第二版的报告。在胡乔木指导下，由逄先知主持的修订工作立即全面展开，正文和题解的修订工作由毛泽东研究组承担，注释的继续修订工作由注释组承担。

　　《毛选》1至4卷第一版的修订工作，是一项严肃而艰巨的任务，是一桩严谨、精细的工作，必须采取十分审慎的态度。参加修订工作的同志深感责任重大，唯恐由于工作上的疏漏而给《毛选》第二版留下疵点。每一处修订，都经过反复思考，再三斟酌，务求精当。不仅查阅大量的文献资料，还向专家请教，并实地或通过信札进行调查。即使改动一个标点符号，也请语言文字学家帮助审定。

正文的修订工作，包括每篇文章题下的日期是否准确，正文中存在的某些史实和文字（包括标点符号）问题。题解的修订工作，主要校订题解中存在的某些史实和提法的问题。当时毛泽东研究组的吴正裕、冯蕙、汪裕尧、赵福亭分别承担《毛选》第1、2、3、4卷的正文和题解的具体修订工作。所有的修订由逄先知负责审定，重要的修订报胡乔木批准。

以下是我当时承担并整理的对《毛选》第一版第2卷的正文和题解的修订的主要情况。（曾编入《毛泽东选集一至四卷第二版编辑纪实》一书，由中央文献出版社出版。）

《反对日本进攻的方针、办法和前途》的题解，作出了两处修改。

（一）题解中说："一九三七年七月七日，日本帝国主义发动了卢沟桥事变……蒋介石迟迟至事变后十日才在庐山发表谈话，宣布对日抗战。"说蒋介石1937年7月17日的庐山谈话是宣布对日抗战，这是不准确的。蒋介石的这一谈话只是确定了准备抗战的方针，并没有宣布对日抗战。国民党政府在1937年8月13日上海抗战爆发后，才于14日发表了《自卫抗战声明书》，可以说是宣布对日抗战，国民党政府正式对日宣战，是在珍珠港事件后的1941年12月9日。因此，将题解中的"宣布对日抗战"改为"确定了准备对日抗战的方针"。

（二）题解中说："蒋介石在整个抗日战争时期……采取消极抗日积极反共反人民的反动政策。"这一说法不够准确。毛泽东在《论联合政府》中说："从一九三七年七月七日卢沟桥事变到一九三八年十月武汉失守这一个时期内，国民党政府的对日作战

是比较努力的。"又说："一九三八年十月武汉失守后……国民党
政府开始了它的政策上的变化,将其重点由抗日逐渐转移到反共
反人民。"据此,在题解中的"采取消极抗日积极反共反人民的
反动政策"前加上了"从一九三八年十月武汉失守以后,更"15 字。

　　《国共合作成立后的迫切任务》是毛泽东 1937 年 9 月 29 日
写的一篇文章。这篇文章有两处文字校订。

　　(一)文内有一句话:"然而红军改名为国民革命军第八路军
(抗日战线的战斗序列,又称第十八集团军)的命令,已在平津
失守约一个月之后颁布了。"这里的文字表述不够准确,括号内
的"抗日战线的战斗序列"可以理解为是说明括号外的"国民革
命军第八路军"的。事实上,"抗日战线的战斗序列"是说明"第
十八集团军"的,因为第十八集团军番号才是属于抗日战线的战
斗序列。全国抗日战争爆发后,中国工农红军于 1937 年 8 月 25
日改编为国民革命军第八路军。半个月后,国民党政府军事委
员会又于 1937 年 9 月 11 日宣布,按照对日作战各战区的战斗序
列,将八路军番号改为第十八集团军番号。这次校订,在"抗日
战线的战斗序列"前加了一个"按"字,成为"(按抗日战线的
战斗序列,又称第十八集团军)"。

　　(二)本篇引用 1937 年 9 月 23 日蒋介石对《中共中央为公
布国共合作宣言》发表的谈话,引文中有"余以为吾人革命信赞
者"一语。查 1937 年 9 月 24 日《申报》根据中央社电讯刊登的
蒋介石这一谈话,其中是"余以为吾人革命所争者"。"所争"二
字怎么成了"信赞"二字呢?是否蒋介石这一谈话的其他文本中
用过"信赞"二字呢?经查阅台湾国民党中央党史委员会出版的

《先总统蒋公思想言论总集》和秦孝仪主编的《蒋总统集》，均为"所争"，而不是"信赞"。经过考证，这个错误是由于当时我方电台抄收中央社电讯的抄报弄错的。这样，根据有关的可靠的文献，将"信赞"二字订正为"所争"二字。

《和英国记者贝特兰的谈话》中，有一句话是："如果说过去日寇差不多不费一点气力垂手而得东四省，现在就非经过血战不能占领中国的土地了。"其中的"垂手而得"四字，在 1937 年 11月 13 日出版的《解放》周刊第 23 期第一次发表的这篇谈话中，是"唾手而得"。新中国成立前中共晋察冀中央局和晋冀鲁豫中央局分别编印的《毛泽东选集》中，均收入《和英国记者贝特兰的谈话》，印作"垂手而得"。新中国成立后编辑《毛选》时，这篇谈话的供编辑用的印稿上亦为"垂手而得"。毛泽东在校阅这篇印稿时，亲笔将"垂手而得"改回为"唾手而得"，不知为什么《毛选》印成书又是"垂手而得"。关于"垂手"与"唾手"是否可以通用的问题，1979 年出版的《辞海》和《辞源》中，均未见"垂手"可通"唾手"的解释，只有《现代汉语词典》中有"垂手而得"一说。这个问题还请教过著名语言学家，答复说"垂手而得"无书证，还是应用"唾手而得"。鉴于这篇谈话第一次发表时为"唾手而得"，毛泽东在编《毛选》时亲笔将"垂手而得"改回为"唾手而得"，以及语言学家的意见等，这次校订，将"垂手而得"改回为"唾手而得"。

《上海太原失陷以后抗日战争的形势和任务》一文的题解中说："直到一九三八年十月党的六届六中全会才在基本上克服了

这种右的偏向。"将中共六届六中全会召开的时间写为"一九三八年十月",是不够准确的。中共六届六中全会召开的时间是 1938年 9 月 29 日至 11 月 6 日。因此,将题解中的"一九三八年十月"修订为"一九三八年九月至十一月召开的"。

《抗日游击战争的战略问题》一文中说:"太原北部忻口战役时,雁门关南北的游击战争破坏同蒲铁路、平型关汽车路、杨方口汽车路,所起的战役配合作用,是很大的。"从这句话看出,所说的"杨方口"位于山西省北部。经查新中国成立后出版的多种地图集,较多的是"阳方口",但 1957 年地图出版社编制出版的《中华人民共和国地图集》(甲种本)中,却是"杨方口"。新中国成立前出版的地名辞书和地图集中也有两种说法,例如,1930 年国立北平研究院出版的《中国地名大辞典》中是"阳方口";1934 年为纪念《申报》60 周年出版的丁文江、翁文灏、曾世英编的《中华民国新地图》中是"杨方口"。仅从文献资料方面不能得到确定的答案,便询问山西省测绘局地名办公室,他们答复应是"阳方口"。为了万无一失,又请他们再向阳方口所在的宁武县的县志办公室和党史办公室了解:毛泽东写作《抗日游击战争的战略问题》的 1938 年前后,"阳方口"是否有写作"杨方口"的?宁武县县志办公室和党史办公室的答复是:阳方口从来是用"阳"字,没有用过"杨"字。因此,这次校订,将"杨方口"订正为"阳方口"。

《中国共产党在民族战争中的地位》是毛泽东 1938 年 10 月12 日至 14 日在中国共产党第六届中央委员会扩大的第六次全体

会议上的政治报告《论新阶段》的一部分。《毛选》第一版本篇题下署"一九三八年十月"，未署日。而毛泽东 1938 年 11 月 5 日和 6 日在六届六中全会上所作的结论，其中有两部分编入了《毛选》即《统一战线中的独立自主问题》和《战争和战略问题》，题下分别署为"一九三八年十一月五日"和"一九三八年十一月六日"。为了统一体例，应在本篇题下补上具体的日期。经查阅档案，《论新阶段》政治报告，是毛泽东 10 月 12 日至 14 日在六届六中全会上分四次讲的，报告共八个部分。10 月 12 日下午讲报告的第一、第二、第三部分，10 月 13 日下午讲报告的第四部分，10 月 14 日下午讲报告的第五、第六部分，14 日晚上讲报告的第七、第八部分。《中国共产党在民族战争中的地位》是《论新阶段》的第七部分，是在 14 日晚上讲的。这次校订，在本篇题下"一九三八年十月"后补上了"十四日"，并在题解中补充了相应的说明。

《统一战线中的独立自主问题》题下署"一九三八年十一月五日"，题解中说"这是毛泽东同志在党的第六届中央委员会第六次全体会议上所作的结论的一部分"。据查，毛泽东在六届六中全会所作的结论，一共讲了五个问题，是在 11 月 5 日下午和 11 月 6 日下午讲的。5 日下午讲结论的第一、第二、第三个问题，《统一战线中的独立自主问题》是结论的第三个问题；6 日下午讲结论的第四、第五个问题，《战争和战略问题》是结论的第四个问题。为了向读者说明以上情况，在本篇题解中加写了"结论是在一九三八年十一月五日和六日作的，这一部分是在五日讲的"。

　　《战争和战略问题》题下署"一九三八年十一月六日"，题解中说"这是毛泽东同志在党的第六届中央委员会第六次全体会议上所作的结论的一部分"。情况与《统一战线中的独立自主问题》一篇类似。因此，也在题解中加写了"结论是在一九三八年十一月五日和六日作的，这一部分是六日讲的"。

　　《五四运动》一文，发表在 1939 年 5 月 1 日出版的《解放》周刊第 70 期上，未署明写作时间。《毛选》第一版中，本篇题下署"一九三九年五月"，未署日。毛泽东在《青年运动的方向》（1939 年 5 月 4 日在延安青年群众纪念五四运动二十周年大会上的讲话）中说："早几天，我作了一篇短文，我在那里说过这样一句话：'革命的或不革命的或反革命的知识分子的最后的分界，看其是否愿意并且实行和工农民众相结合。'"这篇短文就是《五四运动》一文。从以上情况可以看出，这篇文章的写作时间似应在 4 月底左右，但究竟是哪一天却难以确定。编入《毛选》的文章，题下所署的日期，有的是写作时间，有的则是发表时间。这次校订用了发表时间，在原署的"一九三九年五月"后补上了"一日"。

　　本篇的题解说："这是毛泽东同志为延安的报纸写的纪念五四运动二十周年的论文。""报纸"一词用得不大准确。《五四运动》一文，是为当时中共中央机关报《解放》周刊写的。《解放》周刊在当时也称"解放报"，但严格地说它是期刊。因此，将题解修订为"这是毛泽东为延安出版的中共中央机关报《解放》所写的纪念五四运动二十周年的文章"。

《反对投降活动》一文，发表在 1939 年 7 月 7 日出版的《解放》周刊第 75、第 76 期合刊的"'七七'纪念特辑"专栏内，原题为《当前时局的最大危机》，是为纪念抗日战争两周年而写的。本篇编入《毛选》时，未写题解。这次校订，加写了题解："这是毛泽东为纪念抗日战争两周年写的文章。"

《关于国际新形势对新华日报记者的谈话》中，毛泽东说："我在一九三八年十月的中共六届六中全会上曾经说过：'搬起石头打自己的脚，这就是张伯伦政策的必然结果。'"这句话中的"一九三八年十月的中共六届六中全会"一语不大准确，六届六中全会开会的时间是 1938 年 9 月 29 日至 11 月 6 日。"搬起石头打自己的脚，这就是张伯伦政策的必然结果"这句话，是毛泽东在六届六中全会的政治报告《论新阶段》的第六部分《中国的反侵略战争与世界的反法西斯运动》中讲的，毛泽东作政治报告的时间是 1938 年 10 月 12 日至 14 日。如果"一九三八年十月"是指毛泽东在六届六中全会作政治报告讲这句话的时间，那就是正确的。因此，这次校订，将"我在一九三八年十月的中共六届六中全会上曾经说过"改为"我一九三八年十月在中共六届六中全会上曾经说过"。

《中国革命和中国共产党》是毛泽东在延安同其他同志合作写的一个课本，只完成了第一章和第二章。首次发表在 1940 年 2 月、3 月和 4 月出版的《共产党人》第四期和第五期。

本篇第二章《中国革命》的第一节"百年来的革命运动"中，列举了从鸦片战争以来一百年内中国人民反帝反封建的重大斗争，其中有"戊戌政变"的说法。在这里用"戊戌政变"是不正确的，应当是"戊戌变法"或"戊戌维新"。这次校订，将上述第一节中的"戊戌政变"订正为"戊戌变法"。同样，《毛选》第2卷的《新民主主义论》一文第四部分中的"戊戌政变"也订正为"戊戌变法"。

本篇第二章第五节"中国革命的性质"中，引用了1942年《中国国民党第一次全国代表大会宣言》中的一段话："凡本国人及外国人之企业，或有独占的性质，或规模过大为私人之力所不能办者，如银行、铁道、航空之属，由国家经营管理之。"这里的"航空"一词，在编入不同文集的国民党"一大"宣言中，并不都是用的这个词。编入江苏古籍出版社出版的《中国国民党第一、二次全国代表大会会议史料》一书的国民党"一大"宣言中，是"航空"二字；编入光明日报出版社出版的《中国国民党历次代表大会及中央全会资料》一书的国民党"一大"宣言中，是"航路"二字；台湾国民党党史史料编纂委员会编的《革命文献》第八辑所载的国民党"一大"宣言中，是"航业"二字。"航空""航路""航业"这三个词的含义是有差别的。经多方查找，找到了1924年1月30日刊印的《中国国民党全国代表大会特号》第三特号所载的国民党"一大"宣言，其中是"航路"二字。特号上所刊载的国民党"一大"宣言，极可能是这个宣言的最早的正式刊印本，这个特号实际上是国民党"一大"的会议特刊，是权威的准确的版本。此外，1924年4月国民党中央根据国民党"一大"决议案校订的"一大"宣言校正本中，也是"航路"。据此，将本篇所引国民党"一大"宣言中的"航空"一词订正为"航路"。同样，《毛选》第2卷《新民主主义论》和第3卷《论联合政府》

两文所引国民党"一大"宣言中的"航空"一词，也订正为"航路"。

《中国革命和中国共产党》一文发表后，毛泽东曾给当时任中央军委总政治部宣传部部长的萧向荣写了一封信。信中说："战士课本写得很好。第一第二第四课看了，可即付印。第三课望送来看，须加修改，要将大资产阶级与民族资产阶级，亲日派大资产阶级与非亲日派（即英美派）大资产阶级，大地主与中小地主及开明绅士，加以区别。宣传部正在付印的一本书中，我已将《中国革命与中国共产党》第二章关于这一部分加了修改，请你向罗迈同志索取一阅。""在去年十二月写《中国革命与中国共产党》第二章时，正在第一次反共高潮的头几个月，民族资产阶级与开明绅士的态度是否与大资产阶级大地主有区别，还不能明显地看出来，到今年三月就可以看出来了，请参看三月十一日我的那个《统一战线中的策略问题》。"[1]毛泽东在这封信中指出，在分析资产阶级和地主阶级对抗日的态度时应注意三种区别，即：在资产阶级中，要将大资产阶级与民族资产阶级加以区别；在大资产阶级中，要将亲日派大资产阶级与英美派大资产阶级加以区别；在地主阶级中，要将大地主与中小地主及开明绅士加以区别。在这些区别上来确定中国共产党对他们的政策。在毛泽东的著作中，第一次精辟地分析这三种区别并阐述中国共产党对这些力量的不同政策的，就是《目前抗日统一战线中的策略问题》一文，这是他1940年3月11日在延安党的高级干部会议上的报告提纲。这是中国共产党关于抗日民族统一战线策略的一个重要发展。这一发展主要是根据当时中间派力量的增大和总结了在反对

---

[1]《毛泽东书信选集》，中央文献出版社2003年11月版，第147页。

第一次反共高潮中争取中间派的成功经验。

　　毛泽东给萧向荣的信中所说的"宣传部正在付印的一本书"，经查考是指中共中央宣传部 1940 年编的《党建论文集》。这本文集的编辑委员会写的前言所署的日期是"一九四〇年十一月十二日"。《中国革命与中国共产党》一文是这本文集的开卷篇。信中所说的"我已将《中国革命与中国共产党》第二章关于这一部分加了修改"是指毛泽东对这篇文章第二章第四节中论述地主阶级和大资产阶级、民族资产阶级这些部分的修改。进行修改的时间，应在 1940 年 4 月至 11 月之间。主要的修改是在这些部分各加写了一个自然段。这次校订，在《毛选》的《中国革命和中国共产党》的正文中，补上了这三个自然段，并作了一条注释，说明这三个自然段"是一九四〇年四月以后毛泽东修改《中国革命和中国共产党》一文时加写的"。

　　《新民主主义论》一文，最初是毛泽东 1940 年 1 月 9 日在陕甘宁边区文化协会第一次代表大会上的讲演，原题为《新民主主义的政治与新民主主义的文化》，随后进行修改，于同年 1 月 15 日定稿，发表在 2 月 15 日延安出版的《中国文化》创刊号。1940 年 2 月 20 日在延安出版的《解放》第 98、第 99 期合刊上登载时，题目改为《新民主主义论》。这次校订，就以上情况为本篇增写了一个简单的题解。

　　关于《新民主主义论》一文的日期问题，这次修订过程中作了一番考证。1952 年出版的《毛选》第 2 卷中，《新民主主义论》一文题下署"一九四〇年一月"。这篇著作最初是在 1940 年 1 月召开的陕甘宁边区文化协会第一次代表大会上的讲演。关于讲演的日期，1940 年 1 月 20 日《新中华报》关于这次文协代表大会的报道和《中国文化》第 1 卷第 2 期所载的《记边区文协代表大会》一文，都说毛泽东的讲演是在大会第六日作的。《新中华报》的报道说：大会第六日，"人们久已期待着的毛泽东同志的讲话，这天终于听入到每个人心头了"。《记边区文协代表大会》一文说："第六日，带病的毛泽东同志来讲话了。"陕甘宁边区文化协会第一次代表大会于 1940 年 1 月 4 日开幕，会期九天，1 月 12 日闭幕。这样，毛泽东作讲演的日期应为 1940 年 1 月 9 日。另外，1940 年 2 月延安出版的《中国文化》创刊号和《解放》第 98、第 99 期合刊全文刊载这篇讲演，文末均署为"一九四〇年一月十五日"。1940 年 3 月延安解放社出版的《新民主主义论》单行本，文末亦署为"一九四〇年一月十五日"。1940 年 1 月 15 日应是这篇讲演稿定稿的日期。根据以上情况，《新民主主义论》一文的日期，署为"一九四〇年一月九日"或"一九四〇年一月十五日"，都是可以的；但署"一九四〇年一月"更周全一些，既包容了作讲演的日期 1 月 9 日，又包容了定稿的日期 1 月 15 日。因此，这次校订未作改动，仍按第一版署为"一九四〇年一月"。至于新中国成立前编印的几种《毛泽东选集》中，在《新民主主义论》一文题下署"一九四〇年一月十九日"，显然是不正确的。

本篇第七个问题"驳资产阶级专政"部分，在论述由于国际国内的条件，中国不可能走建立资产阶级专政的资本主义社会的老路时说："处在今天的国际环境中，殖民地半殖民地的任何英雄好汉们，要就是站在帝国主义战线方面，变为世界反革命力量的一部分；要就是站在反帝国主义战线方面，变为世界革命力量的一部分。二者必居其一，其他的道路是没有的。"毛泽东 1958 年 9 月 2 日在北戴河会见两位巴西记者，一位是巴西联合报业记者马罗金，另一位是巴西大众日报记者杜特列夫人。谈话中，毛泽东对《新民主主义论》中的上述观点作了修改，他说：《新民主主义论》中有一个观点需要修改。这个观点认为：在第二次世界大战爆发以后，殖民地和半殖民地的资产阶级，要就是站在帝国主义战线方面，要就是站在反帝国主义战线方面，没有其他的道路。事实上，这种观点只适合于一部分国家。对印度、印度尼西亚、阿拉伯联合共和国等国家就不适用，它们是民族主义国家。拉丁美洲也有许多这样的国家。这样的国家将来还要多。这些国家既不站在帝国主义的一边，也不站在社会主义的一边，而站在中立的立场，不参加双方的集团。这是适合于它们现时的情况的。毛泽东还说：《新民主主义论》中的这个观点还没有来得及修正，下次出版时就要修正。因此，这次校订，按照毛泽东的遗言，将毛泽东同巴西记者的这一段谈话写成一条注释，放在《新民主主义论》中"处在今天的国际环境中……二者必居其一，其他的道路是没有的"的后面。

本篇第 13 个问题"四个时期"这一部分，讲到国民党的两种反革命"围剿"——军事"围剿"和文化"围剿"，其中说："这两种'围剿'，在帝国主义策动之下，曾经动员了全中国和全世界的反革命力量，其时间延长至十年之久，其残酷是举世未有的，杀戮了几十万共产党和青年学生，摧残了几百万工农人民。""工农人民"这一词组，用在这里不大准确，怀疑这四个字是否有误。经查阅《新民主主义论》的各种版本，发现"工农人民"四个字在有些版本上是"工人农民"。1940 年在延安刊印的《新民主主义论》，主要有三种本子。一是首次全文发表在 1940 年 2 月 15 日出版的《中国文化》创刊号上的《新民主主义的政治与新民主主义的文化》，其中是"工人农民"。二是五天以后出版的《解放》第98、第99期合刊所载的《新民主主义论》，其中是"工农人民"。三是同年3月延安解放社出版的《新民主主义论》单行本，其中是"工人农民"。首次刊载这篇著作的《中国文化》创刊号和解放社出版的单行本，从版本的价值来说应是具有权威性的，这两种本子中都是"工人农民"；从上下文的意思看，也是"工人农民"更准确。《解放》周刊登载的《新民主主义论》中，印为"工农人民"，可能是排校方面的差错所致。这次还查阅了新中国成立前编印的《毛泽东选集》，晋冀鲁豫中央局1948年编印的《毛泽东选集》下册所收入的《新民主主义论》中为"工人农民"，晋察冀中央局编辑、1947年3月出版的《毛泽东选集》（卷二）和东北书店1948年出版的《毛泽东选集》所收入的《新民主主义论》中又是"工农人民"。出现这种不一致的情况，是由于编入这篇文章时所依据的底本不同。新中国成立后编《毛泽东选集》时，《新民主主义论》一文所用的底本，看来不是《中国文化》创刊号和解放社出版的单行本，因而沿袭了《解放》周刊所误刊的"工农人民"。这次校订，将"工农人民"订正为"工人农民"。

《必须强调团结和进步》一文的日期，《毛泽东选集》第一版署为"一九四〇年二月十日"，有误。这篇文章是发表在1940年2月7日《新中华报》。这次校订，将"十日"改为"七日"。

本篇题解说："这是毛泽东同志为延安《新中华报》一周年纪念写的文章。"其中的"《新中华报》一周年纪念"一语，不准确。延安出版的《新中华报》，是1937年1月29日由《红色中华报》改名而来，当时为油印报纸，刊头印有"苏维埃中央政府机关报"。1937年9月9日，《新中华报》改铅印版，刊头印有"陕甘宁边区政府机关报"。1939年2月7日《新中华报》改版出"刷新号"，由陕甘宁边区政府机关报改为中共中央机关报，由五日刊改为三日刊。在这一天的报纸上发表社论《新中华报改革的意义》。1940年2月7日恰好是改版一周年。所以《必须强调团结和进步》一文不是为延安《新中华报》一周年纪念写的文章，而是为该报改版一周年纪念写的文章。据此，对这篇文章的题解作了修改。

《新民主主义的宪政》一文的题解中说："毛泽东同志在这个演说里揭露了蒋介石这种欺骗，将宪政宣传夺取过来，变为启发人民觉悟，向蒋介石要求民主自由的一个武器。蒋介石因此也就很快地收起了他的欺骗，在整个抗日时期不敢再宣传所谓宪政了。"经查阅有关材料，毛泽东的《新民主主义的宪政》一文于1940年3月1日在《新中华报》正式发表后，蒋介石仍然继续进行关于宪政的欺骗宣传。例如，蒋介石1940年4月1日在国民参政会一届五次大会的开幕词中，鼓吹大会"对于确立宪政的基础，要有精详的讨论，做切合实际的贡献"。蒋介石1943年9月6日在国民党五届十一中全会的开幕词中，继续鼓吹"实行宪政，完成建国，本来是本党国民革命努力的最大目标，亦是本党五十年来一贯的宗旨"。直到1945年5月召开的国民党第六次全国代表大会，蒋介石仍在进行宪政的欺骗宣传。根据以上情况，这次校订，将题解中的最后一句话"蒋介石因此也就很快地收起了他的欺骗，在整个抗日时期不敢再宣传所谓宪政了"删去。

《团结到底》一文，《毛泽东选集》第一版署为"一九四○年七月"。这篇文章登载在 1940 年 7 月 5 日《新中华报》的"抗战三周年纪念特刊"专栏内，无写作日期。这次校订，将这篇文章的日期署为"一九四○年七月五日"，同时还增写了一个简单的题解，说明这是毛泽东为延安《新中华报》写的纪念全国抗日战争三周年的文章。

《论政策》一文的第一个自然段，讲到土地革命后期的许多过"左"的政策，其中说"在经济上消灭资产阶级（过'左'的劳动政策和税收政策）和富农（分坏地），在肉体上消灭地主（不分田）"。这里一处用"地"，一处用"田"。在党的历史文献中，关于王明"左"倾路线的土地政策，通常的表述是"地主不分田，富农分坏田"。《论政策》一文，是 1940 年 12 月 25 日《中央关于时局与政策的指示》的主要部分。1941 年中共中央书记处编印的《六大以来》上册所载的这一指示中，是"富农（分坏田）"和"地主（不分田）"。中央档案馆保存的这一指示的两份油印件和一份抄件中，也都是"富农（分坏田）"和"地主（不分田）"。只有中共晋冀鲁豫中央局 1948 年编印的《毛泽东选集》所载的这一指示中，是"富农（分坏地）"和"地主（不分田）"，估计是排印方面的疏误所致。编《毛泽东选集》第一版时，《论政策》一文所依据的底本很可能就是这个版本。这次校订，将"富农（分坏地）"订正为"富农（分坏田）"。

《为皖南事变发表的命令和谈话》一文，《毛泽东选集》第一版所署的日期是"一九四一年一月"。这篇文章有两个分标题，又分别署有日期。其中，《中国共产党中央革命军事委员会命令》署"一九四一年一月二十日，于延安"，《中国共产党中央革命军事委员会发言人对新华社记者的谈话》署"一九四一年一月二十二日"。查考当时有关的文献，发现《谈话》题下所署的"一九四一年一月二十二日"有误，应为"一九四一年一月二十日"。命令和谈话是同一天的，都是1941年1月20日。主要依据是：

（一）毛泽东在1941年1月所写的四份电报，都说命令和谈话是1月20日同一天的。1941年1月20日亥时给周恩来、彭德怀、刘少奇的电报中说："延安军委已于二十日发表命令、谈话，收到望广泛散播。"这份电报是特别重要的依据，1月20日的电报中就说到延安军委已于20日发表谈话，说明这个谈话绝不可能是1月22日的。稍后几天的三份电报，也是有力的佐证。1941年1月23日4时给彭德怀的电报中说："政治方针中央已决定并在实施（见二十日中央革命军事委员会命令及谈话）。"1941年1月25日亥时给彭德怀、刘少奇、周恩来的电报中说："我们对于皖南事变及重庆军委会一月十七日宣布新四军叛变之处置，见一月二十日延安军委会命令及谈话。"1941年1月28日酉时给廖承志的电报中说："一月十八日中央发言人谈话，一月二十日中央军委命令及谈话，一月二十三日新四军将领就职通电，一月二十四日新四军声讨亲日派通电，均收到否？"

（二）1941年毛泽东主持编的《六大以来》文集，编入了为皖南事变发表的命令和谈话，在《中共中央革命军事委员会为皖南事变发表命令与谈话》标题下，署的日期是"一九四一年一月二十日"，分标题《谈话》题下未另署日期。

（三）命令和谈话都是毛泽东起草的，手稿保存在中央档案馆，只短缺最后几页（约占命令和谈话全文的五分之一）。毛泽东手稿是用毛笔书写的。手稿上的总标题是《中国共产党中央革命军事委员会发表命令与谈话》，分标题有两个：《（一）命令》和《（二）谈话》。总标题下未署年月日，《命令》部分一开头是"中国共产党中央革命军事委员会命令（中华民国三十年一月二十日于延安）"，《谈话》部分未署年月日。《命令》和《谈话》是一份连续写下来的文稿，是一个整体。在《毛泽东选集》中，《谈话》分为四个自然段，另有34条文字是另起行的（日本帝国主义和亲日派的计划15条，日本帝国主义和亲日派必定要失败的原因七条，要求国民党顽固派必须做到的12条）。在手稿中，谈话是不分段的，也没有一处文字是另起行的，而是从头到尾不分段一气接连写下来的，可以想见当时奋笔疾书的急迫情景。所以，从手稿的情况看来，《命令》和《谈话》也应是同一天的文稿。

根据以上情况，这次校订，将《为皖南事变发表的命令和谈话》题下原署的"一九四一年一月"订正为"一九四一年一月二十日"，分标题《中国共产党中央革命军事委员会命令》和《中国共产党中央革命军事委员会发言人对新华社记者的谈话》题下原分别所署的"一九四一年一月二十日，于延安"和"一九四一年一月二十二日"，均删去。

《毛泽东年谱（1893—1949）》中卷若干问题的辨析与补记[*]

关于洛川会议的日期问题

关于 1937 年 8 月中共中央在陕西洛川召开的政治局扩大会议（通称洛川会议）的日期，近些年来出版的一些比较重要的书籍中有两种说法，一种说是 8 月 22 日至 25 日，一种说是 8 月 22 日至 24 日。

在编写《毛泽东年谱（1893—1949）》的过程中，对于这次会议的日期也费了一番思索和考订，最后还是认为 8 月 22 日至 25 日的说法比较确当。

8 月 22 日至 24 日的说法，主要根据是洛川会议的记录。保存在中央档案馆的洛川会议记录，对 22 日、23 日、24 日的会议情况都有记载，但无 25 日这一天开会的记载。因此，就认为 25 日这一天没有开会，从而将这次会议的日期定为 8 月 22 日至 24 日。

保存在中央档案馆的某次会议的记录，无可辩驳地是关于这次会议的权威性材料；但是，其他有关的档案材料也是研究这次会议的佐证，有的还可能是会议记录的一种重要的补充。关于洛川会议的日期问题，除了会议记录以外，我们还研究了其他的档

* 此篇文章发表在《党的文献》1995 年第 1 期。编入文存时，内容作了补充。

案材料。

洛川会议通过的文件，应是判断会议日期的重要依据之一。洛川会议通过了三个文件，即《中共中央关于目前形势与党的任务的决定》（下称《决定》）、《中国共产党抗日救国十大纲领》（下称“抗日救国十大纲领”）、毛泽东为中央宣传部起草的宣传鼓动提纲《为动员一切力量争取抗战胜利而斗争》（下称“宣传鼓动提纲”）。这三个文件在洛川会议结束后，刊载于1937年9月6日出版的《解放》周刊第1卷第15期。刊载时，《决定》的题下署“（一九三七年八月十五日）”；宣传鼓动提纲的文末署“中华民国二十六年八月十五日”；抗日救国十大纲领无年月日，《解放》周刊第1卷第16至第18期继续刊载十大纲领，仍无年月日。1941年由毛泽东主持编辑的《六大以来》，收入了《决定》和宣传鼓动提纲，两件的日期均改为1937年8月25日。宣传鼓动提纲编入《毛泽东选集》第2卷时，毛泽东亲自在题解中加上了关于这个提纲是洛川会议所通过的一句话。《六大以来》是具有权威性的党内文件集，将两件的日期作了改正，那就说明最初发表时所署的8月15日是不准确的。这两个文件的日期既然是8月25日，又是洛川会议所通过的，那就应当认为洛川会议在8月25日是开了会的。因为某次会议所通过的文件，除极个别的特殊情况如遵义会议决议以外，文件所署的日期应是会议通过的时间，而不是文件发出的时间。

还有一件档案，可以作为上述论断的印证。1937年8月25日申时（下午3时至5时）毛泽东、朱德、周恩来写给在上海的叶剑英、潘汉年的电报，也说明了洛川会议一直延续到25日上午的可能性。电报说：“中央会已开完，通过新的决议及抗日救国十大纲领。”

从以上档案材料，可以认为洛川会议在 8 月 25 日上午开会讨论通过文件，但遗憾的是会议记录漏记了这一内容。

最后，再说一下对 8 月 15 日这一日期的看法。《解放》周刊刊载《决定》和宣传鼓动提纲时所署的 8 月 15 日是不准确的，那么这是怎么造成的，是不是排印上出的差错？我认为这很可能不是排印的错误，而是另外的原因造成的。洛川会议原定 8 月 15 日左右开会，这从 8 月 8 日张闻天、毛泽东致彭德怀、任弼时的电报可以看出。电报中说："拟在红军开动时开一次政治局会议，同时讨论作战的问题，地点在洛川，时间十五号左右。"既然 15 日左右要开会，那会议要讨论和通过的文件在开会时应已准备好。从 8 月 15 日张闻天、毛泽东致秦邦宪、林伯渠的电报看出，文件在 15 日已经起草。电报中说："形势估计与任务提出已届必要的时机，不能等候开大的会议，我们已讨论了两次，拟即作成决定，兄等意见请即电知。"这样，既有 15 日左右开会的原议，又有 15 日文件已经起草的事实，文件上原署的 8 月 15 日可以得到一些解释了，我认为 8 月 15 日大概是文件的起草时间。后来会议推迟到 8 月 22 日开始，会议在 8 月 25 日通过《决定》和其他文件时，由于疏忽而未将《决定》和宣传鼓动提纲原署的日期 8 月 15 日改正过来，所以文件发表时日期仍为 8 月 15 日。这一差错，直到 1941 年编《六大以来》时才得到改正。

关于毛泽东写给萧向荣的一封信

《毛泽东年谱（1893—1949）》中卷第 232 页至第 233 页，记述了毛泽东 1940 年写给萧向荣的一封信。这是一封重要的信，它说明了在抗日民族统一战线中将大资产阶级与民族资产阶级、亲日派大资产阶级与英美派大资产阶级、大地主与中小地主及开明绅士加以区别的策略思想的形成过程。信中说："在去年十二月写《中国革命与中国共产党》第二章时，正在第一次反共高潮的头几个月，民族资产阶级与开明绅士的态度是否与大资产阶级大地主有区别，还不能明显地看出来，到今年三月就可以看出来了，请参看三月十一日我的那个《统一战线中的策略问题》。"又说："宣传部正在付印的一本书中，我已将《中国革命与中国共产党》第二章关于这一部分加了修改。"

这封信首次公开发表在 1983 年纪念毛泽东诞辰 90 周年时出版的《毛泽东书信选集》。这封信的下款，只有"毛泽东"的署名，没有写信的年月日。编《毛泽东书信选集》时，根据信中所说的"在去年十二月写《中国革命与中国共产党》第二章"和"请看三月十一日我的那个《统一战线中的策略问题》"，将这封信的年代判定为 1940 年。因为《中国革命与中国共产党》的写作日期是 1939 年 12 月，而《统一战线中的策略问题》是毛泽东 1940 年 3 月 11 日在延安党的高级干部会议上的报告提纲（编入 1952 年出版的《毛泽东选集》第 2 卷，题为《目前抗日统一战线中的策略问题》）。但是这封信是 1940 年哪个月写的，编《毛泽东书信选集》时根据当时掌握的材料未能考订出来，只判定写这封信的时间应在 1940 年 3 月 11 日以后，具体的月份说不清楚。另外，对信中提到的"战士课本"和"宣传部正在付印的一本书"，本应做出注释，但由于当时未能掌握有关的材料，也就竟告阙如了。

近年来，在修订《毛泽东选集》第一版第 1 至 4 卷和编写《毛

泽东年谱（1893—1949）》的过程中，又进一步收集材料，对
这封信的有关情况有了进一步的了解和考订。信中所说的"宣
传部正在付印的一本书"，经查核是指当时延安出版的《党建论
文集》第一册，这个论文集收入的第一篇文章就是《中国革命
与中国共产党》。我们将这本论文集中的《中国革命与中国共产
党》一文同 1940 年出版的《共产党人》第四、第五期连载的此
文作了对校，《党建论文集》中的这篇文章，其第二章第四节"中
国革命的动力"已作了修改，毛泽东加写了三段话来阐述前面
说的那三种区别。在这一节讲地主阶级的那一部分，加写的一
段话是："在抗日战争中，一部分大地主跟着一部分大资产阶级
（投降派）已经投降日寇，变为汉奸了；另一部分大地主，跟着
另一部分大资产阶级（顽固派），虽然还留在抗战营垒内，亦已
非常动摇。但是许多中小地主出身的开明绅士即带有若干资本
主义色彩的地主们，还有抗日的积极性，还需要团结他们一道
抗日。"在这一节讲资产阶级的部分分别加写了两段话："在抗
日战争中，亲日派大资产阶级（投降派），已经投降，或准备投
降了。欧美派大资产阶级（顽固派）虽然尚留在抗日营垒内，
也是非常动摇，他们就是一面抗日一面反共的两面派人物。我
们对于大资产阶级投降派的政策是把他们当作敌人看待，坚决
地打倒他们。而对于大资产阶级的顽固派，则是用革命的两面
政策去对待，即：一方面是联合他们，因为他们还在抗日，还
应该利用他们一点残余的抗日积极性；又一方面是同他们作坚
决斗争，因为他们执行破坏团结的反共反人民的高压政策，没
有斗争就会危害抗战与团结。""但是在中国的民族资产阶级主
要都是中等资产阶级，他们虽然在一九二七年以后一九三一年

（九一八事变）以前跟随着大地主大资产阶级反对过革命，但是这个阶层基本上还没有掌握过政权，而受当政的大地主大资产阶级的反动政策所限制。在抗日时期内，这个阶层不但与大资产阶级投降派有区别，而且与大资产阶级顽固派也有区别，至今仍是我们的较好的同盟者，因此对于这个阶层采取慎重的政策是完全必要的。"此外，还删去了原有的说民族资产阶级在中国革命史上"曾经演过帝国主义走狗与地主阶级帮凶的角色"的话；并将分析民族资产阶级两面性时原有的"而在另一时期，就要叛变革命，并转过来压迫革命，他们就不能是革命的力量，反而是革命的敌人了"这一句，修改为"而在另一时期，就有跟在大资产阶级后面，作为反革命的助手的危险"。

在抗日民族统一战线中将大资产阶级与民族资产阶级、亲日派大资产阶级与英美派大资产阶级、大地主与中小地主及开明绅士加以区别的策略思想的形成，主要是根据大资产阶级内部的矛盾和分化，中间派力量的壮大，和中国共产党在粉碎第一次反共高潮中争取中间派的成功经验。三个区别的思想，是抗日民族统一战线策略思想的一个重要发展，其核心就是要大力争取和组织中间力量，还指出对顽固势力也要分化和争取。而要争取和组织中间力量，就要求有具体的政策和组织形式，因此中共中央适时地制定了"三三制"这一抗日民族统一战线政权政策。几乎是在1940年3月11日毛泽东在延安高级干部会议上讲三个区别这一重要策略思想的同时，中共中央于1940年3月6日发出了关于抗日根据地政权问题的指示，规定各抗日根据地实行"三三制"的政权组织原则。我认为，将大资产阶级与民族资产阶级相区别、将大地主与中小地主及开明绅士相区别的策略思想，是"三三制"政权的思想理论基础，而"三三制"政权是实现这一策略思想的一个重要政策和组织形式。

当时，毛泽东还强调，对争取中间力量的方针，对三种区别的策略思想，要多作理论的说明，要加强宣传。所以，他在1940年4月以后对《中国革命与中国共产党》第二章作了上述重要修改。不仅如此，他还重视对广大战士进行上述党的策略思想的教育。在工作十分繁重的情况下，他仍抽出时间审阅修改八路军政治部编的《抗日战士政治课本》。他在给萧向荣的信中所说的"战士课本"，就是指的这个政治课本。《抗日战士政治课本》分上、中、下三册，上册共24课，中册共27课，下册共25课。信中说的"第一第二第四课"，是指的下册中的三课。毛泽东在信中强调指出："第三课（指下册的第三课。——引者）望送来看，须加修改，要将大资产阶级与民族资产阶级，亲日派大资产阶级与非亲日派（即英美派）大资产阶级，大地主与中小地主及开明绅士，加以区别。""在第三课中，主要应说各阶级对抗日的态度，才有现实意义，亦请加以注意。"《抗日战士政治课本》下册第三课的标题是"中国革命的动力"，经毛泽东审阅修改后的这一课，加上了阐述三个区别的策略思想的内容。

最后说一下，上面提到的《党建论文集》第一册写有一个简短的前言，前言所署的时间是"一九四〇年十一月十二日"。毛泽东在信中说这本书"正在付印"，根据前言所署的时间可以确定正在付印的时间应是1940年11月。既然毛泽东写的信中说这本书正在付印，那么毛泽东写这封信的时间也可以确定为1940年11月了。

就《中国革命战争的战略问题》油印本说明一个问题

《毛泽东年谱（1893—1949）》（中卷）第 275 页，记述了毛泽东 1941 年 2 月 23 日为八路军军政杂志社印行《中国革命战争的战略问题》铅印单行本写的一段话（也可称作题记），其中说："这本小书是一九三六年秋季作为当时红军大学的教本而写的，目的在总结内战的经验。……四年来只有油印本，兹应军政杂志社之请，用铅印出版，借供党内同志们参考。"这里提到的油印本，是指中国抗日军政大学 1937 年 5 月印的油印本，这是目前见到的《中国革命战争的战略问题》这一著作最早的印本。

我想就这个油印本说明这篇著作中的一个问题。

《毛泽东选集》第 1 卷于 1951 年 10 月出版后，有读者曾对《中国革命战争的战略问题》第五章《战略防御》第一节"积极防御和消极防御"中的一段话提出疑问。这段话是："为敌人吓倒的极端的例子，是退却主义的'张国焘路线'。红军第四方面军的西路军在黄河以西的失败，是这个路线的最后的破产。"读者提出的疑问是：《中国革命战争的战略问题》的写作时间，在《毛泽东选集》中注明是 1936 年 12 月，但西路军的失败是在 1937 年 3 月，在 1936 年 12 月写的著作中怎么就讲到了几个月以后才发生的事情，感到这里有矛盾，不好理解。有人怀疑是不是《毛泽东选集》将《中国革命战争的战略问题》的写作时间弄错了；也有人怀疑这句话是不是新中国成立后编《毛泽东选集》时添加的，将 1937 年的事情加在 1936 年的著作中了。

从我们掌握的材料来看，上述两种怀疑都不符合实际情况。

《中国革命战争的战略问题》写作的结束时间确是 1936 年 12 月，
1937 年 5 月中国抗日军政大学印的这篇著作的油印本的文末，刻
印有"（以上五章写于西安事变以前）"。其次，前面提到的《毛泽
东选集》中的那段话在 1937 年 5 月抗大的油印本中就已经有了，
原文是："为敌人吓倒的极端的例子，是退却主义的'张国焘路
线'，西路军在河西的失败，是这路线的最后的破产。"油印本中
的这段话同《毛泽东选集》中的在文字上略有差异，这是由于编《毛
泽东选集》时在文字上作了一点润色，但内容是完全一样的。

　　接下来的问题是：油印本中的这段话是根据什么刻印出来
的？是不是在 1936 年 12 月西安事变前完稿的这篇著作的毛泽东
手稿中就写有这段话呢？

　　毛泽东这篇著作的手稿虽然没有保存下来，但是我认为在他
的手稿中不可能写有这段话。理由是：第一，当时西路军还没有
失败，他的书稿中不可能写上还没有发生的事情；第二，当时还
没有在全党批判张国焘路线，他不可能在为红军大学写的这个教
本中讲张国焘路线问题。那么油印本中的这段话又是从何而来的
呢？我认为这段话很可能是毛泽东在《中国革命战争的战略问题》
印油印本时加上的。1937 年 3 月，西路军失败了。3 月 23 日至
31 日，中共中央政治局扩大会议在延安召开，通称延安会议。这
次会议的议程共两项，第二项是关于张国焘的错误。会议批判了
张国焘的错误路线，作出了《关于张国焘同志错误的决议》，决议
指出："西路军的严重失败的主要原因，是由于没有克服张国焘路
线。"3 月 31 日，张闻天在会上作的总结发言中说："西路军的失
败是张国焘路线最后的破产。"上述情况说明，张国焘的错误路线
导致了西路军的最后失败，这是当时党中央已形成的共识。毛泽

东在 1937 年 5 月抗大印《中国革命战争的战略问题》油印本时加上"为敌人吓倒的极端的例子，是退却主义的'张国焘路线'。西路军在河西的失败，是这路线的最后的破产"这段话，是有所依据的。特别是张闻天 1937 年 3 月在总结发言中所说的"西路军的失败是张国焘路线最后的破产"同毛泽东在 1937 年 5 月印油印本时加上的"西路军在河西的失败，是这路线的最后的破产"，意思是完全一样的，文字表述也非常接近，反映出一种前后承接的关系。但是加写上这段话，却没有顾及到一个重要情况，即这篇著作是 1936 年 12 月完稿的，从而出现了 1936 年 12 月的著作中却谈到了 1937 年 3 月才发生的事情这一令人费解的问题。

"荫蔽精干，长期埋伏，积蓄力量，以待时机"十六个字的表述是何时形成的？

前些年，《文献和研究》曾经发表一篇文章，说明"荫蔽精干，长期埋伏，积蓄力量，以待时机"十六个字的表述，是新中国成立后编《毛泽东选集》时才形成的。根据是：《毛泽东选集》第 2 卷的《放手发展抗日力量，抵抗反共顽固派的进攻》（1940 年 5 月 4 日）和《论政策》（1940 年 12 月 25 日）两篇文章中，论及抗日战争时期中国共产党在国民党统治区的工作方针时，原稿本都是用"长期埋伏，积蓄力量，以待时机"十二个字的表述。前一篇中说，在国民党统治区域的工作方针，"是长期埋伏，积蓄力量，以待时机，反对急性与暴露"；后一篇中说，在敌占区和国民党统治区，"是在组织方式与斗争方式上采取长期埋伏，积蓄力量，以待时机的政策"。这两篇文章编入 1952 年出版的《毛泽东选集》第 2 卷时，"长期埋伏，积蓄力量，以待时机"十二个字的表述，均改为"荫蔽精干，长期埋伏，积蓄力量，以待时机"十六个字的表述。再加以《文献和研究》的这篇文章中引述的论及党在国民党统治区工作方针的其他一些文件中，也是用"长期埋伏，积蓄力量，以待时机"十二个字的表述。于是这篇文章便认为"荫蔽精干，长期埋伏，积蓄力量，以待时机"十六个字的表述，是在新中国成立后编《毛泽东选集》的过程中，对"长期埋伏，积蓄力量，以待时机"十二个字的表述，补充了"荫蔽精干"四个字而形成的。

从我们在编写《毛泽东年谱》过程中查阅到的材料来看，这篇文章引述的材料是属实的，但最后得出的论断，即认为十六个字的表述是《毛泽东选集》编辑过程中才形成的，却是值得商榷的。

《毛泽东年谱（1893—1949）》（中卷）第 346 页记述了毛泽东 1941 年 12 月 20 日出席中共中央政治局会议的情况。这次会议讨论陕西国民党统治区域党的组织问题及陕西省党的工作决定草案，毛泽东在发言中说：国民党反共后，我们提出"荫蔽精干"政策，"精干"是小而精，"荫蔽"是要求公开合法，但都做得不好，过去我们"荫蔽精干，长期埋伏，积蓄力量，以待时机"的方针口号是提出了，但没有指示具体的组织方法。以上档案材料说明，十六个字的方针的表述是在 1941 年 12 月以前就提出了的，不是在编《毛泽东选集》的过程中才形成的。附带说明一下，"荫蔽"这个词，在见到的论及中国共产党在国民党统治区域工作方针的历史文献中，一般都用"隐蔽"，在《毛泽东选集》中用"荫蔽"。

团结和胜利——七大的工作方针[*]

毛泽东在中国共产党第七次全国代表大会预备会议上的报告中说："我们大会的方针是什么呢？应该是：团结一致，争取胜利。简单讲，就是一个团结，一个胜利。胜利是指我们的目标，团结是指我们的阵线，我们的队伍。"[1]

团结是无产阶级政党的生命，毛泽东一贯强调党的团结。但是，在中国共产党的历史上，将团结确定为一次全国代表大会的工作方针，七大是第一次。这在当时有它的特别的意义。

1927年大革命失败后，中国共产党党内发生过"左"倾和右倾的错误，特别是"左"倾的错误，给革命事业带来严重损失。遵义会议确立了以毛泽东为代表的新的中央领导，结束了"左"倾教条主义错误在中央的统治，实现了党的最有历史意义的转变。但是，对党内两条路线的斗争还来不及从政治上和思想上进行总结。这个任务是由1942年开始的全党整风运动和中共中央作出关于历史问题的决议来完成的。七大开幕前夕，中共六届七中全会原则通过《关于若干历史问题的决议》，达到了全党特别是党的领导核心和高级干部在政治上、思想上的一致。这是实现

---

[*] 此篇文章发表在《中共党史研究》1996年第1期。

[1]《毛泽东文集》第3卷，人民出版社1996年8月版，第287页。

全党团结的重要基础。整风期间，在高级干部学习党内两条路线斗争的历史、总结历史经验的过程中，开展了严肃的、认真的、坦诚的批评与自我批评，犯错误的同志都不同程度地认识和检讨了自己的错误。按照毛泽东提出的"惩前毖后，治病救人"的宗旨和"团结——批评——团结"的公式，到七大就应当着重强调团结，达到团结的目的。因此，七大应该而且完全可能把团结作为大会的方针提出来，在新的基础上实现全党的团结。

同时，七大正面临着革命发展的一个新的形势，这就是党要领导全国人民去争取中国革命的胜利，打败日本侵略者，建立一个新中国。这是一个非常艰巨而复杂的任务。没有全党的团结，没有全国人民的团结，要达到这个目标是不可能的。毛泽东在1943年5月26日关于共产国际解散的讲话中曾指出："有两种团结是绝对必要的：一种是党内的团结，一种是党同人民的团结。这些就是战胜艰难环境的无价之宝，全党同志必须珍爱这两个无价之宝。"[1]他又说过："只有经过共产党的团结，才能达到全阶级和全民族的团结，只有经过全阶级全民族的团结，才能战胜敌人，完成民族和民主革命的任务。"[2]七大提出的团结方针，为夺取胜利提供了极重要的保证。

毛泽东深刻地总结了过去党内两条路线斗争的经验教训。他认为，在反对陈独秀错误路线和反对李立三错误路线的斗争中，没有使干部彻底了解错误的内容、产生错误的原因和改正错误的方法，过于着重追究犯错误的人的个人责任和惩办他们，未能团

[1]《毛泽东文集》第3卷，人民出版社1996年8月版，第22页。
[2]《毛泽东选集》第1卷，人民出版社1991年6月第2版，第278页。

结更多的人共同工作，这是应当引以为戒的。他指出，总结党的历史经验应当达到两个目的，既要弄清思想又要团结同志。他强调要团结犯错误的同志，在弄清思想以后要尽可能地团结一切同志共同工作，不要使一些同志受到损害而向隅。他说，"治病救人"是为了救人而治病。要救人不治病不行，要治病不救人也不行，不但要把病治好，而且把人要救出来。他说绝不能借某个同志犯错误而把他打下去，而要帮助犯错误的同志从错误中解放出来。毛泽东所说的党的团结，是有原则的团结，是在分清是非的基础上的团结。他在七大上指出："我们这次大会强调团结精神，就是要在一个原则下团结起来，在正确路线的基础上团结起来。"[1]

毛泽东把党的团结比喻作一个和睦的家庭，这是有特别含义的。他在修改《关于若干历史问题的决议》时，在第二部分中加上了这样一句话，叫作"团结全党同志如同一个和睦的家庭一样"。在这以前，不论在党的文件上，还是在个人的讲话中，关于党的团结常常说全党要"团结得像一个人一样"。毛泽东在七大上说："过去常说，团结得像一个人一样，那是写文章的词藻。我们这回说，团结得像一个和睦的家庭一样。家庭是有斗争的，新家庭里的斗争，是用民主来解决的。我们要把同志看成兄弟姊妹一样，从这里能得到安慰，疲劳了，可以在这里休息休息，问长问短，亲切得很。"[2]将"一个人"改为"一个和睦的家庭"，看起来好像只是一个词语的变换，实质上包含着深刻的辩证法思想。

---

[1]《毛泽东文集》第 3 卷，人民出版社 1996 年 8 月版，第 419 页。
[2]《毛泽东文集》第 3 卷，人民出版社 1996 年 8 月版，第 297 页。

　　在七大，团结的方针最生动地体现在中央委员会的选举上。毛泽东代表七大主席团作关于选举方针的报告时，特别强调两个问题，一是要团结犯过路线错误但已承认错误并决心改正错误的同志，一是要照顾山头。这是第七届中央委员会选举遇到的两个比较突出的问题。

　　在延安整风运动中，比较集中地批评了犯过路线错误的一些同志，在相当一部分高级干部和七大代表中，对这些同志产生了某种不信任的情绪，怀疑应该不应该把他们选进中央委员会，担心他们被选进去以后再犯错误，总之是不愿意选他们。针对这种情况，毛泽东在关于第七届中央委员会选举方针的报告中指出，犯过路线错误的同志，如果承认了错误并且决心改正错误，就可以选他们进中央委员会，就应该选他们。他指出，党的六大不选陈独秀进中央委员会是不对的，批评这是一种图简便省事的情绪，不愿意同犯过错误或有不同意见的同志合作共事。至于犯过错误的同志会不会再犯错误，毛泽东说："过去犯过错误的同志如果不谨慎，还可能再犯错误；没有犯过错误的同志，如果不谨慎，更可能犯错误。"[1]以毛泽东为首的七大主席团提出的正式中央委员候选名单中，李立三、王明都名列其中。由于毛泽东的耐心说服，李立三、王明当选为中央委员。王稼祥落选中央委员后，在即将进行中央候补委员选举的时候，毛泽东再次讲话，他说，王稼祥犯过路线错误，但是希望大家选他，因为他在党的历史上是有功的。这样，王稼祥被选为中央候补委员。

　　照顾山头，就是承认当时中国革命发展的实际情况。照顾山

[1]《毛泽东文集》第 3 卷，人民出版社 1996 年 8 月版，第 370 页。

头，是为了缩小山头，消灭山头。这是一个辩证关系。毛泽东指出："中国革命有许多山头，有许多部分，内战时期，有苏区有白区，在苏区之内又有这个部分那个部分，这就是中国革命的实际。离开了这个实际，中国革命就看不见了。"[1]他进一步指出："整风以来，我们提出要认识山头、照顾山头，在政策上反映了这一点，但在组织成分上还没有反映这一点。这是一个缺点，是不好的。鉴于这一点，我们这次选举就要注意这个问题。新的中央委员会应该反映这方面的情况，要成为一个缺陷最少的中央。"[2]

关于第七届中央委员会的人数，有人主张少而精。毛泽东说：要照顾到犯过错误的同志，要照顾到山头，太精了就会脱离群众。因此，他向大会建议的是中央委员会由 70 人左右组成，这样一个不大不小的方案，是一个可以照顾到各个方面的方案。

还应当指出，选举犯过路线错误的某些同志，选举各个山头的代表人物，其意义和作用绝不仅限于被选的这些人本身，而且是一个团结群众的问题。因为他们不是孤立的个人，而是代表相当大的一部分人。选举他们，就团结了受过错误路线影响的一批同志，团结了各个山头的干部和群众；不选举他们，党就可能会脱离这些干部和群众。

在第七届中央委员会的选举上，表现了毛泽东作为全党众望所归的领袖和伟大战略家的宽阔胸怀、恢宏气度与远见卓识，表明了中国共产党已经是一个成熟的党，一个不可战胜的党。

七大确定了团结的方针，很好地贯彻了这个方针。毛泽东称

---

[1]《毛泽东文集》第 3 卷，人民出版社 1996 年 8 月版，第 363 页。
[2]《毛泽东文集》第 3 卷，人民出版社 1996 年 8 月版，第 365 页。

赞七大是团结的模范。他曾经指出：团结的传统是使党兴旺的传统，是使革命胜利的传统。我们应当发扬这个传统。

毛泽东在七大所说的争取胜利，包含着两个胜利，即中国抗日战争的胜利和中国新民主主义革命的胜利，就是七大决定的政治路线中所说的"打败日本侵略者"和"建立一个新民主主义的中国"。

中共中央科学地分析了抗日战争后期国际国内的形势，认为形势的发展极其有利于实现中国人民革命的基本要求。国内形势的改变，在 1944 年已经很明显地表现出来。国民党抗战不力，腐败无能，坚持反人民、反民主、反共的反动政策；国统区民怨沸腾，人民要求改革政治的民主运动高涨；中国共产党在抗战中的力量和实际地位大大增长，在全国人民中的威望大大提高。1944 年 9 月 22 日，毛泽东在中共六届七中全会主席团会议上，十分深刻地说明了这种变化。他说："现在重心有逐渐转移的趋势，我们自己常常估计不足。""现在在全国面前暴露了中国有两个平等的东西，不是一大一小。""中共威信在大后方之高，是全国、全世界注意的问题，现在要解决中国问题，必须估计到我们。"[1]在七大，毛泽东进一步指出：中国近百年来一切人民斗争都遭到了失败或挫折。"这一次就不同了，比较以往历次，一切必要的条件都具备了。避免失败和取得胜利的可能性充分地存在着"。[2]七大正确估计了中国共产党的力量和国共两党力量对比

---

[1]《毛泽东年谱（1893—1949）》修订本中卷，中央文献出版社 2013 年 12 月版，第547 页。

[2]《毛泽东选集》第 3 卷，人民出版社 1991 年 6 月第 2 版，第 1032 页。

的重要变化，充分考虑人民的要求和党所肩负的历史责任，适时地提出夺取胜利的问题，表现出政治上成熟的中国共产党敢于胜利的伟大革命气概。

关于夺取中国革命的胜利这个问题，毛泽东在七大的内部讲话中，作了十分明确的阐述。他指出：抗日战争胜利后，蒋介石一定要发动内战，妄图消灭中国共产党，"同志们要注意，将来是一定要打的，因为他们已经有准备了"。[1] 但国共谈判现在我们还要谈，在国内两党合作还没有破裂时仍要谈判，只要有一点可能性我们也不放弃。有一天蒋介石发动内战了，"那时我们党就要号召全国人民起来打倒蒋介石"。毛泽东对夺取中国革命的胜利，充满着信心，他说，我们夺取了北平、天津那样的中心城市，"我们一定要在那里开八大，有人说这是机会主义；恰恰相反，八大如果还在延安开，那就近乎机会主义了"。[2]

毛泽东和党中央为夺取胜利，作了重要的、具有远见的战略考虑和部署，其中有些是从 1944 年就开始了。这些战略考虑和部署主要是：

1. 重视城市工作，提出准备将来党的工作重心从乡村转移到城市。1944 年 6 月，毛泽东为中共中央起草了关于城市工作的指示，强调必须把城市工作和根据地工作作为同等重要的两大任务，准备夺取大、中、小城市和交通要道。6 月 5 日，他在政治局会议上对这个指示作了说明，指出：前此我们的力量不能胜任城市工作，而现在如不提出这个问题，则我们在抗战中将犯大错

---

[1]《毛泽东文集》第 3 卷，人民出版社 1996 年 8 月版，第 437 页。
[2]《毛泽东文集》第 3 卷，人民出版社 1996 年 8 月版，第 333 页。

误。将来收复大城市，可能有三个股子，即罗斯福、蒋介石、共产党，我们要争取起决定作用，即争取做铁托。这次会议决定成立城市工作委员会，并建议七大的议程增加城市工作一项。毛泽东说的"争取做铁托"是什么意思呢？铁托当时是南斯拉夫人民抗击德国法西斯侵略的领导者，是南斯拉夫人民解放军的总司令。1943年11月，铁托在亚伊策召开南斯拉夫人民解放反法西斯议会第二次会议，成立了南斯拉夫民族解放委员会，这个委员会实际上具有全国临时政府的性质，铁托任主席兼国防部长。毛泽东所说的"争取做铁托"的意思，就是要保卫人民抗战的胜利果实，并使它在政治上得到体现。也就是说，中国共产党领导的中国人民，不但要赢得抗日战争的胜利，而且要赢得新民主主义革命在全国的胜利。

在七大时，毛泽东进一步提出党的工作重心要准备从农村转移到城市，这就意味着要准备夺取全国政权。

同城市工作相联系，毛泽东强调工人运动的重要性。因为一方面广大工人对于武装起义、里应外合夺取城市是决定力量；另一方面，夺取城市后，管理城市和恢复生产也要依靠工人阶级。毛泽东在七大所作的结论中回顾了党领导工农运动的历程，指出："我们党走过的路是这样的，从工人运动到农民运动，再到工人运动。过去我们是从工人运动起家的，从工人运动到农民运动，比如内战时期、抗战时期都是搞农民运动，将来我们要再转到搞工人运动，搞大工业，搞正规军队等。"[1]

2. 派部队南下建立和发展根据地。这是有重要战略考虑的。

---

[1]《毛泽东文集》第3卷，人民出版社1996年8月版，第396页。

比如王震、王首道率领南下支队，计划要在湘南、粤北建立根据地，造成南方一翼，待蒋介石发动内战时以便进行牵制。后因南下受阻，这一战略意图未能实现。

3. 强调东北的重要性。毛泽东在七大上说："东北是一个极其重要的区域，将来有可能在我们的领导下。如果东北能在我们领导之下，那对中国革命有什么意义呢？我们可以这样说，我们的胜利就有了基础，也就是说确定了我们的胜利。"[1]他看重东北，主要是两条：其一，东北是一块完整的根据地，是连成一片的，不是被敌人分割的；其二，东北有重工业，有重工业才有机械化的军队，没有重工业就没有机械化的军队。毛泽东甚至说："如果我们把现有的一切根据地都丢了，只要我们有了东北，那末中国革命就有了巩固的基础。"[2]为此他特别指出，七大选举中央委员会，要有东北同志当选中央委员才好。

4. 勾画了中国革命取得全国胜利的战略计划。毛泽东在七大的闭幕词中指出，中国革命的发展，可能有这样三个发展阶段，即从小半个中国，到大半个中国，到全中国。（1）小半个中国。从党的一大到七大，革命力量发展到已有一万万人口、一百万军队，有许多块根据地。但是这些根据地是被分割的，没有连成一片，没有大城市，因此还是不巩固的。（2）大半个中国。七大以后，打败日本侵略者，取得连成一片的东北、华北以及其他地方，打下若干大城市。这就有了夺取新民主主义革命在全国胜利的巩固基础。（3）全中国。人民最后挖掉帝国主义和封建主

---

[1]《毛泽东文集》第3卷，人民出版社1996年8月版，第410、411页。
[2]《毛泽东文集》第3卷，人民出版社1996年8月版，第426页。

义两座大山，取得革命在全国的胜利。

毛泽东在指出应当认清中国革命的胜利前途，树立坚强信心的同时，强调全党在思想上要戒骄戒躁，采取实事求是的态度，充分估计到在夺取胜利的过程中还会有许多困难。他在七大所作的结论中强调"我们更要准备困难"，并列举出 17 条困难。

在毛泽东列举的 17 条困难中，有一条是："出了斯科比，中国变成希腊。"[1]毛泽东指出，对中国出斯科比的问题，要估计得严重一些好。所谓"出了斯科比"，是指美国对中国公开进行军事干涉，伙同蒋介石进行反革命内战，消灭中国共产党领导的革命力量。提出斯科比问题，说明中国共产党对美国的扶蒋反共政策已经看得一清二楚，已经考虑到美国有可能对中国进行公开军事干涉。毛泽东在 1945 年 6 月七大主席团会议上还说：美国现在是联蒋抗日、拒苏反共，全面独霸东方，决不退让，这是美国现在已经定下的方针。后来，美国碍于种种原因，不敢贸然对中国进行公开的军事干涉，而采取在中国驻军、派参谋人员、出钱出枪等帮助蒋介石打内战，其扶蒋反共的本质是完全一样的。在中国抗日战争快要取得胜利的时候，揭穿当时还是中国抗战"盟友"的美国的本质，这是一个十分重要的问题，使全党对美国的军事干涉保持高度警惕。

毛泽东所列举的 17 条困难，包括政治、军事、经济、国际、党内、自然灾害等方面。这样具体地讲述可能遇到的方方面面的

---

[1]《毛泽东文集》第 3 卷，人民出版社 1996 年 8 月版，第 389 页。斯科比是英国派驻希腊的英军司令。1944 年 10 月，德军从希腊败退，斯科比率领英军，带着在伦敦的希腊流亡政府进入希腊。同年 12 月，斯科比指挥英军协助希腊政府进攻长期英勇抵抗德军侵略的希腊人民解放军，屠杀希腊人民。

困难，甚至把困难估计得尽量充分一些，这在当时确实是十分必要的，具有特别重要的意义。这表明以毛泽东为首的中共中央，在大好的形势下，保持着十分清醒的头脑，注意用辩证法全面分析局势，既看到光明的一面，又看到困难的一面。对困难有充分的估计，才能正确对待困难，战胜困难，取得胜利。

七大时，毛泽东在党内讲话中讲争取中国革命胜利及其有关的问题，但在准备公开发表的《论联合政府》报告中是很注意策略的。比如，对蒋介石是留有余地的，仍然要求他废除一党专政，成立联合政府，争取他能"洗脸"，对他不是"杀头"。关于给蒋介石国民党留余地的问题，毛泽东说："我们一方面是尖锐的批评，另一方面还要留有余地。这样就可以谈判、合作，希望他们改变政策。""我们给国民党留有余地，就不会犯错误；如果不留余地，实际的结论只有一条，就是'打倒'，那我们就会犯政治上的错误。"[1]毛泽东提出，对国民党我们不打第一枪。又如，《论联合政府》原稿上有这样一段话："在今后的两年至三年内，中国人民将遇到一个重大变化的时局，这将是中国人民抗日、建国的转变关节。现在正处在这个大变化的前夜，全国人民必须有充分的准备，首先要求我们的党应有这种准备。"后来发表时将这段话删去了。毛泽东说："删去这段话，不是因为说得不对，而是不说为好。但是我们要有这种精神准备，准备应付大事变。"[2]

在中国革命处于有可能取得胜利的形势下，毛泽东作为伟大

---

[1]《毛泽东文集》第3卷，人民出版社1996年8月版，第325页。
[2]《毛泽东文集》第3卷，人民出版社1996年8月版，第385页。

的战略家，既有敢于夺取胜利的气魄，又充分地估计到可能发生的各种困难，兢兢业业，不骄不躁；既对蒋介石国民党的反动本质有透彻的认识，又在策略上留有余地，十分稳妥。这样，就使中国共产党在复杂的斗争中，在各种困难出现的时候，能够保持清醒的头脑，处于主动的地位。七大以后中国革命的进程，按照中共中央和毛泽东的部署，迅速地胜利向前发展，只用了四年多的时间，就取得了全国胜利！

中共七大最重要的历史贡献

1945 年召开的中国共产党第七次全国代表大会最重要、最有历史意义的功绩，就是确定毛泽东思想为党的指导思想。这次大会通过的《中国共产党党章》的总纲中确定："中国共产党，以马克思列宁主义的理论与中国革命的实践之统一的思想——毛泽东思想，作为自己一切工作的指针，反对任何教条主义或经验主义的偏向。"这是经过 24 年艰难曲折的斗争，并付出重大代价之后，得出的最重要的政治的和理论的结论。理论的成熟标志着一个政党的成熟。党成立 24 年来，在马克思列宁主义指导下，在同国内外各种敌人进行的革命斗争中，在同党内外各种错误思想进行的原则斗争中，毛泽东思想生长、发展和成熟了。它被证明是唯一正确的救中国的理论和政策，唯一正确的使中国人民获得解放的理论和政策，并为全党逐步地认识、接受和拥护。七大将毛泽东思想写在党的旗帜上，是全党达到成熟的重要标志。

将马克思列宁主义与中国的具体实际相结合，形成毛泽东思想，是一个艰难的、创造性的伟大工程。

要实现这一结合，首先就要有马克思列宁主义的传入。中国人民寻找救国救民的真理，经历了千辛万苦。从 1840 年鸦片战争算起，经过了七八十年，直到俄国十月革命后才找到了马克思列宁主义。在十月革命的影响下，在共产国际的帮助下，召开了中国共产党第一次全国代表大会，创建了党，把马克思列宁主义写在党的旗帜上。这在中国革命史上是开天辟地的大事。

找到了马克思列宁主义，并不等于就解决了中国革命问题。在中国这样一个半殖民地半封建的东方大国进行革命，必然会遇到许多特殊的复杂的问题，这在马克思列宁主义的著作中和外国的革命经验中，是找不到可以照搬的现成答案的。因此，马克思列宁主义必须与中国的具体实际相结合，才能解决中国革命问题，才能在中国生根，才有生命力。不研究中国特点的、脱离中国实际的空洞的理论，不能解决任何问题。能否将马克思列宁主义与中国的具体实际相结合，以确定正确的革命道路和战略策略，是决定中国革命成败的关键。

什么叫作马克思列宁主义与中国的具体实际相结合？毛泽东的回答是：善于应用马克思列宁主义的立场、观点和方法，从对中国的历史实际和革命实际的认真研究中，在各方面作出合乎中国需要的理论性的创造。而要实现这一结合，必须反对和克服教条主义。按照毛泽东的说法，教条主义是一种幼稚者的蒙昧，这是非常恰当的。因为他们把马克思列宁主义书本上的个别词句看作是包医百病的现成灵丹圣药，以为照搬过来就可以解决十分复杂的中国革命问题。教条主义者又是懒汉，拒绝对于具体事物做任何艰苦的研究工作，他们老是挂在空中不落地的。

实行马克思列宁主义与中国的具体实际相结合，就需要认识中国的社会，了解中国的国情。中国社会中存在的问题和中国革命中提出的问题，有许多是在马克思列宁主义著作中没有提出过的或者没有解决过的。毛泽东一贯重视了解中国的国情，他说

"认清中国的国情，乃是认清一切革命问题的基本的根据"。[1]

从中国共产党成立至大革命失败这一时期，毛泽东着力于对中国社会经济状况和中国社会各阶级的了解和分析。他认为中国过去一切革命斗争成效甚少，其基本原因就在于没有分辨清楚真正的敌人和真正的朋友。中国革命的当务之急是要解决"谁是我们的敌人？谁是我们的朋友？"这个革命的首要问题。他运用马克思主义阶级分析的方法，具体地、细致地分析了中国社会各阶级的经济地位和他们对革命的态度，提出了新民主主义革命总路线的基本思想。在分析中国社会各阶级时，他强调农民的重要性，通过对农民和农民运动的研究，提出"农民问题乃国民革命的中心问题"。这一认识，说明了中国民主革命的实质，找到了民主革命的主要力量，实际上提出中国革命的主力军问题，无产阶级的主要同盟军问题。这一真知灼见，对于当时中国共产党的主要领导人陈独秀等忘记农民的严重错误，是很有针对性的。正确地认识和解决农民问题，关系到无产阶级的领导权能否实现，关系到中国革命的成败。毛泽东对新民主主义革命总路线基本思想的阐述和对农民问题重要性的深刻认识，是他将马克思列宁主义与中国的具体实际相结合，探索中国革命基本问题的重要的开始。

大革命失败后，中国革命进入艰难曲折的十年内战时期。怎样领导中国革命继续前进？什么是中国革命的正确道路？这是中国共产党面临的必须回答和解决的问题。毛泽东深刻地总结了大革命失败的教训，他在八七会议上明确地提出领导权问题、农民

---

[1]《毛泽东选集》第2卷，人民出版社1991年6月第2版，第633页。

问题、武装斗争问题、党内民主问题，抓住了大革命时期中国共产党的领导所存在的最主要的一些问题。以后，他又在实践上和理论上正确地解决了党的六大所没有解决或没有正确解决的问题，特别是关于中国革命的道路问题和与之紧密联系的党的工作重心应由城市转入农村的问题。十年内战时期，毛泽东对马克思列宁主义与中国的具体实际相结合，对中国革命的基本问题，进行了艰辛的探索，所取得的重要成果有：他敏锐地认识到武装斗争是中国革命斗争的主要斗争形式，提出"政权是由枪杆子中取得的"重要论断；他深刻地分析了几个帝国主义国家共同侵略、间接统治的，以分散的农业经济为主、经济落后的半殖民地半封建中国的政治的经济的特点，提出关于红色政权存在和发展的理论，并进一步提出农村包围城市、最后夺取全国胜利的独特的中国革命道路；他直接指导革命的武装斗争，确定人民军队的建军原则和战略战术原则；他深入地系统地进行农村调查，研究农民问题，制定正确的农村阶级路线和土地政策；他对革命根据地的政治、经济、文化建设，也提出了不少重要的思想。

这一时期，毛泽东对马克思列宁主义与中国的具体实际相结合的问题，达到了自觉的认识，从理论上进行了阐述。1930年他写的《反对本本主义》这篇文章，针对当时党和红军中存在的教条主义的一些表现，从思想路线的高度鲜明地提出"反对本本主义"，"没有调查，没有发言权"。这些掷地有声的口号和论断，具有振聋发聩的启蒙作用。新中国成立后，他1961年3月在广州召开的中央工作会议上说，他当年提出"反对本本主义"，包含着破除迷信的问题。当时的迷信主要存在于两个方面：一是对马克思列宁主义的态度，以为上了书的即马、恩、列、斯著作中讲了的就是绝对正确的，是一点也不能更改的；一是对上级机关的决议、指示的态度，以为凡是出自上级机关的决议、指示都一定是正确的，"党的第六次全国代表大会的'本本'保障了永久的胜利"，一切都应照六大的决议办。毛泽东所说的上级机关的决议和指示，还包括共产国际关于中国革命问题的一些决议和指示，对这些决议的迷信和盲目执行，给中国革命造成了很大的危害。毛泽东指出："我们说马克思主义是对的，决不是因为马克思这个人是什么'先哲'，而是因为他的理论，在我们的实践中，在我们的斗争中，证明了是对的。""我们说上级领导机关的指示是正确的，决不单是因为它出于'上级领导机关'，而是因为它的内容是适合于斗争中客观和主观情势的，是斗争所需要的。"[1]在这篇文章中，毛泽东还提出"中国革命斗争的胜利要靠中国同志了解中国情况"，反对保守主义，提倡从斗争中创造新局面的思想路线。毛泽东提出的这些口号和思想，深刻地体现了不唯书、不唯上、只唯实的实事求是原则，表现了他的政治胆略和理论勇气。这篇文章实质上提出了党的一切从实际出发、实事求是的思想路线。虽然这时毛泽东还没有把党的思想路线用"实事求是"这四个字来概括，还没有作出十分明确的规范的表述，但这条思想路线的基本内涵是已经提出和奠定了。这篇文章，在毛泽东思想形成和发展过程中，具有标志性意义，今天读起来仍然能感到那么强的生命力。

但是，从党的成立到遵义会议召开前的十几年中，由于在多数时间内毛泽东被排斥在中央领导之外，不能参与在组织上决定

---

[1]《毛泽东选集》第1卷，人民出版社1991年6月第2版，第111页。

全党的行动，以致他在马克思列宁主义与中国的具体实际相结合上所取得的重要成果，没有能充分地发挥其推动中国革命胜利发展的应有的作用和影响。这十几年中，由于"左"、右倾机会主义的危害，特别是"左"倾教条主义的危害，使中国革命遭受了十分严重的挫折和损失。毛泽东的正确思想、理论和路线，被诬为"狭隘经验论"、"富农路线"、"极严重的一贯的右倾机会主义错误"，而受到排斥和打击。尽管如此，这一时期代表中国革命正确方向的，仍然是毛泽东。

　　1935年1月召开的遵义会议，结束了第三次"左"倾冒险主义路线在党中央的统治，开始了以毛泽东为代表的新的中央的领导，这是中国共产党历史上的一个生死攸关的转折。党通过遵义会议独立自主地纠正了错误路线，这一重大转变标志着党的中央已经达到成熟。遵义会议集中全力解决当时具有决定意义的军事上的错误和组织问题，这个方针是完全正确的。还应当指出，遵义会议实际上实行了政治路线的转变，因为遵义会议以后没有再执行过去的错误的政治路线了。毛泽东在1941年9月会议的讲话中说："遵义会议，实际上变更了一条政治路线。过去的路线在遵义会议后，在政治上、军事上、组织上都不能起作用了，但在思想上主观主义的遗毒仍然存在。"[1]他在1944年的一次讲话中，进一步指出关于路线转变问题有事实上和形式上这两层含义。有的是事实上做了结论，形式上也做了结论，实现了路线的转变；有的就是事实上做了结论，实现了路线的转变，但形式上还没有做结论。由此看来，遵义会议所实现的政治路线的转变，

---

[1]《毛泽东文集》第2卷，人民出版社1993年12月版，第373页。

就属于后一种情况。他在这次讲话中说：遵义会议还承认四中全会路线是正确的，但事实上遵义会议以后采取的路线和过去是完全不同的路线，在事实上已做了结论，在形式上结论还承认过去的政治路线是对的。我们说遵义会议实际上实现了政治路线的转变，还可以从另一种意义上理解。在长征中，中国共产党领导的革命力量同国民党统治集团的斗争集中在军事斗争，当时军事上的胜败是决定一切的，党的领导的中心问题是对军事的领导。所以，毛泽东1943年在一次政治局会议上说：当时军事领导的解决差不多等于政治路线的解决。

1935年10月毛泽东率领红一方面军到达陕北后，有了一个比长征时期相对稳定的环境。他很快就着手系统地总结十年内战时期党内在军事问题上的大争论，批评了"左"倾路线在军事上的错误，写成了他的最重要的军事著作之一的《中国革命战争的战略问题》。接着，他又将党内"左"、右倾机会主义的错误，提高到世界观上进行分析和总结，批判主观主义，特别是在党内严重存在的教条主义，进一步端正党的思想路线，撰写了著名的哲学著作《实践论》和《矛盾论》。十年内战时期是马克思列宁主义与中国的具体实际相结合的毛泽东思想形成的一个重要时期，这一时期及大革命时期，毛泽东对中国革命问题的认识和解决，连同他在理论上阐述这些认识和解决的著述，奠定了毛泽东思想的基础。

遵义会议以后，以毛泽东为代表的党中央，在实行马克思列宁主义与中国的具体实际相结合上，进入了自觉的阶段。党的六届六中全会是遵义会议以后召开的第一次中央全会，毛泽东在这次会议上提出马克思主义中国化的问题，批评了教条主义。马克思主义中国化这一概念的提出，表明党中央已认识到马克思列宁主义与中国的具体实际相结合是一条不可动摇的根本原则，马克思列宁主义必须与每一个国家的具体实际相结合是一条不能违背的根本规律。毛泽东在这次会议上的政治报告中指出："马克思列宁主义的伟大力量，就在于它是和各个国家具体的革命实践相联系的。对于中国共产党说来，就是要学会把马克思列宁主义的理论应用于中国的具体的环境。"[1]"因此，马克思主义的中国化，使之在其每一表现中带着中国的特性，即是说，按照中国的特点去应用它，成为全党亟待了解并亟待解决的问题。"[2]他在这次会议上作的结论中还说：我们已能更灵活地运用马列主义在具体的中国革命上面。这点不但表现在遵义会议以来中央政治路线与具体工作的正确上，不但表现在全党工作的进步上，而且表现在这次会议上。这次会议所通过的政治决议案中说：必须加紧认真地提高全党的理论水平，学会灵活地把马克思列宁主义及国际经验应用到中国每一个实际斗争中来，应当彻底肃清马克思列宁主义的凶恶敌人——思想上及工作中的公式主义、教条主义与机械主义。"马克思列宁主义的凶恶敌人"这一提法，同毛泽东1941年在《改造我们的学习》中说主观主义（主要指教条主义）是共产党的大敌、工人阶级的大敌、人民的大敌、民族的大敌的提法，是一致的。这样严厉地批评教条主义，是因为"左"倾教条主义在十年内战时期几乎断送了中国革命，不坚决地反对和纠正教条

---

[1]《毛泽东选集》第2卷，人民出版社1991年6月第2版，第534页。

[2]《中共中央文件选集》第11册，中央党校出版社1991年版，第658、659页。引文中的"马克思主义的中国化"这一提法，在编入《毛选》第2卷中的《中国共产党在民族战争中的地位》一文中，修改为"使马克思主义在中国具体化"。

主义，中国革命就不能向前发展和取得胜利。

全国抗日战争时期，中国共产党所处的国际国内环境十分复杂、纷繁，而且多变。这主要表现在，一个外敌的侵入变动了国内的阶级关系，民族矛盾和阶级矛盾错综地交织在一起；国民党蒋介石集团虽然被迫抗日，但由于其阶级本性而表现出既抗日又反共的两面性，千方百计地限制共产党力量的发展，曾不止一次地发动反共高潮；中国的抗日战争是国际反法西斯战争的一个重要组成部分，国际形势和国际关系对中国问题有着多方面的制约和影响，注重研究国际问题和制定正确的国际战略策略，是向中国共产党提出的一个新课题。正是在这种复杂的国际国内环境中，马克思列宁主义与中国革命的具体实践相结合的毛泽东思想在多方面展开而达到成熟。毛泽东提出了中国抗日战争的持久战战略方针，科学地预见了抗日战争的进程和前途，规定了八路军、新四军以游击战争为主的战略方针和战略战术原则；论述了抗日民族统一战线的理论、路线和政策，以及原则性与灵活性相结合的丰富的策略；阐述了新民主主义的理论、纲领和政策，并为抗日根据地的建设制定了各种制度和政策；深刻地总结中国共产党领导中国革命的经验，提出了中国革命的三大法宝；提出关于党的思想、政治、组织和作风建设的思想和理论，以及关于工作方法和领导方法的论述，丰富了马克思主义关于党的建设的学说；科学地分析国际关系和国际形势，制定正确的国际战略和策略，等等。抗日战争时期，毛泽东有许多凝集着毛泽东思想的科学著作问世。由于毛泽东思想的成熟，在以毛泽东为首的党中央领导下，党在抗日战争时期能够正确地分析国际国内形势和各种错综复杂的矛盾，制定正确的路线、方针和政策，使中国革命始终沿着正确的方向前进，革命力量获得很大的发展。

毛泽东思想的形成和达到成熟，经历了十分艰难曲折的过程，确实来之不易。从毛泽东个人来说，要达到对中国社会和中国革命的科学的认识，是需要比较长的时日，因为中国社会的情况，中国革命的问题是多方面的，极其复杂的、变化多端的。毛泽东自己说过，光是对农民问题的认识他就花了六七年的时间，更不用说对整个中国革命道路的探索了。而且在探索过程中，毛泽东的认识也不可能是直线发展的，一下子就能完成了，而必然会有某些曲折，这也是符合认识的一般规律的。特别是在探索过程中，在一个相当长的时期内，他不断受到"左"的和右的错误倾向的反对和干扰，主要的是"左"倾教条主义的反对、干扰甚至打击，使他的探索多次陷入十分艰难的境地。他既要在原则上坚持自己的正确意见，又要维护党的统一和遵守组织上服从的纪律，举步维艰地但又坚定有力地向前迈进。毛泽东的探索是在深刻地总结中国革命正面的成功的经验和反面的失败的教训中前进的，从某种意义上说，对反面的失败的教训的总结，对毛泽东思想的形成甚至有着更重要的意义。毛泽东曾经说过："那些失败，那些挫折，给了我们很大的教育，没有那些挫折，我们党是不会被教育过来的。"[1]所以可以说，毛泽东思想的形成，是付出了沉重的代价才得到的。正是在这个意义上，毛泽东曾经对作为毛泽东思想集中反映的《毛泽东选集》说过这样的话："《毛选》什么是我的？这是血的著作！"正如《关于建国以来党的若干历史问题的决议》所指出的：在党和人民的集体奋斗中产生的毛泽东思

---

[1]《毛泽东文集》第7卷，人民出版社1999年6月版，第101页。

想，是集体智慧的结晶。

如上所述毛泽东思想的形成和达到成熟经历了一个过程，同样毛泽东思想为全党所认识和接受也经历了一个过程。遵义会议确立了以毛泽东为代表的新的中央的领导，这标志着党中央的成熟，但还不是全党的成熟，在全党认识和接受毛泽东思想的过程中，1942年开始的全党整风运动是一个关键。毛泽东说，整风运动是对全党的"一个普遍的马克思主义的教育运动"。实际上，整风运动是对全党的一个普遍的马克思主义和毛泽东思想的教育运动。在整风中，规定了全党必须学习的22个整风文件，其中大量的主要的是毛泽东的著作及体现毛泽东思想的中央文件。在整风中，批判了中国共产党历史上的"左"、右倾机会主义路线，特别是消除王明"左"倾教条主义的思想影响，同时也确立了毛泽东思想的指导地位。所以，整风运动是向全党普及毛泽东思想的一次伟大的思想运动。在1943年纪念建党22周年时，党中央开展了对毛泽东思想的很有声势的公开宣传，党的领导人刘少奇、周恩来、王稼祥等都著文或发表讲话，指出"毛泽东思想就是中国的马克思列宁主义"，"毛泽东同志的方向，就是中国共产党的方向"。七大召开前夕，党的六届七中全会原则通过了《关于若干历史问题的决议》，决议指出："党在奋斗的过程中产生了自己的领袖毛泽东同志，形成了中国化的马克思列宁主义的思想体系——毛泽东思想体系。"所有这些，为毛泽东思想确定为党的指导思想，打下了坚实的基础。确定毛泽东思想为党的指导思想，是中共七大最重要的历史贡献，这对中国共产党和中国人民具有十分重大的和深远的意义。毛泽东思想是对马克思列宁主义的伟大发展，是中国共产党长期坚持的指导思想。

抗战后期中国共产党政策中的几个理论问题[*]

今年是中国抗日战争胜利 50 周年，又是中国共产党第七次全国代表大会召开 50 周年。七大是在抗日战争胜利前夕召开的，是为抗日战争的胜利作准备的。七大是由毛泽东主持召开的一次极其重要的党代表大会。七大的光辉，是同毛泽东的名字分不开的，是同毛泽东思想分不开的。毛泽东的《论联合政府》政治报告，是七大的主要文献。这个报告全面系统地阐述了党的纲领、路线、方针和政策，毛泽东用"中国共产党的政策"这个标题来概括这些内容。他在阐述这些问题时，提出一些重要的新思想和新观点。本文就其中的党的纲领问题、"联合政府"口号问题、农民问题、资本主义问题、生产力标准问题，讲一些意见。

党的纲领问题

党的最高纲领（社会主义和共产主义）和最低纲领（新民主主义）的提法，并不是在七大第一次提出来的，毛泽东 1940 年在《新民主主义论》中就阐述过。而到七大，毛泽东再次讲这个

---

* 此篇文章发表在 1995 年 9 月 13 日《人民日报》。

问题，则有其特殊的意义。

关于最高纲领，毛泽东说："我们共产党人从来不隐瞒自己的政治主张。我们的将来纲领或最高纲领，是要将中国推进到社会主义社会和共产主义社会去的，这是确定的和毫无疑义的。我们的党的名称和我们的马克思主义的宇宙观，明确地指明了这个将来的、无限光明的、无限美妙的最高理想。每个共产党员入党的时候，心目中就悬着为现在的新民主主义革命而奋斗和为将来的社会主义和共产主义而奋斗这样两个明确的目标，而不顾那些共产主义敌人的无知的和卑劣的敌视、污蔑、谩骂或讥笑；对于这些，我们必须给以坚决的排击。对于那些善意的怀疑者，则不是给以排击而是给以善意的和耐心的解释。所有这些，都是异常清楚、异常确定和毫不含糊的。"[1]

这段话，首先是针对中国大地主大资产阶级的政治代表蒋介石国民党处心积虑地要消灭中国共产党的阴谋而言的。他们从大革命时期起就要消灭中国共产党，即使到了民族危亡、国共两党合作共同抵御外侮的抗日战争时期，仍然包藏着这一祸心，先后发动了三次反共高潮。毛泽东的这段话，是对他们敌视和诬蔑中国共产党和共产主义的有力回击。

其次是针对一年多来有一股要中国共产党改名称的风而言的。这股风实际上是要改变中国共产党的性质。吹这股风的人比较复杂，其中有蒋介石一类人，还有国内的某些中间派人士，再有就是美、英特别是美国的一些人士，他们都提出要中国共产党改名称的问题。中国共产党的名称是否改变是一个重大问题。面

---

[1]《毛泽东选集》第3卷，人民出版社1991年6月第2版，第1059页。

对当时国内外的这些舆论，中国共产党必须向全中国、全世界旗帜鲜明地表明自己的根本态度。党的七大拒绝了要中国共产党改名称的企图，毛泽东在《论联合政府》中所说的上述那段话，特意地点出了"党的名称"，就是郑重的回答。毛泽东曾经说："报告中讲共产主义的地方，我删去过一次又恢复了，不说不好。关于党名，党外许多人主张我们改，但改了一定不好，把自己的形象搞坏了，所以报告中索性强调一下共产主义的无限美妙。"[1]1947 年 7 月，毛泽东在小河会议上说"我们没有犯像美国党在一个时期所犯的那种错误"[2]，就是指的这个问题。美国共产党总书记白劳德主张阶级合作，曾在 1944 年 5 月主持解散美国共产党，另组非党的美国共产主义政治协会，企图谋求同垄断资产阶级的合作。

对党的最高纲领，毛泽东在报告里没有像最低纲领那样展开来阐述，但是讲得十分确定，毫不含糊。这是十分必要的和恰当的。党的最高纲领是在将来实现的目标，而不是在现在就要实现的目标，但对于共产党员来说，实现党的最高纲领是终生为之奋斗的不能动摇的崇高理想。

关于最低纲领，毛泽东说，我们的主张是在彻底打败日本侵略者之后，建立一个以全国绝大多数人民为基础而在工人阶级领导之下的统一战线的民主联盟的新民主主义国家制度。他把一切共产党员及其同情者，在现阶段是不是为党的最低纲领奋斗、是不是一心一意地为党的最低纲领奋斗的问题，提到是不是忠诚于

---

[1]《毛泽东文集》第 3 卷，人民出版社 1996 年 8 月版，第 275 页。
[2]《毛泽东文集》第 4 卷，人民出版社 1996 年 8 月版，第 267 页。

社会主义、共产主义的原则高度来加以论断和强调。他说："只有经过民主主义，才能到达社会主义，这是马克思主义的天经地义。"[1]这一名言，把党的最高纲领和最低纲领的关系说得十分清楚。这一名言，是对民粹主义及其思想影响的批评，从根本上划分了马克思主义的科学社会主义同民粹主义的界限。

关于党的最低纲领即新民主主义纲领，毛泽东又把它分为一般纲领和具体纲领。他指出，在整个资产阶级民主革命阶段中，新民主主义的一般纲领是不变的。但是在这个大阶段的各个小的阶段中，由于情况的变化，具体纲领便不能不有所改变。

将一般纲领和具体纲领既有联系又有区别地加以论述，而又着重地阐述党的具体纲领，这是《论联合政府》的一大特色。在毛泽东以前的著作中，比如说在《新民主主义论》中，就只讲了一般纲领，没有讲具体纲领。当然，没有讲不等于说在当时的实践中我们党没有具体纲领、具体政策。《论联合政府》中列举出40条具体纲领，这表明党已经有了一整套具体的方针和政策，是党对民主革命的认识达到了成熟的反映。

毛泽东将一般纲领和具体纲领比喻为纲和目，要有纲有目。一般纲领是总揽大局、指导大方向的，忘记了或违背了一般纲领，就会迷失或误导大方向；但是，一般纲领要通过具体纲领来贯彻实行，没有正确的完善的具体纲领，一般纲领就得不到实现，革命和建设事业就不能取得胜利，甚至还会走弯路。仅仅懂得一般纲领，不一定就懂得怎样革命、怎样建设。具体纲领，就是具体的方针和政策。在党的一般纲领或者总路线、总政策确定之后，

[1]《毛泽东选集》第3卷，人民出版社1991年6月第2版，第1060页。

制定出一整套正确的具体方针和具体政策，就成为十分必要和关键的问题。

"联合政府"口号问题

毛泽东说：成立联合政府是党的具体纲领，但这是具体纲领中最重要的。一切具体纲领，如果没有一个举国一致的民主的联合政府，就不可能顺利地在全中国实现。

"联合政府"口号的提出，最早见于毛泽东 1944 年 8 月写的一段批语，其中说："应与张、左（指张治中、左舜生。——引者）商各党派联合政府。"[1]这个批语写在董必武向周恩来请示如何对待增补国民参政员问题的电报上。9 月 1 日，党的六届七中全会主席团举行会议，决定向国民党提出召集各党派代表会议，成立临时联合政府的要求。这个要求由林伯渠 9 月 15 日在国民参政会上提出。

有一种说法认为"联合政府"口号是罗斯福提出来的，这是一种无根据的误传。

毛泽东曾经说：联合政府"这个口号好久没有想出来，可见找一个口号、一个形式之不易。这个口号是由于国民党在军事上的大溃退、欧洲一些国家建立联合政府、国民党说我们讲民主不着边际这三点而来的"。[2]

---

[1]《毛泽东年谱（1893—1949）》修订本中卷，中央文献出版社 2013 年 12 月版，第536 页。

[2]《毛泽东文集》第 3 卷，人民出版社 1996 年 8 月版，第 275、276 页。

一是国民党在军事上的大溃退。1944年4月，日军发动了豫湘桂战役，国民党军队仓皇失措，不断败退，丢失了大片国土，使数千万中国人民陷于日本侵略者统治下。国民党抗战不力、腐败无能，已成为中外舆论的定论。中国共产党领导的军队是抗击日本侵略的中流砥柱。敌后战场和正面战场形成了鲜明的对照，与此相联系的是人心的向背和力量对比、作用和影响的消长。人民对国民党统治丧失了希望，要求改革政治，把希望寄托在中国共产党身上。毛泽东在1944年9月22日指出："现在重心有逐渐转移的趋势"，"现在在全国面前暴露了中国有两个平等的东西，不是一大一小"。"中共威信在大后方之高，是全国、全世界注意的问题，现在要解决中国问题，必须估计到我们"。[1]中共中央充分考虑人民的要求和自身的历史责任，及时地提出了"联合政府"的口号。

二是欧洲一些国家建立了联合政府。这是说提出"联合政府"的口号，借鉴了当时欧洲一些国家的经验。1944年，希特勒法西斯德国的失败已经成为定局，欧洲一些国家先后组织了有共产党参加的联合政府。欧洲一些国家共产党的参政，引起了中国共产党的注意。毛泽东在分析中国的联合政府有几种可能性时，就曾以欧洲某些国家作为比照。他说中国的联合政府有三种可能性：以蒋介石为主，希腊式；以我们为主，波兰式；还有第三种可能，即蒋介石与我们合作的政府。

三是国民党说共产党讲民主不着边际。1944年5月初国共谈

---

[1]《毛泽东年谱（1893—1949）》修订本中卷，中央文献出版社2013年12月版，第547页。

判重新开始后，国民党方面多次以中国共产党提出的民主要求太抽象、不具体为借口而拒绝加以讨论。国民党方面的谈判代表竟说中共提出的"实行民主政治"是"毫无边际之抽象之句"。为了剥夺国民党方面的借口以推动国共谈判，为了集中体现全国人民的根本政治要求，中共中央提出了"联合政府"的口号，直指国民党的一党专政，成为全国人民当时争取实现民主政治的中心口号和目标。

"联合政府"的口号，提出了统一战线政权的具体形式，是中国共产党关于统一战线政权思想的重要发展，在政权的性质上、政府的组成成分上、实施的步骤上都比过去更具体化了。这个口号的实质是要废止国民党一党专政，击中了国民党独裁统治的要害，同时揭破了蒋介石集团关于召集"国民大会""还政于民"的种种政治欺骗。

"联合政府"的口号提出后，受到全国人民和民主党派广泛的欢迎和热烈的响应，成为国民党统治区人民民主运动的中心口号。毛泽东的《论联合政府》单行本，在重庆发行了 3 万份。中国组织联合政府，也是当时同盟国民主舆论界关心的问题。中国共产党提出的组织联合政府的主张，由于国民党蒋介石集团的顽固拒绝而未能实现，但它当时在全国所产生的影响是广泛而深刻的，进一步提高了中国共产党在全国人民中的威望。

农民问题

毛泽东在自己的整个革命生涯中，始终极大地重视和关注农民问题。七大以来，在他的著作中对农民问题多次作过精深的阐述。在七大的报告和讲话中，他再次强调农民问题，提出一些新的思想。

　　毛泽东指出，七大确定的政治路线中说要"放手发动群众"，而群众主要的就是农民。农民的情况怎样，农民对党的政策抱什么态度，这是至关重要的。他殷殷地告诫全党不要忘记农民，忘记了农民就没有中国的一切革命。他说："我们马克思主义的书读得很多，但是要注意，不要把'农民'这两个字忘记了；这两个字忘记了，就是读一百万册马克思主义的书也是没有用处的，因为你没有力量。"[1]"现在我们有一百万军队，将来要有几百万军队，我们能否胜利，就看我们能否团结中国的三万万六千万农民，实质就是这样一个问题。"[2]"无产阶级与无产阶级的先锋队共产党，如果同农民关系搞不好，那就会灭亡。"[3]在党的历史上确有过忘记农民的时候，毛泽东指出："一九二七年忘记过，当时农民把手伸出来要东西，共产主义者忘记了给他们东西。"[4]党的七大面临着新的形势，要准备将来党的工作重心从乡村转移到城市，提出要注意工人运动。在这种情况下，毛泽东强调提出不要忘记农民，不要想到城市就忘了乡村。他为此特意在《论联合政府》中写了一段话，号召大批知识分子到农村去，为完成中国民主革命中一项极其重要的工作即农村民主革命而奋斗。

　　关于农民的重要性，毛泽东在《论联合政府》中概括为五个方面。这就是：农民是中国工人的前身；农民是中国工业市场的

[1]《毛泽东文集》第3卷，人民出版社1996年8月版，第305页。

[2]《毛泽东文集》第3卷，人民出版社1996年8月版，第403页。

[3]《毛泽东文集》第3卷，人民出版社1996年8月版，第401页。

[4]《毛泽东文集》第3卷，人民出版社1996年8月版，第305页。

主体；农民是中国军队的来源；农民是现阶段中国民主政治的主
要力量；农民是现阶段中国文化运动的主要对象。这是他所作的
一个全面的总括性的归纳。在七大召开前，他曾经说过："像中
国这样大而又落后的国家，在未来的长时间里，必然是农业占优
势。农民问题是中国未来的基本问题。除非在解决农业问题的基
础上，中国工业化不可能取得成功。"[1]

　　应当特别指出的是，毛泽东在十分强调农民问题重要性的
同时，还讲了另一方面的问题。他说："但是作为党来说，作
为领导思想来说，我们和农民要分清界限，不要和农民混同起
来。"[2]"假如中国有农民党，我们也要与它区别。这是要我们共
产党员弄清楚的，唯有区别才能领导。"[3]这些思想，对一个农民
占人口绝大多数的国家里的共产党，对一个农民出身的党员占多
数的共产党，是特别值得注意的。

　　由于毛泽东极大地重视农民问题，充分肯定农民在中国革命中
的作用，并为中国民主革命制定了从农村到城市的道路，有的人就
硬说毛泽东是民粹主义者，说他崇尚农民的自发革命性，具有小农
倾向、反城市的癖好等。这种说法是完全错误的，毫无根据的。从
毛泽东以上关于农民问题的论述中，能找得出一点民粹主义的影子
吗？持这种错误观点的人，要么是既不了解中国的国情，也不了解
中国的革命，更不了解毛泽东思想；要么就是抱着固执的偏见。

　　毛泽东重视农民问题，是根据他对半殖民地半封建的中国国

---

[1]《毛泽东年谱（1893—1949）》修订本中卷，中央文献出版社 2013 年 12 月版，第
　　585、586 页。
[2]《毛泽东文集》第 3 卷，人民出版社 1996 年 8 月版，第 317 页。
[3]《毛泽东文集》第 3 卷，人民出版社 1996 年 8 月版，第 273、274 页。

情的深刻认识。广大农村是半殖民地半封建中国社会的基础，农民占中国人口的 80%，是中国革命的主要力量，封建土地制度的改革是中国民主革命的主要内容，无产阶级领导的新民主主义革命只有获得广大农民的拥护才能取得胜利。毛泽东关于农民问题的理论，绝不是什么民粹主义，它是马克思主义与中国实际相结合的成果，是符合中国国情的马克思主义。

资本主义问题

毛泽东在七大的书面政治报告和口头政治报告中，都提出在一定条件下要广泛发展资本主义经济。这是新民主主义理论的发展，是党的政策上和理论上的一个突破。一些人不理解中国共产党为什么不怕资本主义，而且在一定的条件下提倡它的发展。毛泽东在《论联合政府》中作了回答，他说："拿资本主义的某种发展去代替外国帝国主义和本国封建主义的压迫，不但是一个进步，而且是一个不可避免的过程。它不但有利于资产阶级，同时也有利于无产阶级，或者说更有利于无产阶级。现在的中国是多了一个外国的帝国主义和一个本国的封建主义，而不是多了一个本国的资本主义，相反地，我们的资本主义是太少了。"[1]

毛泽东的上述认识，是根据马克思主义揭示的社会发展规律、中国的国情和中国革命的新民主主义性质提出的。马克思和恩格斯认为，社会主义是现代资本主义社会发展的必然结果。社会主义不可能建立在落后的农业经济的基础上，从落后的农业国

---

[1]《毛泽东选集》第 3 卷，人民出版社 1991 年 6 月第 2 版，第 1060 页。

不能直接过渡到社会主义社会，必须要有资本主义经济的发展。这是马克思主义与民粹主义的分界线。当时，中国是一个经济落后的半殖民地半封建的农业国家。在整个国民经济中，现代工业大约占 10%，分散的落后的个体农业经济和手工业经济大约占 90%。民族资本主义虽然有了某些发展，但还很不够。中国新民主主义革命的前途是社会主义，但这不等于说革命胜利后不需要和不允许在一定阶段上有资本主义经济的发展；如果认为阻止资本主义经济的发展就可能比较容易地实现社会主义，那是一种误解。反帝反封建的新民主主义革命在客观上也为资本主义经济的发展扫清道路，因此马克思主义者的任务不是在新的社会中阻止资本主义经济的某种发展。

毛泽东的上述认识，还根据于他对世界资本主义所作的全面的具体的分析。毛泽东认为，在第二次世界大战中，在世界范围内，资本主义有以下几种情况：在发达的资本主义国家中，一部分是反动的法西斯资本主义，一部分是民主的资本主义，后者比前者的进步表现在反对法西斯主义的侵略，但它仍然是帝国主义。蒋介石在中国搞的是半法西斯半封建的资本主义。中国共产党提倡的是新民主主义的资本主义。他说："从整个世界来说，资本主义是向下的，但一部分资本主义在反法西斯时还有用，另一部分资本主义——新民主主义的资本主义将来还有用，在中国及欧洲、南美的一些农业国家中还有用，它的性质是帮助社会主义的，它是革命的、有用的，有利于社会主义的发展的。"[1]

毛泽东所说的发展资本主义，不是要在民主主义革命和社会

---

[1]《毛泽东文集》第 3 卷，人民出版社 1996 年 8 月版，第 384、385 页。

主义革命之间横插一个资本主义社会的阶段，也不是资本主义经济的绝对自由发展，而是在一个相当长时期内，在无产阶级领导的政权下，在国营经济、合作社经济同时存在的情况下，资本主义经济在不操纵国民生计的条件下的广泛发展。在这些条件下发展的资本主义经济，其消极的一面得到抑制，其积极的一面得到发挥，从而有益于中国社会的向前发展，有益于社会主义。毛泽东曾经说过，关于资本主义，"我是在这样的条件下肯定的，就是孙中山所说的'不能操纵国民之生计'的资本主义"[1]。也正是在这个意义上，毛泽东说"资本主义的广大发展在新民主主义政权下是无害有益的"。[2]

要制定和贯彻发展资本主义经济的政策，就必须批评党内的民粹主义思想影响。随着中国新民主主义革命的高涨，列宁所说的作为"群众民主主义高涨的伴侣"的民粹主义思想会有所反映。中国新民主主义革命的非资本主义前途，又可能使有些人错误地产生阻止资本主义经济的某种发展的幻想。因此，批评民粹主义思想影响，是党在思想理论方面的一项重要任务。在这段时间内，毛泽东不止一次地批评民粹主义。1944年，他在写给秦邦宪的信中就批评了民粹主义。1945年，他在七大的口头政治报告中说：关于要广泛地发展资本主义的问题，"在我们党内有些人相当长的时间里搞不清楚，存在一种民粹派的思想。这种思想，在农民出身的党员占多数的党内是会长期存在的。所谓民粹主义，就是要直接由封建经济发展到社会主义经济，中间不经过

[1]《毛泽东文集》第3卷，人民出版社1996年8月版，第322页。
[2]《毛泽东文集》第3卷，人民出版社1996年8月版，第275页。

发展资本主义的阶段"。[1]他说，我们的同志对消灭资本主义急得很，我们不要怕发展资本主义。他还说，我们共产党人根据自己对于马克思主义的社会发展规律的认识，"一定要让私人资本主义经济在不能操纵国民生计的范围内获得发展的便利，才能有益于社会的向前发展。对于中国共产党人，任何的空谈和欺骗，是不会让它迷惑我们的清醒头脑的"。[2]

中国共产党和毛泽东对于资本主义的认识，有一个发展的过程。1940年1月，毛泽东在《新民主主义论》中，提出新民主主义共和国并不没收非独占性的、规模不过大的资本主义的私有财产，并不禁止"不能操纵国民生计"的资本主义生产的发展。他的侧重点是在讲"节制资本"，不能让少数资本家和少数地主操纵国民生计。到了七大，他的侧重点则有所变化。1945年3月，他在六届七中全会的一次讲话中点明了这个问题，他说：《论联合政府》"这个报告与《新民主主义论》不同的，是确定了需要资本主义的广大发展，又以反专制主义为第一"。[3]毛泽东对发展资本主义经济问题不仅从理论上进行了阐述，并且还指出在政策上应提供必要的条件。例如，要求取消苛捐杂税，实行统一的累进税；要求取缔官僚资本；要求废止经济统制政策；要求制止无限制的通货膨胀和无限制的物价高涨；要求扶助民间工业，等等。

毛泽东还谈到欢迎外国投资帮助中国发展工业的问题。他对英国记者斯坦因说："我们坚信，不管是中国的还是外国的私人

---

[1]《毛泽东文集》第3卷，人民出版社1996年8月版，第323页。

[2]《毛泽东选集》第3卷，人民出版社1991年6月第2版，第1061页。

[3]《毛泽东文集》第3卷，人民出版社1996年8月版，第275页。

资本，在战后的中国都应给予充分发展的机会，因为中国需要发展工业。"[1]他对美军观察组政治顾问谢伟思说：中国必须工业化。在中国，这只有通过自由企业和外资援助才能做到。他在《论联合政府》的"工业问题"那一节中，原有一段话专门论述吸收外资问题。这段话是："为着发展工业，需要大批资本。从什么地方来呢？不外两方面：主要地依靠中国人民自己积累资本，同时借助于外援。在服从中国法令，有益中国经济的条件下，外国投资是我们所欢迎的。对于中国人民与外国人民都有利的事业，是中国在得到一个巩固的国内和平与国际和平，得到一个彻底的政治改革与土地改革之后，能够蓬蓬勃勃地发展大规模的轻重工业与近代化的农业。在这个基础上，外国投资的容纳量将是非常广大的。一个政治上倒退与经济上贫困的中国，则不但对于中国人民非常不利，对于外国人民也是不利的。"毛泽东这段话讲得非常好，表明他当时的思想是很开放的。他看到了世界经济发展的大势，看到了各国经济联系日益加强这一国际现象。在 1953 年出版的《毛泽东选集》第 3 卷中，将这段话删去了。这是同新中国成立初期我国所处的国际环境，特别是美国对新中国采取敌视态度，进行军事包围和经济封锁等有紧密关系的；同时，也同毛泽东在这个问题上的观点发生变化有关系。

生产力标准问题

毛泽东在《论联合政府》中说："中国一切政党的政策及其

---

[1]《毛泽东文集》第 3 卷，人民出版社 1996 年 8 月版，第 186 页。

实践在中国人民中所表现的作用的好坏、大小，归根到底，看它对于中国人民的生产力的发展是否有帮助及其帮助之大小，看它是束缚生产力的，还是解放生产力的。"[1]这就是生产力标准。毛泽东提出的生产力标准，是运用历史唯物主义的基本观点，规定了检验党的政策和党的工作的根本准则，表明了中国共产党的彻底历史唯物主义的立场。

毛泽东在《论联合政府》中还提出："共产党人的一切言论行动，必须以合乎最广大人民群众的最大利益，为最广大人民群众所拥护为最高标准。"[2]这又是一个标准，即人民利益标准。那么，生产力标准与人民利益标准是什么关系呢？

这两个标准，反映了历史唯物主义在历史观方面的两个基本观点。一个基本观点是，人们全部历史活动的基础是客观物质生活条件，人类社会发展的基础是生产力的发展；另一个基本观点是，人民群众是历史的创造者，是社会物质资料的生产者。历史唯物主义的这两个基本观点是相联系的、相通的。毛泽东提出的生产力标准与人民利益标准也是相通的、统一的。这就是：生产力的解放和发展，同最广大人民群众的最大利益是一致的，是为了最广大人民群众的最大利益；最广大人民群众的最大利益，是以生产力的解放和发展为基础的，只有解放和发展生产力它才能得到实现。生产力标准是基本的、决定性的。这两个标准的统一要付诸实现，就应当体现在共产党的政策上。以马克思主义为理论基础的中国共产党，它的政策必须促进生产力的发展，也必须

---

[1]《毛泽东选集》第 3 卷，人民出版社 1991 年 6 月第 2 版，第 1079 页。
[2]《毛泽东选集》第 3 卷，人民出版社 1991 年 6 月第 2 版，第 1096 页。

符合最广大人民群众的最大利益。

　　值得注意的是，毛泽东在《论联合政府》中使用了"中国人民的生产力"这一概念。这不是偶然的。他在这一时期的其他讲话中，也使用了这个概念。这个概念包含两层含义：其一，生产力是属于中国人民的；其二，解放和发展生产力是为了中国人民的利益。毛泽东使用"中国人民的生产力"这个概念，如同马克思在《资本论》中使用"资本的生产力"的概念一样，说明了生产力的社会属性。马克思指出，在资本主义生产方式下，"发展起来的社会劳动生产力表现为资本的生产力"。恩格斯也指出，在资本主义生产方式下，生产力本身以日益增长的威力，"要求摆脱它作为资本的那种属性"。生产力是人们征服自然、改造自然的能力，表现人们在生产过程中对自然界的关系，生产力具有它本身的自然属性。人类的生产又都是在一定的生产关系下进行的，是在一定的社会形式中发展的，生产力也就有为谁所占有、怎样占有和为谁的利益而生产的问题，这就是生产力的社会属性。毛泽东提出的"中国人民的生产力"这个概念，是生产力的自然属性与社会属性的统一，是生产力标准与人民利益标准的统一。

　　在人民的国家里，在社会主义制度下，生产力标准与人民利益标准的一致性、统一性是显而易见的，这是必须坚持的，不能动摇的。邓小平在他的著作中发展了两个标准统一的思想。他提出了著名的"三个有利于"，作为检验党的政策和党的工作的标准，即是否有利于发展社会主义社会的生产力，是否有利于增强社会主义国家的综合国力，是否有利于提高人民的生活水平。"三个有利于"的标准，归根到底是生产力标准。同时，他又提出要把人民拥护不拥护、赞成不赞成、高兴不高兴、答应不答应作为制定党的各项方针政策的出发点。这样，就达到了两个标准的统一。

毛泽东在七大提出生产力标准，到今天已经50年了。50年以后回过头来看看这段历史，特别是我们党在探索社会主义建设道路上所走过的曲折历程，总结正反两方面的经验，可以清楚地看出，我们的社会主义事业是顺利发展还是遭受挫折，一个极重要的原因就是党在指导思想上是重视还是忽视、是遵循还是背离关于生产力标准的理论。

上述五个思想理论问题，是毛泽东在50年前提出和阐述的，是重要的理论创造。这些思想理论观点，对当时党所领导的革命实践起了重要的指导作用。50年后的今天，重温毛泽东的这些思想理论，仍是很受教益，对于我们的社会主义建设事业和党的建设，都具有重要的意义。

愚公精神代代传

——学习毛泽东《愚公移山》[*]

《愚公移山》这篇著作，是毛泽东在中国共产党第七次全国代表大会上的闭幕词。当时没有公开发表，新中国成立后编入《毛泽东选集》第3卷第一次公开发表。《愚公移山》这个篇名，是编《毛选》时毛泽东亲自拟定的。他对原闭幕词作了一些修改，删略了某些内容，而对《愚公移山》这个寓言，根据《列子·汤问》增写了两百多字，对故事叙述得更完整了，这个寓言在闭幕词中也更突出了。由此可见，毛泽东对发扬愚公精神的重视和强调。

毛泽东在不同场合的讲话中多次讲过"愚公移山"的故事。从我所见到的文献中，第一次是1938年4月30日在抗大第三期第二大队毕业典礼上讲的，不过那次讲中国要搬掉的是三座大山，即帝国主义、封建主义和资本主义。这之后，他在抗大的讲话还曾不止一次地讲到"愚公移山"的故事。特别是在七大所作的报告和讲话中，毛泽东连续三次讲到"愚公移山"，这就是在七大的口头政治报告、结论和闭幕词中。毛泽东这样多次地讲"愚公移山"，是很不寻常的。正如他自己所说的："我多次讲愚公移山的故事，就是要大家学习愚公的精神"。[1] 愚公精神体现

---

  * 这是1995年在纪念毛泽东《愚公移山》发表50周年的一次座谈会上的发言。

[1]《毛泽东文集》第3卷，人民出版社1996年8月版，第419页。

了中华民族艰苦奋斗的传统，就是对战胜一切困难具有坚强的信心和坚定的决心，表现在行动上的坚持不懈的苦干和实干，一代一代人接力式的持续奋斗，不达目的绝不中止。毛泽东提倡愚公精神，就是要全党和全国人民对战胜一切强大的敌人和完成各种艰巨的任务具有充分的信心，并有不怕困难、坚持斗争去争取胜利的决心和行动。共产主义是人类最壮丽的事业，是最伟大而又最艰巨的事业，它需要经过多少代人一代接一代地坚持奋斗才能实现。以共产主义为最终奋斗目标的中国共产党，需要发扬艰苦奋斗的精神，需要提倡愚公精神。

毛泽东在七大闭幕词中突出地讲"愚公移山"的故事，提倡愚公精神，有其特殊的意义。这是七大面临的形势和任务所需要的，这是贯彻七大确定的路线所需要的。

七大召开时的形势，是西方反法西斯战争取得最后胜利的前夜，又是中国的抗日战争接近胜利的历史节点。当时中国国内的情况是：国民党政府抗战不力，军事上大溃败，腐败无能，民怨沸腾，它的力量缩小了、影响低落了。中国共产党放手发动群众反对侵略，八路军、新四军在敌后艰苦浴血抗战，共产党的力量和影响大大增长了。人民对国民党的统治丧失了希望，中国共产党成为抗日救国的重心、成为中国人民获得解放的重心。毛泽东说："全国广大的人民都拿眼睛望着我们"[1]，中国共产党肩负着人民的期望。七大的路线是团结全国人民去争取胜利。中国共产党要争取的胜利是两个胜利，即中国抗日战争的胜利和中国新民主主义革命的胜利，也就是毛泽东说的"我们要把中国反革命的

_____

[1]《毛泽东文集》第3卷，人民出版社1996年8月版，第315页。

山挖掉！把日本帝国主义这个山挖掉！"[1]这就是说，中国人民要赢得抗日战争的胜利，赢得和平，又要赢得进步，赢得人民的解放，赢得抗战胜利后的国家。夺取这两个胜利是既有联系又有区别的，从较长的战略考虑，可以说当时更着眼于准备夺取第二个胜利。因为打败日本帝国主义可以说几乎已成定局，只是时间早一点晚一点的问题，具体地说不是1945年就是1946年。当然这里面还有一个重要问题，就是如何争取抗战胜利的果实更多地归属于人民，从而为下一步夺取新民主主义革命的胜利打下一个更好的基础。要夺取新民主主义革命的胜利，还有一段艰苦奋斗的征程。

对于当时面临的国际国内形势和党的任务，毛泽东和中共中央是看得十分清楚的，既对胜利充满信心，又下定坚决夺取胜利的决心。毛泽东说："现在我们党有清醒的头脑，有正确的路线、方针和政策，我们一定能胜利。我们有这样的信心，一定要把黑暗的中国从地球上除掉，建设一个光明的中国。"[2]他满怀信心地说：党的八大一定要在北平、天津那样的中心城市召开，"八大如果还在延安开，那就近乎机会主义了"。[3]

党的路线、方针、政策，必须使全党和全国人民都认识和了解，并为之奋斗。毛泽东强调要宣传七大的路线，他在《愚公移山》一文中说："我们宣传大会的路线，就是要使全党和全国人民建立起一个信心，即革命一定要胜利。首先要使先锋队觉悟，

---

[1]《毛泽东文集》第3卷，人民出版社1996年8月版，第419页。
[2]《毛泽东文集》第3卷，人民出版社1996年8月版，第437页。
[3]《毛泽东文集》第3卷，人民出版社1996年8月版，第333页。

下定决心，不怕牺牲，排除万难，去争取胜利。但这还不够，还必须使全国广大人民群众觉悟，甘心情愿和我们一起奋斗，去争取胜利。要使全国人民有这样的信心：中国是中国人民的，不是反动派的。"[1]

在胜利的形势下，要认清形势，有胜利的信心，敢于夺取胜利。这是一个方面。在胜利的形势下，还要防止出现另一个方面的问题，即盲目乐观，轻视敌人，没有克服困难、艰苦奋斗的思想准备。有鉴于此，毛泽东在七大的结论中，专门讲了在夺取胜利的征程中可能出现的种种困难和问题，一共讲了17条，包括政治的、军事的、经济的、国际的、党内的、自然界的。实际上不止17条，因为毛泽东讲的第17条是"其他意想不到的事"，涉及的范围是很广的。充分地讲困难和问题，并不是要削弱我们的信心，而是将我们的信心建立在客观的科学的基础上，这是马克思主义的辩证法思想，反对主观主义和片面性。毛泽东指出："现在我们要有充分的信心估计到光明，也要有充分的信心估计到黑暗，把各方面都充分估计到。"[2]他还说："我们要把估计放在最困难的基础上"，"我们要在最坏的可能性上建立我们的政策"。"如果我们不准备不设想到这样的困难，那困难一来就不能对付，而有了这种准备就好办事。"[3]他语重心长地引用了中国一句蕴含哲理的成语"艰难困苦，玉汝于成"。在七大召开约20年后，1964年6月，毛泽东又讲要从困难着想的问题，还讲到他在

---

[1]《毛泽东选集》第3卷，人民出版社1991年6月第2版，第1101、1102页。
[2]《毛泽东文集》第3卷，人民出版社1996年8月版，第390页。
[3]《毛泽东文集》第3卷，人民出版社1996年8月版，第388页。

七大讲的 17 条困难。他说："要从困难着想，什么问题从困难着想就不怕，不妨把它想多一点，想尽。1945 年七大，我讲了 17 条困难，其中有一条是'赤地千里'，不知是否讲够了。"[1]

学习《愚公移山》这篇闭幕词和毛泽东在七大的一些讲话，还要注意理解毛泽东对美国的认识，他作出了具有战略眼光的判断。中国人民要搬掉帝国主义这座大山，当时首先要打败日本帝国主义，而在随后夺取新民主主义革命胜利的过程中，我们要面对的帝国主义势力主要是扶持蒋介石政权、支持蒋介石打内战的美帝国主义。毛泽东揭露和痛斥美国政府的扶蒋反共政策，具有重要的战略指导意义。

毛泽东在《愚公移山》一文中说："昨天有两个美国人（美军驻延安观察组成员。——引者）要回美国去，我对他们讲了，美国政府要破坏我们，这是不允许的。我们反对美国政府扶蒋反共的政策。""我对这两个美国人说：告诉你们美国政府中决定政策的人们，我们解放区禁止你们到那里去，因为你们的政策是扶蒋反共，我们不放心。"[2]他还指出："美国政府的扶蒋反共政策，说明了美国反动派的猖狂。但是一切中外反动派的阻止中国人民胜利的企图，都是注定要失败的。现在的世界潮流，民主是主流，反民主的反动只是一股逆流。目前反动的逆流企图压倒民族独立和人民民主的主流，但反动的逆流终究不会变为主流。"[3]

毛泽东在会见这两个美国人时，还对他们说：中国古代有一

---

[1] 毛泽东 1964 年 6 月 15 日在观看北京部队、济南部队军事汇报表演时的讲话。
[2]《毛泽东选集》第 3 卷，人民出版社 1991 年 6 月第 2 版，第 1102 页。
[3]《毛泽东选集》第 3 卷，人民出版社 1991 年 6 月第 2 版，第 1103 页。

个寓言叫作"愚公移山",现在中国人民也要挖掉压在自己头上的两座大山。

自从赫尔利背弃他与中国共产党签订的五项协议,特别是他1945年4月公开宣称不同中国共产党合作以后,美国政府扶蒋反共的反动政策已经露骨地表现出来。毛泽东在七大的讲话中提醒全党,指出:"给蒋介石撑腰的那些外国人,他们的脸也不好看,有些装着天官赐福的样子,还是不好看,我们要警觉。"[1]他还指出:"我们党的高级干部,应该特别注意美国的情况。中国可能变成美国的半殖民地,这是一个新的变化。"[2]他不止一次地讲出了斯科比,中国变成希腊的这种危险,要全党和全国人民对美国可能在中国进行公开的军事干涉这件事,保持高度的警惕。他又指出,美国的扶蒋反共政策是注定要失败的。"人民将赢得战争,赢得和平,又赢得进步"。[3]

学习《愚公移山》这篇闭幕词,还应注意到毛泽东对"上帝"这个名词的诠释。《列子·汤问》中说,愚公挖山不止的精神感动了上帝,于是上帝派了两个仙人把那两座山给背走了。中国共产党是唯物主义者,不相信什么神仙和上帝。毛泽东说:我们要挖掉帝国主义和封建主义这两座大山,"我们一定要坚持下去,一定要不断地工作,我们也会感动上帝的。这个上帝不是别人,就是全中国的人民大众。全国人民大众一齐起来和我们一道挖这两座山,有什么挖不平呢?"[4]人民群众是历史的创造者,这是

[1]《毛泽东文集》第3卷,人民出版社1996年8月版,第320页。

[2]《毛泽东文集》第3卷,人民出版社1996年8月版,第387页。

[3]《毛泽东选集》第3卷,人民出版社1991年6月第2版,第1031页。

[4]《毛泽东选集》第3卷,人民出版社1991年6月第2版,第1102页。

历史唯物主义的一个基本观点。毛泽东正是据此对"上帝"这个名词作出历史唯物主义的诠释。上帝就是全中国的人民大众，这就是党的群众观点和群众路线。毛泽东指出："共产党基本的一条，就是直接依靠广大革命人民群众。"[1]"依靠民众则一切困难能够克服，任何强敌能够战胜，离开民众则将一事无成。"[2]关于上帝就是人民大众的思想，毛泽东在20世纪60年代会见外宾时还不止一次地讲到。1960年5月9日在会见伊拉克、伊朗和塞浦路斯的外宾时，他说："什么是上帝？人民就是上帝"，"团结人民的大多数才有前途，历史是人民的历史，政党、领袖只能是人民的代表，如果脱离人民群众就要倒台了"。[3]1965年2月19日毛泽东在会见坦桑尼亚总统尼雷尔时，他再次说："上帝就是人民，人民就是上帝。"[4]

毛泽东在七大闭幕词中，曾勾画出夺取新民主主义革命在全国胜利的战略计划，即从小半个中国，到大半个中国，到整个中国。小半个中国，指中国共产党已经有的近一亿人口的解放区，但这些解放区是被分割的，没有连成一片，又没有大城市。大半个中国，指七大以后战胜了日本侵略者，中国共产党取得连成一片的东北、华北以及其他地方，并打下一些大城市。有了大半个中国，夺取新民主主义革命在全国的胜利，就有了比较巩固的基础。在七大闭幕词编入《毛泽东选集》时删去了这段话。

[1]《建国以来毛泽东文稿》第12册，中共文献出版社1998年1月版，第581页。

[2]《毛泽东军事文集》第2卷，军事科学出版社、中央文献出版社1993年12月版，第381页。

[3]《毛泽东年谱（1949—1976）》第4卷，中央文献出版社2013年12月版，第391页。

[4]《毛泽东年谱（1949—1976）》第5卷，中央文献出版社2013年12月版，第480页。

从《愚公移山》这篇闭幕词，还应当学习毛泽东怎样利用中国传统文化为现实服务。毛泽东多次讲"愚公移山"这个寓言，并从中升华出一种愚公精神。他要求全体共产党员和全国人民学习愚公精神，下定决心，坚持斗争，排除万难，去争取胜利，从而形成一种战胜各种困难的巨大的精神力量。这是毛泽东利用中国传统文化为现实服务的一个范例，也就是他倡导的"古为今用"的方针。中国是一个有悠久历史的文明古国，积累了丰富的传统文化。毛泽东强调：我们不应当割断历史，"不但要懂得中国的今天，还要懂得中国的昨天和前天"。[1]"对中国的文化遗产，应当充分地利用，批判地利用。"[2]

毛泽东利用中国传统文化为现实服务的高超智慧，他人难以企及。这里我顺便再举两个例子。

毛泽东把党的思想路线概括为"实事求是"四个字。"实事求是"来源于《汉书·河间献王传》中的"修学好古，实事求是"。毛泽东用辩证唯物主义的认识论，对"实事求是"作出新的解释。他说："'实事'就是客观存在着的一切事物，'是'就是客观事物的内部联系，即规律性，'求'就是我们去研究。"[3]我们应从实际情况出发，详细地占有材料，从中引出其规律性，作为我们行动的向导。应当说，毛泽东对中国传统文化中的"实事求是"这个成语，进行了创造性的运用和发展。

《三国志·郭嘉传》中说，郭嘉初投袁绍，认为袁绍好谋无决，

[1]《毛泽东选集》第3卷，人民出版社1991年6月第2版，第801页。
[2]《毛泽东文集》第8卷，人民出版社1999年6月版，第225页。
[3]《毛泽东选集》第3卷，人民出版社1991年6月第2版，第801页。

难于成事；后归曹操，任司空军师祭酒，多谋善断，得到重视。毛泽东将"多谋善断"作为重要的工作方法，加以提倡和强调。他在党的一些会议上多次讲多谋善断这个工作方法，既反对多谋寡断，也反对少谋武断。他说：多谋善断，单是谋不行，第一要多谋，第二还要善断。现在有些同志不多谋，也不善断，是少谋武断。[1]他指出：多谋寡断，就是见事迟，得计迟，形势已经出来了，还不能作出判断，得出一个方针来，就处于被动。[2]他强调：特别是对外斗争，得计迟是很危险的。[3]什么是多谋？毛泽东说：多谋，各方面的意见集中了，各方面的分析明确了，恰当了，然后才能得到善断。[4]关于多谋，他特别强调要听取不同的意见。以上说明，毛泽东不是从《郭嘉传》中将"多谋善断"四个字简单地搬过来，而对其作了具体的分析和说明，充实了不少的内容。

毛泽东一贯重视历史，认为历史是一门好的学问。他广泛地阅读中国的历史典籍，对中国的传统文化有深入的了解。他在从传统文化中取其精华为现实服务方面作出了表率，值得我们很好地学习。

《愚公移山》这篇闭幕词，到现在已经50年过去了。今天，中国已进入建设有中国特色社会主义的新时期。在我们这样一个人口众多、经济落后、底子薄的大国，实现四个现代化是十分艰巨的事业。邓小平指出："还要看到我们的路是漫长的，还会遇

---

[1]《毛泽东年谱（1949—1976）》第4卷，中央文献出版社2013年12月版，第8页。

[2][3]《毛泽东年谱（1949—1976）》第3卷，中央文献出版社2013年12月版，第617页。

[4]《毛泽东年谱（1949—1976）》第4卷，中央文献出版社2013年12月版，第9页。

到许多困难，错误也是难免的。"[1]我们"没有现成的经验可学。我们只能在干中学，在实践中摸索"。[2]因此，他说："中国搞四个现代化，要老老实实地艰苦创业。"[3]他把"要有一股艰苦奋斗的创业精神"，作为中国实现四个现代化的四个前提和保证之一。他强调在艰苦创业方面，党员、干部特别是高级干部要带头，要起模范作用。艰苦奋斗、艰苦创业的精神，也就是毛泽东所提倡的愚公精神。今天重温《愚公移山》这篇闭幕词，仍然有着十分重要的现实意义。我们党的干部和全体党员，要同全国人民一起，继续发扬愚公精神，艰苦奋斗，勤奋工作，为实现四个现代化而努力奋斗。

[1]《邓小平文选》第3卷，人民出版社1993年10月版，第259页。

[2]《邓小平文选》第3卷，人民出版社1993年10月版，第258、259页。

[3]《邓小平文选》第2卷，人民出版社1994年10月第2版，第257页。

六届六中全会与马克思主义中国化[*]

1938 年 9 月 29 日至 11 月 6 日在延安召开的中共扩大的六届六中全会，是中国共产党从 1928 年第六次全国代表大会以来，出席人数最多、开会时间最长的一次中央全会，也是党的历史上第一次由毛泽东主持召开的中央全会。毛泽东对这次全会给予很高的评价。1945 年他在党的七大的讲话中把六中全会与遵义会议相提并论，称之为中国共产党历史上两个重要关键的会议。他还说六中全会是决定中国命运的，没有六中全会，今天的局面就不会有这样大。

六中全会的意义，如果用一句话来概括，那就是全会标志着中国共产党已经成熟。这主要表现在：第一，确认和批准了以毛泽东为代表的党中央的正确路线，基本上纠正了王明右倾投降主义错误；第二，完全确立了毛泽东在全党的领导地位；第三，表明党已经能够更灵活地将马列主义运用于中国革命的实践，把两者纯熟地结合起来，不仅制定出正确的路线、方针和政策，而且形成了以毛泽东著作为代表的反映这种结合的理论形态。以往对六中全会的研究，对全会前两方面的意义论述得比较多，本文拟从第三方面即马克思主义中国化方面谈谈六

---

* 此篇文章发表在《毛泽东邓小平理论研究》1999 年第 2 期。

中全会的意义。

一、提出了"马克思主义中国化"的指导原则

在这次全会上，毛泽东代表党中央向全会作了《论新阶段》的政治报告。在这个报告中，毛泽东提出了"马克思主义中国化"这个重要的指导原则，这在中国共产党的历史上是第一次。他指出："离开中国特点来谈马克思主义，只是抽象的空洞的马克思主义。因此，马克思主义的中国化，使之在其每一表现中带着中国的特性，即是说，按照中国的特点去应用它，成为全党亟待了解并亟须解决的问题。"[1]这个关于"马克思主义中国化"内涵的规范的表述，是后来毛泽东所说的"马克思列宁主义的理论和中国革命的实践之统一"，"马克思列宁主义的普遍真理同中国革命的具体实践相结合"。

"马克思主义中国化"是从中国共产党特别是毛泽东探索适合中国情况的革命道路的实践中概括出来的，是在实现马克思主义与中国实际相结合的过程中概括出来的。它的提出，反映了中国共产党特别是毛泽东在认识、掌握和运用马克思主义上所达到的深度，在实行马克思主义与中国实际相结合上的高度自觉性。这个结合，是一个具有高度的科学精神和高度的革命精神的创造，需要高深的理论修养和最大的理论勇气。这个结合就是继承、丰富和发展马克思主义。

---

[1]《建党以来重要文献选编（1921—1949）》第 15 册，中央文献出版社 2011 年 6 月版，第 651 页。

　　"马克思主义中国化"的提出，是经历了一个发展过程的。早在 1929 年毛泽东起草的红四军党的九大的决议中，在讲到如何纠正主观主义时提出：（一）教育党员用马克思主义的方法去作政治形势的分析和阶级势力的估量；（二）使党员注意社会经济的调查和研究，由此来决定斗争的策略和工作的方法。次年他写的《反对本本主义》一文，通篇反对教条主义，提出"中国革命斗争的胜利要靠中国同志了解中国情况"的重要论断，倡导"共产党人从斗争中创造新局面"的思想路线。这两篇文章可以说是毛泽东提出"马克思主义中国化"思想原则的先导。1935 年遵义会议之后到六届六中全会，以毛泽东为核心的党中央遵循这一思想原则，在探索适合中国情况的革命道路上取得很大的进展。毛泽东在这一时期撰写的《论反对日本帝国主义的策略》《中国革命战争的战略问题》《实践论》《矛盾论》《论持久战》等著作，就是马克思主义普遍真理同中国革命的具体实践相结合的重要成果。这些著作代表着党的正确的思想路线、政治路线和军事路线，也是毛泽东在哲学、政治科学、军事科学方面光辉的理论基石。这些情况充分说明，六届六中全会提出"马克思主义中国化"思想原则在理论上和实践上都已成熟。

　　毛泽东在六届六中全会上提出"马克思主义中国化"，在当时中央主要领导人中取得相当广泛的共识。当时在中央负总责的张闻天代表中央向全会作的组织工作报告中说，党的组织工作"一定要严格估计到中国政治、经济、文化、思想、民族习惯、道德的特点"，"我们要使组织工作中国化"。[1] 全会上的一些发

---

[1]《张闻天文集》第 2 卷，中共党史出版社 1993 年 7 月第 1 版，第 453 页。

言，也讲到"中国化"问题。

"马克思主义中国化"反对的主要倾向是教条主义。六中全会对党内教条主义的主要代表人物王明的错误，并没有展开批评。这是由于考虑到当时条件还不成熟，以及共产国际和季米特洛夫的指示。之后，对于这一点，毛泽东说过："抗战初期的右倾投降主义，六届六中全会在政治路线上是克服了，但未做结论，组织问题也没有说，目的是希望犯错误的同志慢慢觉悟。"[1]1944年4月12日，毛泽东在延安高级干部会议上作关于学习和时局问题的报告中说："拿形式来说，六中全会的决议案，差不多没有正面地批评六中全会前的一些错误，但是六中全会的决议案里正面地解决了以后应该如何办的问题，这也是事实上作了结论。"[2]

毛泽东认为要在组织上、党的决议上作出结论，必须在弄清思想的前提下才能作出，而在六中全会时条件还不成熟，也不是合适的时机。1945年3月31日，毛泽东在七中全会的讲话中说，那时采用调和态度是正确的。六中全会虽然没有正面批评王明的错误，但对于教条主义，毛泽东表示了明确的反对态度，这就是他在六中全会报告中所说的："洋八股必须废止，空洞抽象的调头必须少唱，教条主义必须休息"。[3]

"马克思主义中国化"，是完全符合马克思主义的，而且正是马克思主义所要求的。马克思和恩格斯说过，我们的理论不是教条，而是行动的指南。列宁在《论民族自决权》中说："在分析

---

[1]《毛泽东年谱（1893—1949）》修订本中卷，中央文献出版社2013年12月版，第469页。

[2]毛泽东在中共中央西北局高级干部会议的报告记录，1944年4月12日。

[3]《毛泽东选集》第2卷，人民出版社1991年6月第2版，第534页。

任何一个社会问题时，马克思主义理论的绝对要求，就是要把问题提到一定的历史范围内；此外，如果谈到某一国家（例如，谈到这个国家的民族纲领），那就要估计到在同一历史时代这个国家不同于其他各国的具体特点。"[1]他在《我们的纲领（为〈工人报〉写的文章）》中又说："我们认为，对于俄国社会党人来说，尤其需要独立地探讨马克思的理论，因为它所提供的只是总的指导原理，而这些原理的应用具体地说，在英国不同于法国，在法国不同于德国，在德国又不同于俄国。"[2]马克思主义的活的灵魂是具体分析具体情况，没有抽象的真理，只有具体的真理。马克思主义政党的任务，就是根据本国的具体条件，运用和发展马克思主义。

六中全会提出的"马克思主义中国化"的概念，在1942年整风开始至1945年党的七大这段时间里，频繁地出现在当时中央领导人的文章和报告中，可以说是达到了一个高潮。党的七大，将马克思主义与中国革命的实践相结合的理论成果——毛泽东思想，确定为党的指导思想。但是七大过后不很久，在党的文献中，在中央领导人的讲话和文章中，却很难见到"马克思主义中国化"这个概念了。后来，连新中国成立前的一些历史文献，在收入共和国成立后出版的《毛泽东选集》时，凡是有"马克思主义中国化"提法的地方，都作了修改，或径直地删去。为什么会出现这种情况呢？从我接触到的一些材料来看，不提"马克思主义中国化"同不提"毛泽东思想"是紧密联系在一起的，这个重要的改变是由外部原因的影响造成的，具体地说主要是1948年6

[1]《列宁选集》第2卷，人民出版社1995年6月第3版，第375页。
[2]《列宁选集》第1卷，人民出版社1995年6月第3版，第274、275页。

月 28 日《共产党情报局关于南斯拉夫共产党情况的决议》的影响。这个决议谴责南共领导的所谓民族主义、反苏和亲资本主义的倾向。中国共产党并未参加情报局，但中共中央在 1948 年 7 月 10 日作出一个决议，表示完全赞同情报局关于南共的决议。1948 年 9 月 8 日至 13 日在西柏坡召开的中共中央政治局会议还将情报局关于南共的决议，列为会议的参考文件。这些，都表明中共中央当时对情报局决议的看重。毛泽东后来曾说过："当时有人说世界上有两个铁托，一个在南斯拉夫，一个在中国。"[1] 所以，谴责所谓民族主义的阴影，像一把达摩克利斯剑一样悬在中国共产党的头上。大概是中央考虑到，"马克思主义中国化"和"毛泽东思想"这两个提法，容易被误认为带有所谓民族主义的倾向。此外，1948 年下半年还有一个十分现实的问题摆在中国共产党的面前，这就是中国革命即将胜利，面临着依靠苏联的支持和帮助。因此，搞好中苏关系，不要让苏联产生什么误解，是中共中央必须慎重对待的一个问题。当时，一方面不提"马克思主义中国化"的口号了，另一方面毛泽东还是有想法的。1948 年 9 月 8 日毛泽东在西柏坡中共中央政治局会议上所作的报告中，讲到需要提高党的理论水平时，有这样一段话：又说民族主义好，又说南共犯了民族主义的错误，我们要搞民族革命，我们讲的三民主义就有民族主义，这些问题如何解释。1956 年 9 月毛泽东在同参加中共八大的南共联盟代表团谈话时曾说："我们有对不起你们的地方。过去听了情报局的意见，我们虽然没有参加情报局，但对它也很

---

[1]《毛泽东文集》第 7 卷，人民出版社 1999 年 6 月版，第 120 页。

难不支持。"[1]就我所看到的材料，1948 年以中共中央署名的文件中，较晚的一个（也许是最后一个）用了类似"马克思主义中国化"这样的提法的，是这一年 12 月 16 日中共中央复东北局的一个电报。电报说："我党虽然早已有了毛泽东的中国化的马列主义的思想体系，并且早已和正在领导着我党取得全国性的胜利，但是如果不把我们的各级干部，特别是高级干部的理论水平，普遍地提高到应有的高度……就将不能适应全国胜利的局面和建设新中国的历史要求。"这个复电稿，毛泽东审阅过。

毛泽东对"毛泽东思想"提法的删改，始于 1948 年对青年团团章的修改。这一年的 11 月 21 日，毛泽东给刘少奇、朱德、周恩来、任弼时、彭真写了一个批语，其中说："青年团文件中'毛泽东思想'改为'马列主义'一点，请会商决定。"[2]稍后，他在审阅团章草案时，将"毛泽东思想"改为"马克思列宁主义理论与中国革命实践之统一的思想"，"毛泽东思想教育团员"改为"以马克思列宁主义教育团员"，"学习和宣传毛泽东思想"改为"学习和宣传马克思列宁主义理论"。1949 年 3 月 13 日，毛泽东在中共七届二中全会作总结，他说："马克思主义的普遍真理与中国革命的具体实践的统一，应该这样提法，这样提法较好。"[3]又说："不要把毛与马、恩、列、斯并列起来"。"我们说，我们这一套是一个国家的经验，这样说法就很好，就比较好些。"[4]

---

[1]《毛泽东文集》第 7 卷，人民出版社 1999 年 6 月版，第 119 页。

[2]《毛泽东年谱（1893—1949）》修订本下卷，中央文献出版社 2013 年 12 月版，第399 页。

[3]《毛泽东文集》第 5 卷，人民出版社 1996 年 8 月版，第 259 页。

[4]《毛泽东文集》第 5 卷，人民出版社 1996 年 8 月版，第 260 页。

我们请马恩列斯来是做先生的，我们做学生。"中国革命的思想、路线、政策等，如再搞一个主义，那末世界上就有了几个主义，这对革命不利，我们还是作为马克思列宁主义的分店好。"[1]毛泽东的这些话，说明了决定不用"毛泽东思想"等提法的一些考虑。这次中央全会，还作出了六项没有写入决议的规定，其中第六项是不要把中国同志和马、恩、列、斯平列。1954年12月5日中共中央宣传部关于毛泽东思想应如何解释的通知就说到了怕引起误解这一点，通知说："毛泽东同志曾指示今后不要再用'毛泽东思想'这个提法，以免引起误解。"[2]同年12月19日，毛泽东邀请一些民主党派的负责人座谈。在谈到政协的任务之一是学习的问题时，他说到关于学习马列主义。有人建议改为学习马列主义和毛泽东思想，他当即指出："如果把毛泽东思想同马列主义并提，有人会以为是两个东西，为了不使发生误会，就不提毛泽东思想。"[3]

　　马克思主义理论与中国实际相结合，是中国共产党的根本指导原则。"马克思主义中国化""毛泽东思想"都是科学的概念，一段时间内不提，并不是其本身有什么问题。不久，"毛泽东思想"的提法得到了恢复。近些年来，学术界也较多地倾向使用"马克思主义中国化"的提法了。

二、毛泽东思想基本形成

　　毛泽东在六中全会的政治报告题为《论新阶段》，含义是很

[1]《毛泽东文集》第5卷，人民出版社1996年8月版，第261页。
[2]《毛泽东年谱（1949—1976）》第2卷，中央文献出版社2013年12月版，第319页。
[3]《毛泽东文集》第6卷，人民出版社1999年6月版，第387页。

深刻的。他着重阐述的是抗日民族战争和抗日民族统一战线发展的新阶段，还应当说，到了六中全会，中国共产党在实现马克思主义中国化方面，也达到了一个新的阶段。

1939年10月4日毛泽东在《〈共产党人〉发刊词》中曾指出："统一战线问题，武装斗争问题，党的建设问题，是我们党在中国革命中的三个基本问题。正确地理解了这三个问题及其相互关系，就等于正确地领导了全部中国革命。""十八年的经验，已使我们懂得：统一战线，武装斗争，党的建设，是中国共产党在中国革命中战胜敌人的三个法宝，三个主要的法宝。"[1]按照这个论断来衡量毛泽东在六中全会的政治报告和结论报告，应当说毛泽东对中国革命的这三个基本问题、这三大法宝，都作出了十分精辟的论述，标志着毛泽东思想已基本形成。

（一）统一战线问题

在六中全会的政治报告中毛泽东指出："由于抗日战争是长期的，整个抗日民族统一战线也能够且必须是长期的，其中主要的两个党——国民党与共产党的合作，也能够且必须是长期的，这是一切政策的出发点。"[2]为什么这是一切政策的出发点呢？因为只有国共两党维持长期的合作，才有利于渡过战争难关，打败日本帝国主义。

毛泽东分析了长期合作的主要条件，首先是敌人战争的野蛮性和长期性，严重地危害着全民族各个阶层的生存，迫使他们不

---

[1]《毛泽东选集》第2卷，人民出版社1991年6月第2版，第605、606页。

[2]《建党以来重要文献选编（1921—1949）》第15册，中央文献出版社2011年6月版，第624页。

得不联合起来抗日。这是客观的条件。同时需要合作中的各个政党，首先是国共两党采取正确的政策，进行必要的工作。这是主观的条件。那么，中国共产党的正确的统一战线政策的最根本的问题是什么呢？这就是正确处理统一战线中的阶级矛盾与民族矛盾的关系、独立性与统一性的关系，既反对"左"倾冒险主义，又反对右倾机会主义。特别是右倾机会主义，对中国共产党来说是有血的教训的。为此，毛泽东在六中全会的结论报告中进一步阐述了统一战线中的独立自主原则。他指出："为了长期合作，统一战线中的各党派实行互助互让是必需的，但应该是积极的，不是消极的。"[1] 在政治报告中，他说："必要的让步，是巩固两党合作求得更好的团结与更大的进步之不可缺少的条件。"[2] 但互让绝不是迁就主义、尾巴主义，而是通过"消极的步骤达到了积极的目的"[3]。让步不能失掉立场，不能损害无产阶级的根本利益。因此，毛泽东强调在互让的问题上，"我们应该大大地反对投降主义"。他辩证地阐述了阶级斗争与民族斗争的关系，指出二者的一致性。他说，使阶级斗争服从于民族斗争，"这是统一战线的根本原则"。但阶级斗争服从民族斗争，绝不是要取消阶级斗争。必须十分清醒地认识，我们党的统一战线政策是阶级政策。毛泽东在结论报告中还说过：取消阶级斗争不会有长期合作，阶级斗争超过民族斗争也不会有长期合作。这句话说得很直白，但是很深刻。关键在于把握好阶级斗争的"度"，这个"度"

---

[1]《毛泽东选集》第 2 卷，人民出版社 1991 年 6 月第 2 版，第 537 页。

[2]《建党以来重要文献选编（1921—1949）》第 15 册，中央文献出版社 2011 年 6 月版，第 631 页。

[3]《毛泽东选集》第 2 卷，人民出版社 1991 年 6 月第 2 版，第 538 页。

就是毛泽东在结论报告中所阐述的："一方面，阶级的政治经济要求在一定的历史时期内以不破裂合作为条件；另一方面，一切阶级斗争的要求都应以民族斗争的需要（为着抗日）为出发点。"[1]他在政治报告中也指出，如果友党（指国民党）从一己的私利出发，不顾民族大义，损人利己，无理地搞摩擦，甚至捉人杀人等，"我们也决不容置之不理"。他指出："凡无理的事必须以严正态度对待之，才是待己待人的正道。"[2]这也是统一战线中的阶级斗争的一个重要方面。在结论报告中，毛泽东明确指出："'一切经过统一战线'是不对的"。"国民党的方针是限制我们发展，我们提出这个口号，只是自己把自己的手脚束缚起来，是完全不应该的。"[3]这是对王明右倾错误的有力批评。1937年十二月会议以后，王明正是提出和利用这个口号来贩卖右倾错误。毛泽东指出："我们的方针是统一战线中的独立自主，既统一，又独立。"[4]他还具体规定了在统一战线中，我们对国民党应当根据不同情况采取先奏后斩、先斩后奏、斩而不奏、不斩不奏四种方式，坚持我们党的独立自主原则和不破裂统一战线。

　　毛泽东在六中全会上关于统一战线问题的论述，对全党加深认识，纠正王明的右倾错误和正确贯彻实行抗日民族统一战线政策，起了重要的作用。

---

[1]《毛泽东选集》第2卷，人民出版社1991年6月第2版，第539页。

[2]《建党以来重要文献选编（1921—1949）》第15册，中央文献出版社2011年6月版，第630页。

[3]《毛泽东选集》第2卷，人民出版社1991年6月第2版，第539、540页。

[4]《毛泽东选集》第2卷，人民出版社1991年6月第2版，第540页。

（二）武装斗争问题

中国革命中的武装斗争问题主要包含三个方面，即武装斗争在中国革命中的地位；农村包围城市，最后夺取全国政权的适合中国情况的革命道路；中国革命战争的战略战术。毛泽东在六届六中全会上，特别是他的结论报告中，对这三个问题都有深刻的论述，作出了不少新的概括，形成了比较成熟的理论。

在六中全会以前，毛泽东关于武装斗争重要性的论述，最有代表性的是在 1927 年八七会议上提出的"政权是由枪杆子中取得的"重要论断，这是"枪杆子里面出政权"思想的最初的表述。毛泽东是在当时放弃党对军队的领导的右倾机会主义的影响远未消除的情况下，在党内第一个提出这个思想的。稍后，他在 1928 年 11 月 25 日代表红四军前委写给中央的报告（《井冈山的斗争》）中，提出："以农业为主要经济的中国的革命，以军事发展暴动，是一种特征。我们建议中央，用大力做军事运动。"[1]在六中全会的结论报告中，毛泽东首先从马克思主义关于暴力革命的学说讲起，接着从总结中国国民党的战争史和中国共产党的战争史中，深刻地说明掌握武装的重要性。他指出，一切军阀都看重"有军则有权"的原则，新军阀蒋介石对于这一点，更是抓得很紧的；而中国共产党的某些领导人，则在一个相当长的时期内对革命的武装斗争缺乏认识或缺乏深刻的认识，没有把党的工作重心放在掌握革命军队和进行革命战争上面，给中国革命造成了严重的损失。历史的鲜明对比，对于认识武装斗争的重要性，具有无容置辩的说服力。

---

[1]《毛泽东选集》第 1 卷，人民出版社 1991 年 6 月第 2 版，第 79 页。

毛泽东将革命武装斗争的重要性强调到极度。他指出："在中国，主要的斗争形式是战争，而主要的组织形式是军队。"[1]其他一切组织形式和斗争形式，或者是为了准备革命战争，或者是直接间接地配合革命战争。他提出："枪杆子里面出一切东西"，"我们是革命战争万能论者"。[2]"在中国，离开了武装斗争，就没有无产阶级和共产党的地位，就不能完成任何的革命任务。""共产党员不争个人的兵权（决不能争，再也不要学张国焘），但要争党的兵权，要争人民的兵权。"[3]他最后归结说："一句话，全党都要注重战争，学习军事，准备打仗。"[4]毛泽东这些论述所达到的深度，在六中全会以前他的著作中是不及的，在六中全会以后他的著作中也未有超越。在毛泽东的上述思想的指导下，六中全会决定把党的主要工作方面放在战区和敌后，并确定"巩固华北，发展华中"的战略方针，使我们党领导的抗日武装和抗日根据地在六中全会以后有了很大的发展。

关于从农村到城市的中国革命道路，是毛泽东在六中全会的结论报告中概括出来的，标志着毛泽东关于中国革命道路的理论完全形成。

从1928年起，毛泽东在《中国的红色政权为什么能够存在？》《井冈山的斗争》和《星星之火，可以燎原》等著作中，从理论上说明和论证了在中国共产党领导下的农村革命战争和农村革命根据地能够存在和发展所具备的条件。这些条件主要是：半

---

[1]《毛泽东选集》第2卷，人民出版社1991年6月第2版，第543页。

[2]《毛泽东选集》第2卷，人民出版社1991年6月第2版，第547页。

[3]《毛泽东选集》第2卷，人民出版社1991年6月第2版，第544、546页。

[4]《毛泽东选集》第2卷，人民出版社1991年6月第2版，第545页。

殖民地国家中各帝国主义支持的各派军阀间的长期分裂和混战；经过一次大革命的影响；全国革命形势的向前发展；相当力量的正规红军的存在；有足够给养的经济力；共产党领导的正确和有力量。这些论述，很有力地回答了当时有些人提出的"红旗到底打得多久？"的疑问。毛泽东曾经说："因为这是一个最基本的问题，不答复中国革命根据地和中国红军能否存在和发展的问题，我们就不能前进一步。"[1]到了1936年写作《中国革命战争的战略问题》时，随着革命战争实践的发展，毛泽东对这个问题的认识又有了前进，除了上面说到的那些条件以外，又增加了两条：一是中国政治经济发展的不平衡，特别是经济发展的不平衡，微弱的资本主义经济和严重的半封建经济同时存在，近代式的若干工商业都市和停滞着的广大农村同时存在。农村在经济上具有相对的独立性，不完全受城市的控制。二是中国是一个大国，农村游击战争不愁没有回旋的余地。1938年在《论新阶段》的报告中，毛泽东进一步透辟地分析中国城市与乡村的关系，特别是同资本主义国家的城市与乡村的关系作了比较。他说："今天中国的城市乡村问题，与资本主义外国的城市乡村问题有性质上的区别。在资本主义国家，城市在实质上形式上都统制了乡村，城市之头一断，乡村之四肢就不能生存。""在半殖民地，城市虽带着领导性质，但不能完全统制乡村，因为城市太小，乡村太大，广大的人力物力在乡村不在城市。"[2]他指出：不能设想在英、美、法、德、

---

[1]《毛泽东选集》第1卷，人民出版社1991年6月第2版，第188页。

[2]《建党以来重要文献选编（1921—1949）》第15册，中央文献出版社2011年6月版，第599页。

日、意等国，能够支持长期反城市的乡村农民战争，但在今日的半殖民地的大国如中国，却产生了这种可能性。

关于农村革命战争和农村革命根据地，在整个中国革命中所处的地位和所起的作用，毛泽东在《中国的红色政权为什么能够存在？》和《星星之火，可以燎原》两篇著作中都有论述。前一篇说："不但小块红色区域的长期存在没有疑义，而且这些红色区域将继续发展，日渐接近于全国政权的取得。"[1]后一篇说："红军、游击队和红色区域的建立和发展，是半殖民地中国在无产阶级领导之下的农民斗争的最高形式，和半殖民地农民斗争发展的必然结果；并且无疑义地是促进全国革命高潮的最重要因素"。[2]这些论述，都把农村革命根据地同夺取全国政权联系起来，包含着中国革命是先占农村、后占城市的思想，但还没有将从农村到城市的革命道路明确地表述出来。关于中国革命道路的明确的表述，是毛泽东在六中全会的结论报告中概括出来的。他说："资本主义各国的无产阶级政党的任务，在于经过长期的合法斗争，教育工人，生息力量，准备最后地推翻资本主义。""到了起义和战争的时候，又是首先占领城市，然后进攻乡村"。"中国则不同。……在这里，共产党的任务，基本地不是经过长期合法斗争以进入起义和战争，也不是先占城市后取乡村，而是走相反的道路。"[3]这条相反的道路，就是以农村包围城市，最后夺取城市，取得全国革命的胜利。毛泽东还指出："毫无疑义，乡村

---

[1]《毛泽东选集》第1卷，人民出版社1991年6月第2版，第50页。

[2]《毛泽东选集》第1卷，人民出版社1991年6月第2版，第98页。

[3]《毛泽东选集》第2卷，人民出版社1991年6月第2版，第542页。

反对城市就在今天的中国也是困难的，因为城市总是集中的，乡村总是分散的。"[1]这也是决定中国革命的长期性和艰苦性的一个重要因素。但正是这一条长期的艰苦的从农村到城市的革命道路，是将中国革命引向胜利的唯一正确的道路，舍此别无他途。

关于中国革命战争的战略战术。在六届六中全会以前，毛泽东的两篇最重要的军事著作——《中国革命战争的战略问题》和《论持久战》已经发表，此外还发表了《抗日游击战争的战略问题》。在这些著作中，他对中国革命战争和抗日民族战争的战略和战术，已经作了精辟而详尽的论述。在六中全会的政治报告和结论报告中，鉴于相持阶段即将到来，鉴于党内还存在着对于抗日游击战争缺乏深刻认识的情况，也鉴于王明仍坚持"以运动游击战为主"的错误方针，毛泽东重申抗日游击战争的战略地位，分析了在中国国内战争和民族战争这两个不同过程中军事战略的转变。他指出，已经进行的国内战争和正在进行的民族战争大体上都各有两个战略时期，在这四个战略时期之间共存着三个战略的转变。他着重分析了第二个转变，即由国内正规战争到抗日游击战争的转变，因为这对中国共产党领导的敌后抗日战争具有直接的重要意义。他说，这一转变是在特殊情况下进行的一个极其严重的转变，要把过去的正规军和运动战转变为游击军（指分散使用）和游击战，这种转变在现象上表现为一种倒退，因而实现这个转变是非常困难的，在党内曾经发生严重的争论。他强调指出："这一转变关系于整个抗日战争的坚持、发展和胜利，关

---

[1]《建党以来重要文献选编（1921—1949）》第 15 册，中央文献出版社 2011 年 6 月版，第 600 页。

系于中国共产党的前途非常之大。"[1]关于抗日战争的相持阶段，他指出，即将到来的相持阶段是抗日战争的枢纽。因为中国的抗日战争应当在这个阶段实现由弱到强的转变，从而夺取战争的最后胜利，也就是毛泽东称之为的"最精彩的结幕"。毛泽东说：在相持阶段中，敌后游击战争将变为主要的形式。如果没有最广大的和最坚持的敌后游击战争，相持局面难以出现，反攻力量准备不足，就不可能战胜日本帝国主义。他提出的战略部署是：在游击战争已经充分发展的地区如华北，主要是坚持与巩固已经建立了的基础；在游击战争尚未充分发展或者正开始发展的地区如华中一带，主要是迅速地发展游击战争。这就是"巩固华北，发展华中"的战略方针。毛泽东在结论报告中，列举了抗日游击战争的 18 项好处，以说明其必要性和重要性。同时，他指出："在长期奋斗中，游击队和游击战争应不停止于原来的地位，而向高级阶段发展，逐渐地变为正规军和正规战争，这也是没有疑义的。我们将经过游击战争，积蓄力量，把自己造成为粉碎日本帝国主义的决定因素之一。"[2]

（三）党的建设问题

毛泽东的《论新阶段》政治报告的第七部分《中国共产党在民族战争中的地位》，着重阐述的是中国共产党应当担负起领导民族战争这个重大的历史责任问题，同时还应当说这也是毛泽东关于党的建设问题的一篇比较有代表性的著作。这篇著作是从中国共产党处于抗日战争这样一个具体环境提出问题和进行论述

---

[1]《毛泽东选集》第 2 卷，人民出版社 1991 年 6 月第 2 版，第 551 页。
[2]《毛泽东选集》第 2 卷，人民出版社 1991 年 6 月第 2 版，第 554 页。

的，但它提出的一些思想和原则具有普遍的意义。可以说，这篇著作比较全面地论述到党的思想理论建设、组织建设以及作风建设，提出了这些方面的一些基本方针和原则，至今仍是党的建设所必须遵循的。

关于党的思想理论建设，毛泽东提出了一个最根本的问题，就是马克思主义中国化。这个问题，前面已经作了论述，就不重复了。

加强理论学习，是提高干部特别是领导干部的思想政治素质的根本要求和重要途径。毛泽东在报告中把学习理论的问题提上党的建设的重要日程，反复地加以强调。他指出："我们的任务，是领导一个几万万人口的大民族，进行空前的伟大的斗争。所以，普遍地深入地研究马克思列宁主义的理论的任务，对于我们，是一个亟待解决并须着重地致力才能解决的大问题。"[1]毛泽东要求共产党员"应是实事求是的模范，又是具有远见卓识的模范"。[2]这里的"远见卓识"，包括牢记最终的奋斗目标和对事物的预见性。而要达到有预见性，就必须加强理论学习。他强调指出"学习理论是胜利的条件"，号召共产党员要成为学习的模范。他不仅重视全体共产党员的理论学习，在一定意义上他更强调领导干部的理论素质和理论水平。他说："在担负主要领导责任的观点上说，如果我们党有一百个至二百个系统地而不是零碎地、实际地而不是空洞地学会了马克思列宁主义的同志，就会大大地提高我们党的战斗力量，并加速我们战胜日本帝国主义的

---

[1]《毛泽东选集》第 2 卷，人民出版社 1991 年 6 月第 2 版，第 533 页。

[2]《毛泽东选集》第 2 卷，人民出版社 1991 年 6 月第 2 版，第 522 页。

工作。"[1]

江泽民在十五大的报告中指出:"中国共产党是非常重视理论指导的党。"这是对我们党的历史的一个十分深刻的总结。我们党重视理论指导的传统是毛泽东开创的,一代一代相传下来。70多年来,中国共产党正是由于坚持了正确的理论指导,将马克思列宁主义同中国实际相结合,才不断地取得一个又一个的胜利。

关于党的组织建设,毛泽东在《中国共产党在民族战争中的地位》这篇著作中,提出和论述了一些带根本性的问题。

对民主集中制和党的纪律,毛泽东提出一些重要的思想,作出一些重要的概括。他在重申党的纪律时,集中地概括出四条,即个人服从组织;少数服从多数;下级服从上级;全党服从中央。这四条,构成了党的组织原则——民主集中制的主要内容。在六中全会以前的历次党章中,只是在一些条文中分散地讲到这些内容,没有作出这样的集中而精练的概括。毛泽东作出的这个概括,从党的七大开始,载入了党的历次代表大会所通过的党章中。在报告中讲到对党员进行党的纪律的教育时,他提出既要使一般党员能遵守纪律,又要使一般党员能监督党的领袖人物也一起遵守纪律。毛泽东的这个思想,对于建立比较完善的党内监督机制,对于今天执政党的建设,有着重要的意义。鉴于十年内战后期张国焘反党反中央的行径,抗战初期王明在长江局另搞一套、闹独立性的问题,并且为了加强纪律和民主集中制,毛泽东指出"还须制定一种较详细的党内法规,以统一各级领导机关

[1]《毛泽东选集》第2卷,人民出版社1991年6月第2版,第533页。

的行动"。[1]因此，六届六中全会通过了《关于中央委员会工作规则与纪律的决定》和《关于各级党部工作规则与纪律的决定》。1945年3月31日，刘少奇在七中全会发言中说：六中全会时，党规党法是强调纪律的。此外，毛泽东还提出要扩大党内民主，这是贯彻民主集中制的一个重要方面。通过扩大党内民主，来发展全党的积极性，为实现党的任务而努力。

对党的干部政策，毛泽东作了精辟而全面的论述，体现出高度的原则性和对干部的珍视与期望。他说："政治路线确定之后，干部就是决定的因素。"[2]正确的政治路线确定之后，胜利并不会自然而然地自行到来，需要党的干部为执行党的路线而努力工作，带领群众为实现党的路线而奋斗。当时，以毛泽东为代表的党中央的正确路线已经提出，干部问题就成为突出的问题，因此毛泽东在报告中对干部问题给予特别的重视。他对十七年来党已培养出的各个方面的领导人才和骨干给予很高的评价，说"这是党的光荣，也是全民族的光荣"。[3]他把为适应伟大斗争的需要而必须有计划地培养大批的新干部，作为党的战斗任务提出来。他提出"才德兼备"的干部标准，成为我们党一贯坚持的选拔干部的两个基本条件。他对"才德兼备"的内涵作了具体的阐释，这就是"坚决地执行党的路线，服从党的纪律，和群众有密切的联系，有独立的工作能力，积极肯干，不谋私利"。[4]今天看来，这个阐释仍然是很精当的。他还提出必须善于识别干部、必须善

---

[1]《毛泽东选集》第2卷，人民出版社1991年6月第2版，第528页。

[2][3]《毛泽东选集》第2卷，人民出版社1991年6月第2版，第526页。

[4]《毛泽东选集》第2卷，人民出版社1991年6月第2版，第527页。

于使用干部、必须善于爱护干部的问题，并作了很好的说明。关于识别干部，他指出："不但要看干部的一时一事，而且要看干部的全部历史和全部工作，这是识别干部的主要方法。"[1]这是历史主义的考察干部的方法，也是比较全面的公正的考察干部的方法。关于使用干部，他倡导"任人唯贤"的干部路线，指出这是正派的路线；反对"任人唯亲"的干部路线，指出这是不正派的路线。"左"倾路线的宗派主义的干部政策，就是"任人唯亲"的不正派的路线。毛泽东强调指出："在干部政策问题上坚持正派的公道的作风，反对不正派的不公道的作风，借以巩固党的统一团结，这是中央和各级领导者的重要的责任。"[2]关于爱护干部，他除了讲到要指导干部、提高干部、检查干部的工作、照顾干部的困难外，还讲到如何对待犯错误的干部，提出应采取说服教育的方法，帮助他们改正错误，反对轻易地给人戴上"机会主义"的大帽子、轻易地采用"开展斗争"的方法。毛泽东关于干部政策的这些重要原则，同以王明为代表的第三次"左"倾路线在干部政策和组织政策上的宗派主义、惩办主义、过火斗争是根本对立的，是对他们严重的原则性错误的批评。

关于党的作风建设，毛泽东在六中全会没有作展开的论述，他在政治报告中集中地讲了共产党要做模范的问题。他指出"共产党员的先锋作用和模范作用是十分重要的"[3]，他要求共产党员要在各个方面成为模范。做模范，对共产党员来说，是党性和作风建设所要达到的一个综合的目标，是必须有很强的党性和优

---

[1][2]《毛泽东选集》第 2 卷，人民出版社 1991 年 6 月第 2 版，第 527 页。

[3]《毛泽东选集》第 2 卷，人民出版社 1991 年 6 月第 2 版，522 页。

良的作风才能实现的目标。做模范，也是中国共产党的性质所要求的，我们党应是由无产阶级的先进分子所组成的。毛泽东要求："共产党员在八路军和新四军中，应该成为英勇作战的模范，执行命令的模范，遵守纪律的模范，政治工作的模范和内部团结统一的模范"；"共产党员在政府工作中，应该是十分廉洁、不用私人、多做工作、少取报酬的模范"。[1]他还要求共产党员在其他方面也要成为模范。他泾渭分明地指出："自私自利，消极怠工，贪污腐化，风头主义等等，是最可鄙的；而大公无私，积极努力，克己奉公，埋头苦干的精神，才是可尊敬的。"[2]毛泽东的这些论述，对于我们党的党风建设特别是反腐倡廉，具有重要的指导意义。

　　毛泽东以上关于中国革命的三个基本问题（三大法宝）的深刻的论述，加上六中全会以前他在政治、军事、哲学等方面的一些具有代表性的著作，应当说，到了六中全会，中国民主革命这个必然王国，已经被中国共产党特别是毛泽东基本认识了，毛泽东思想基本形成。我在这里用了"基本"这个词，是因为考虑到毛泽东这时还没有对新民主主义理论作出系统的论述等。六中全会以后，党在实现马克思列宁主义同中国实际相结合上具有更高的自觉性，对中国民主革命的认识更加系统和深刻，并在多方面展开。毛泽东在 1940 年发表了《新民主主义论》，提出了新民主主义社会的政治、经济、文化的基本制度，解决了中国新民主主义国家建设与准备进到社会主义的理论问题。他在 1940 年以后的其他一些著作，进一步阐述了党在根据地的政权建设、土地问

---

[1]［2］《毛泽东选集》第 2 卷，人民出版社 1991 年 6 月第 2 版，522 页。

题、财政经济、文化教育、劳动和税收等方面的一整套的具体的方针和政策。有了关于中国民主革命的基本理论和总路线，并且有了为实现总路线所需要的一整套的正确的具体方针和政策，毛泽东思想就比较完整地形成了。当然，如同马克思列宁主义理论是发展的理论一样，毛泽东思想也要随着时代和实践的发展而不断向前发展。

《毛泽东文集》介绍[*]

　　《毛泽东文集》是继《毛泽东选集》（1 至 4 卷）之后，又一部体现毛泽东思想科学体系的多卷本综合性的毛泽东著作集。1993 年 12 月 26 日开始出版，至 1999 年 7 月 1 日全部出齐。全书共 8 卷，803 篇。第 1 至 5 卷为民主革命时期的著作，504 篇；第 6 至 8 卷为社会主义革命和社会主义建设时期的著作，299 篇。

　　毛泽东一生留下了大量的文稿和讲话谈话记录稿，内容十分丰富。《毛泽东选集》是新中国成立后由毛泽东亲自主持编辑的，收入他民主革命时期最有代表性的著作，是他最主要的著作集。但是，《毛泽东选集》还难以充分反映毛泽东思想博大而精深的内容。多年来，广大干部和理论工作者强烈希望能有更多的毛泽东著作特别是社会主义时期的著作面世，以便进一步学习和研究毛泽东思想。为适应这个要求，中共中央于 1991 年下半年决定出版多卷本《毛泽东文集》，由中共中央文献研究室编辑，人民出版社出版。

　　《毛泽东文集》是《毛泽东选集》的补充和延伸。凡已收入《毛泽东选集》的著作，《毛泽东文集》不再选入。只有一篇例外，就是《毛泽东选集》第 1 卷中的《关于纠正党内的错误思想》。

---

　　*　此篇文章发表在《毛泽东邓小平理论研究》2000 年第 2 期。

这原是红四军党的九大决议案（古田会议决议）的第一部分，《毛泽东文集》第 1 卷将这个决议案（共八个部分）全文选入，以保持文献的完整性，它的第一部分《关于纠正党内的错误思想》就重复收入了。

《毛泽东文集》的选稿，从 1921 年到 1975 年，时间跨度为 50 多年。社会主义革命和社会主义建设时期的著作，选入的大体上是内容正确或基本正确的。

一

《毛泽东文集》第 1 卷，选入毛泽东 1921 年 1 月至 1937 年 6 月的著作 67 篇，涵盖了中国共产党创立时期、第一次国内革命战争时期和第二次国内革命战争时期。这一卷，主要介绍以下一些内容。

（一）确立马克思主义信仰，参加创建中国共产党

《毛泽东文集》的开卷篇是毛泽东 1921 年 1 月在新民学会长沙会员大会上的发言，这是表明毛泽东确立了马克思主义信仰的一篇具有标志性的文献。他抛弃并批判曾经对他产生过影响的无政府主义，选择了马克思主义作为自己的政治信仰，赞成中国革命走俄国十月革命的道路。这是毛泽东人生道路的一次最重要最关键的选择。他后来说过，他确立了马克思主义信仰后，就再也没有动摇过。他在同蔡和森的通信中讨论建党问题，鲜明地提出"唯物史观是吾党哲学的根据"。不久，他参加中共一大，成为中国共产党的主要创建人之一。1922 年党的二大确定了反帝反封建的民主革命纲领。二大以后，毛泽东在他的文章中明晰而科学地

论述了中国反帝反封建的民主革命问题，并强调提出无产阶级在民主革命中的领导权的思想。1927 年大革命失败的主观原因，正是陈独秀右倾机会主义放弃了对革命的领导权。

（二）农民和土地问题

农民问题是中国革命的基本问题。对农民问题极端重要性的认识，在中国共产党内很少有人可以与毛泽东比肩。大革命中的1926 年，农民运动开展起来，毛泽东敏锐而深刻地指出："农民问题乃国民革命的中心问题，农民不起来参加并拥护国民革命，国民革命不会成功。"（见《毛泽东文集》第 1 卷中的《国民革命与农民运动》）以陈独秀为代表的右倾机会主义害怕农民起来革命吓跑了暂时的同盟者，附和国民党责难农民运动。毛泽东写了著名的《湖南农民运动考察报告》，对党内外的责难作了有力的回答。后来，毛泽东又指出，如果畏惧农民革命力量的发展，唯恐其将超过工人的势力而不利于革命，那也是错误的。1929 年他指出："半殖民地中国的革命，只有农民斗争不得工人领导而失败，没有农民斗争发展超过工人势力而不利于革命本身的。"（见《毛泽东文集》第 1 卷中的《红军第四军前委给中央的信》）农民问题从根本上说就是土地问题，毛泽东极力主张满足农民对土地的要求。大革命时期，他已指出，解决农民土地问题的意义就在于，解放农民、增加生产力（即提高农民的生产积极性）和用农民这支生力军来保护革命。在井冈山建立了第一个农村革命根据地，1928 年底颁布了毛泽东起草的第一个土地法。它虽然还有不够成熟的地方，但这是一个十分难得的肇始。（这个土地法编入《毛泽东文集》第 1 卷）后来经过调查研究和总结实践经验，毛泽东制定出一套正确的农村阶级政策和分配土地的政策。

（三）调查研究

毛泽东倡导的调查研究，是一切从实际出发的实事求是思想路线的重要组成部分，是反对主观主义、教条主义的有力武器。1930年他在《反对本本主义》一文中，提出"没有调查，没有发言权"的著名论断，强调调查研究是做好一切工作的前提。不久，在1931年春他又进一步提出"不做正确的调查同样没有发言权"。（见《毛泽东文集》第1卷中的《总政治部关于调查人口和土地状况的通知》）毛泽东不仅奠定了调查研究的理论，而且作了很多农村调查，在党的工作方法上开创了一代新风。《毛泽东文集》选入了他的一些著名的调查报告，如《寻乌调查》《长冈乡调查》《才溪乡调查》等，这是他认识中国农村、认识中国社会的珍贵记录。毛泽东根据认识来源于实践的马克思主义原理倡导的调查研究，曾被"左"倾教条主义者讥讽为"狭隘经验论"。1939年他在《研究沦陷区》一文（这篇文章编入《毛泽东文集》第2卷）中，针锋相对地作了辩驳，他说："'没有调查就没有发言权'，或者说，'研究时事问题须先详细占有材料'，这是科学方法论的起码一点，并不是什么'狭隘经验论'。"

（四）军事问题

武装斗争是中国革命的特点。毛泽东从大革命失败的教训中，从对中国国情的科学分析中，最早认识到这个特点。在1927年召开的中央紧急会议（即八七会议）上，他批评陈独秀右倾机会主义不做军事运动专做民众运动的错误，提出"枪杆子里面出政权"的思想。《毛泽东文集》第1卷选入了毛泽东在八七会议上的发言这篇具有历史意义的文献。1927年秋收起义受挫后，毛泽东坚决而及时地率领起义部队转入农村，开展革命战争，建立根据地。中国革命在这一光辉思想的指引下，经过长达 22 年的战争，终于取得全国政权，打出了人民的天下。

随着武装斗争的发展，正确的战略战术逐渐形成。毛泽东在制定革命战争的战略战术方面起了很重要的作用。完整地表述"敌进我退，敌驻我扰，敌疲我打，敌退我追"十六字诀的最早文献，就是选入《毛泽东文集》的毛泽东在 1929 年 4 月 5 日起草的《红军第四军前委给中央的信》。选入《毛泽东文集》的另一篇军事著作——毛泽东 1935 年 12 月为瓦窑堡会议起草的关于军事战略问题的决议（《毛泽东文集》第 1 卷选入这个决议的前两部分，题为《关于战略方针和作战指挥的基本原则》），初步总结了五次反"围剿"战争的经验教训，阐述了基本的战略战术原则，成为他 1936 年 12 月撰写《中国革命战争的战略问题》的重要准备。

（五）由国内革命战争向抗日战争的战略转变

由国内革命战争转入第二次国共合作，共同抗日，是中国共产党的重大战略转变。《毛泽东文集》第 1 卷反映了毛泽东和中国共产党在这一转变过程中策略思想上的发展变化。这一转变的开始，从严格意义上说是确立建立抗日民族统一战线策略的 1935 年 12 月召开的瓦窑堡会议。这时提出的统一战线是不包括蒋介石集团在内的，口号是"反蒋抗日"。标志着放弃反蒋口号的，是 1936 年 5 月红军东征回师通电，通电敦促蒋介石政府停止内战，双方互派代表磋商抗日救亡办法。（见《毛泽东文集》第 1 卷中的《停战议和一致抗日通电》）但蒋介石坚持"攘外必先安内"的反动政策，使第二次国共合作难以推进。这样，诚如毛泽东所说的，共产党"必须重新仔细地考虑能够使民族解放运动的这种合作成为可能的具体方案"。(见《毛泽东文集》第 1 卷中的《和美国记者斯诺的谈话》)鉴于日本侵略的严重性和国民党内部的分化,中国共产党于 1936 年 8 月 25 日发出致中国国民党书,提出中国共产党"赞助建立全中国统一的民主共和国""拥护全国统一的国防政府"等。估计到 1935 年提出的"人民共和国"口号蒋介石不会接受,故改为"民主共和国"。毛泽东称这封信是"我们新的宣言",它对促进第二次国共合作产生了重大作用。这封信是经考订确认为毛泽东所起草而选入《毛泽东文集》第 1 卷的。《毛泽东文集》还选入了毛泽东为建立第二次国共合作写给国民党当权派、地方实力派和爱国民主人士的许多书信,主题是团结抗日,写法各具特色,反映了中国共产党为实现团结抗日作出的真诚努力。

二

《毛泽东文集》第 2 卷和第 3 卷,选入毛泽东抗日战争时期的著作 188 篇。这两卷,主要介绍以下一些内容。

(一)抗日战争的战略方针问题

毛泽东和中共中央提出的持久战的总方针,被历史证明是完全正确的。《论持久战》是毛泽东全面、深刻、系统地阐述持久战总方针的著名军事著作。他提出持久抗战思想,则是在写这篇著作的两年前,即 1936 年同斯诺的谈话。而在持久战的总方针下,八路军、新四军的战略方针或作战原则,则是随着抗日游击战争经验的积累和党内不同意见的讨论而逐步完善起来的。早在1937 年 8 月初毛泽东就指出,红军的作战原则是"在整个战略方针下执行独立自主的分散作战的游击战争"。(见《毛泽东文集》第 2 卷中的《关于红军作战的原则》)不久,在洛川会议上他更明确地提出:"红军的战略方针是独立自主的山地游击战,包括在有利条件下消灭敌人兵团和在平原发展游击战争。"[1]这句话包含有运动战的思想,但是根据当时的形势,毛泽东更为强调的是游击战和依傍山地。对独立自主的山地游击战的战略方针,在洛川会议上存在一些不同的认识。会后,毛泽东反复阐明这个方针,比较重要的是 1937 年 9 月 12 日和 21 日给彭德怀的两封电报。他强调指出:"今日红军在决战问题上不起任何决定作用,而有一种自己的拿手好戏,在这种拿手戏中一定能起决定作用,这就是真正独立自主的山地游击战(不是运动战)。"(这两个电报编入《毛泽东文集》第 2 卷)1938 年 5 月 4 日他在给项英的电报中再一次指出:"在一定条件下,平原也是能发展游击战争的。"(这个电报编入《毛泽东文集》第 2 卷)在《论持久战》中,他对八路军、新四军的战略方针作了更完整的表述:"基本的是游击战,但不放松有利条件下的运动战。"[2]

(二)抗日民族统一战线问题

毛泽东从确定建立抗日民族统一战线的那一天起,就始终如一地强调中国共产党在统一战线中的独立自主原则。在抗日民族统一战线建立以前,毛泽东主要批评"左"倾关门主义;在抗日民族统一战线建立之后,则主要警惕右倾投降主义。1937 年

---

[1]《毛泽东年谱(1893—1949)》修订本中卷,中央文献出版社 2013 年 12 月版,第 16 页。

[2]《毛泽东选集》第 2 卷,人民出版社 1991 年 6 月第 2 版,第 500 页。

9月1日，他提出右倾机会主义即投降主义即将成为全党的主要危险，必须严密注意。（见《毛泽东文集》第2卷中的《抗日战争爆发后的形势与任务》）王明右倾错误的出现证实了这个论断。实现共产党在统一战线中的独立自主，毛泽东说这是"把抗日民族革命战争引向胜利之途的中心一环"。[1]广州、武汉失陷后，蒋介石国民党消极抗日、积极反共，摩擦与反摩擦的斗争成为国共关系中的一个主要问题，抗日民族统一战线受到严峻考验。1939年1月，毛泽东及时提出"人不犯我，我不犯人；人若犯我，我必犯人"的方针，并指出："亲爱团结是统一战线的原则"，"但要站起来，否则就会有'亡党之痛'"。（见《毛泽东文集》第2卷中的《关于目前战争局面和政治形势》）要实现共产党在统一战线中的独立自主，必须放手发动群众，壮大人民力量，得到人民群众的拥护。毛泽东在《毛泽东文集》第3卷的另一篇文章中说得非常好："领导权不是向人能要来的，更不是强迫就能实现的，而是要在实际利益上，在群众的政治经验上，使群众懂得哪一个党好，跟哪一个党走他们才有出路，这样来实现的。"（见《毛泽东文集》第3卷中的《在中央党校第二部开学典礼上的讲话》）

（三）党的建设和整风运动

毛泽东是中国共产党的主要缔造者和领导人，他一贯重视党自身的建设，并把它称作"伟大的工程"。毛泽东党的建设思想的一个突出特点，是特别注意党的思想建设。

党的建设，首要的是解决理论武装问题。毛泽东强调按照马

---

[1]《毛泽东选集》第2卷，人民出版社1991年6月第2版，第394页。

克思列宁主义的革命理论和革命风格建设党，把用马克思列宁主义理论武装全党放在党的建设的第一位。1938 年，他在六届六中全会上向全党提出学习马克思列宁主义理论的任务，指出："普遍地深入地研究马克思列宁主义的理论的任务，对于我们，是一个亟待解决并须着重地致力才能解决的大问题"。[1]他曾说过，党要纠正或避免一些带原则性的错误，"必须借助于对马克思列宁主义这种革命的科学之真正深刻的了解"。（见《毛泽东文集》第1 卷中的《关于十五年来党的路线和传统问题》）六中全会以后，在毛泽东的领导下，发起了全党干部的学习运动。他强调学习要做到理论联系实际，学以致用；指出学习是没有止境的，不能浅尝辄止。"学习一定要学到底，学习的最大敌人是不到'底'。自己懂了一点，就以为满足了，不要再学习了"。[2]他号召"要把全党变成一个大学校"。（见《毛泽东文集》第 2 卷中的《在延安在职干部教育动员大会上的讲话》）毛泽东关于学习问题的论述，对于今天党的思想建设仍有重要指导意义。

　　实践党的宗旨，是党的建设的一个根本性问题。对中国共产党的宗旨，毛泽东在七大上作了深刻的阐述。他说：中国共产党区别于其他任何政党的显著标志之一，是"全心全意地为人民服务，一刻也不脱离群众"；"共产党人的一切言论行动，必须以合乎最广大人民群众的最大利益，为最广大人民群众所拥护为最高标准"。[3]毛泽东还曾指出："共产党的路线，就是人民的路线。"

---

[1]《毛泽东选集》第 2 卷，人民出版社 1991 年 6 月第 2 版，第 533 页。

[2]《毛泽东文集》第 2 卷，人民出版社 1993 年 12 月版，第 184 页。

[3]《毛泽东选集》第 3 卷，人民出版社 1991 年 6 月第 2 版，第 1094、1096 页。

（见《毛泽东文集》第 3 卷中的《在〈解放日报〉改版座谈会上的讲话》）又指出："群众观点是共产党员革命的出发点与归宿。"（见《毛泽东文集》第 3 卷中的《切实执行十大政策》）根据党的宗旨，他将党的一切干部，不论其职务高低，一律定位为"人民的勤务员"（见《毛泽东文集》第 3 卷中的《一九四五年的任务》），强调"我们的责任，是向人民负责。每句话，每个行动，每项政策，都要适合人民的利益"。[1]做人民的勤务员，就要反对做官当老爷，不能高踞于群众之上，而要有俯首甘为孺子牛的精神，恭谨勤劳地为人民服务，在自己的工作中，自觉地为了人民的利益而坚持好的，改正错的。

毛泽东创造的整风运动这个进行党内教育、纠正党内错误思想的形式，对党的建设具有重要的意义，是他的党的建设思想的一个重要内容。编入《毛泽东选集》中的《整顿党的作风》等三篇讲话，是毛泽东关于整风运动的最重要的著作。毛泽东还有一些指导和总结整风运动的讲话和文电，很多都选入了《毛泽东文集》的第 2 卷和第 3 卷。他指出，整风运动是在党内进行的"一个普遍的马克思主义的教育运动"。他领导的以反对主观主义、宗派主义、党八股为主要内容的延安整风运动，一反王明"左"倾教条主义统治时期党内斗争使用的"残酷斗争，无情打击"的错误做法，强调要通过学习文件、开展批评和自我批评，分析错误产生的原因，找出改正错误的方法，使前车之覆真正能成为后车之鉴。整风运动的总方针，就是毛泽东提出的"惩前毖后，治病救人"，既要弄清思想又要团结同志，在马克思主义的基础上

---

[1]《毛泽东选集》第 4 卷，人民出版社 1991 年 6 月第 2 版，第 1128 页。

实现党的统一。毛泽东强调："在思想上要清算彻底，作组织结论要慎重和适当。"（见《毛泽东文集》第 3 卷中的《关于路线学习、工作作风和时局问题》）延安整风运动有一个准备过程，按照毛泽东的说法，从遵义会议以来就在准备，特别是 1941 年 7 月中央关于增强党性的决定颁布以后，做了很多准备工作。应当说，1941 年 8 月毛泽东起草的《中共中央关于调查研究的决定》，尤其是他在 1941 年 9 月政治局扩大会议上的讲话，都是重要的准备。九月会议的意义在于，在党中央领导核心里面，第一次对第三次"左"倾路线问题达到了比较一致的认识（王明除外）。没有这次会议的召开，要在全党顺利地开展整风运动是十分困难的。毛泽东在九月会议的讲话，以反对主观主义和宗派主义为主题，揭开了批判第三次"左"倾路线的序幕。（这个讲话编入《毛泽东文集》第 2 卷）在整风运动中，高级干部学习和研究党的历史上的两条路线，提出了不少问题，核心是总结历史经验应采取什么态度和方针。编入《毛泽东文集》第 3 卷的毛泽东 1944 年 3 月 5 日在政治局会议上的讲话，第一次提出六点方针性的意见：（一）王明、博古的错误是党内问题；（二）临时中央和六届五中全会是合法的；（三）思想清算要彻底，组织结论要慎重和适当；（四）从六届四中全会到遵义会议这一段历史，也不要一切否定；（五）六大的路线基本上是正确的；（六）党内历史上的宗派已经不存在了。这六点意见，得到政治局会议的批准，成为政治局的结论。这六点意见的提出和贯彻，把犯过错误的同志在分清是非的基础上团结起来，全党出现了兴旺发达的新气象。《毛泽东选集》中的《学习和时局》一文的第一部分，传达的就是政治局的上述结论。关于整风运动的意义，毛泽东从多方面作了阐述，其中有一个引人注目而又含义深刻的提法是，整风"是为了使中国共产党更加民族化"。（见《毛泽东文集》第3卷中的《关于共产国际解散问题的报告》）所谓"更加民族化"，就是进一步推动马克思主义与中国实际相结合。延安整风运动，为我们党加强思想建设，正确处理党内矛盾，提供了宝贵的经验。

始终保持艰苦奋斗的精神，坚决反对贪污腐败，对党的建设特别是执政党的建设，是一个至关重要的问题、生死攸关的问题。党是从社会中产生的，党员都生活在纷繁复杂的社会中，社会上的一些不好的东西和各种诱惑，都会在客观上对党员产生影响。对这个问题，毛泽东始终保持着高度的警觉，特别是在党所处的环境发生转变的时期，他都及时向全党提出警告。1936年10月，他写信给在西安的叶剑英和刘鼎，要他们提醒从革命根据地到国民党统治区做统战工作的干部，在外面要节省费用，千万不可浪费。他语重心长地说："苦久了的人难免见风华而把握不住，故应作为一个问题，对同志做教育与警戒的工作。"（这封信编入《毛泽东文集》第1卷）新中国成立前夕，他向全党敲响警钟，提出"务必使同志们继续地保持艰苦奋斗的作风"，不要"经不起人们用糖衣裹着的炮弹的攻击"。[1]他在八届二中全会讲话中提出，"艰苦奋斗是我们的政治本色"（见《毛泽东文集》第7卷中的《艰苦奋斗是我们的政治本色》），这是他的名言，含义非常深刻。他坚持不懈地教育全党要保持艰苦奋斗的作风，他自己就一直保持着这种作风。

---

[1]《毛泽东选集》第4卷，人民出版社1991年6月第2版，第1439、1438页。

（四）关于发展生产力

毛泽东在《论联合政府》中提出了著名的生产力标准的观点。在这个时期，他多次讲到解放和发展生产力的问题，在《毛泽东文集》中有比较充分的反映。1944年他指出："我们搞政治、军事仅仅是为着解放生产力。学过社会科学的同志都懂得这一条，最根本的问题是生产力向上发展的问题。我们搞了多少年政治和军事就是为了这件事。"（见《毛泽东文集》第3卷中的《关于陕甘宁边区的文化教育问题》）毛泽东突出地强调发展现代工业的重要性。他说："中国落后的原因，主要的是没有新式工业。""中国社会的进步将主要依靠工业的发展"，"我们共产党是要努力于中国的工业化的"。（见《毛泽东文集》第3卷中的《共产党是要努力于中国的工业化的》和《同英国记者斯坦因的谈话》）他在给秦邦宪的一封信中，更从理论上深刻地阐述了这样一个问题："新民主主义社会的基础是工厂（社会生产，公营的与私营的）与合作社（变工队在内），不是分散的个体经济。分散的个体经济——家庭农业与家庭手工业是封建社会的基础，不是民主社会（旧民主、新民主、社会主义，一概在内）的基础，这是马克思主义区别于民粹主义的地方。"（这封信编入《毛泽东文集》第3卷）

毛泽东在抗战后期还多次讲到发展资本主义经济的问题。他说："我们坚信，不管是中国的还是外国的私人资本，在战后的中国都应给予充分发展的机会，因为中国需要发展工业。"（见《毛泽东文集》第3卷中的《同英国记者斯坦因的谈话》）毛泽东所说的发展资本主义，不是资本主义的绝对自由的发展，更不是在民主主义革命和社会主义革命之间横插一个资本主义社会阶段。他在七大指出："关于资本主义，我是在这样的条件下肯定的，就是孙中山所说的'不能操纵国民之生计'的资本主义。"（见《毛泽东文集》第 3 卷中的《在中国共产党第七次全国代表大会上的口头政治报告》）后来，他又说："就我们的整个经济政策来说，是限制私人资本的，只是有益于国计民生的私人资本，才不在限制之列。而'有益于国计民生'，这就是一条极大的限制，即引导私人资本纳入'国计民生'的轨道之上"。（见《毛泽东文集》第 5 卷中的《给刘少奇的信》）

（五）党的七大

《毛泽东选集》第 3 卷选入了七大的政治报告《论联合政府》和七大的开幕词、闭幕词，《毛泽东文集》选入了毛泽东在七大的另外五篇报告和讲话，一共有八篇。这八篇报告和讲话是七大的珍贵文献，蕴含着丰富的毛泽东思想。党的主要领导人在党的一次代表大会上作八次报告和讲话，这在党的历史上是绝无仅有的。如果加上七大召开前毛泽东在六届七中全会上对《论联合政府》的说明，和七大闭幕后几天他在七大代表参加的中国革命死难烈士追悼大会上的演说，毛泽东有关七大的报告和讲话就有十篇之多。

七大是准备夺取革命在全国胜利的大会。毛泽东在七大作结论时心怀远虑地强调要想到各种意料不到的困难，准备对付非常的困难。他讲了 17 条困难，包括"爆发内战""跑掉、散掉若干万党员""天灾流行，赤地千里""党的领导机关发生意见分歧"，等等。（见《毛泽东文集》第 3 卷中的《在中国共产党第七次全国代表大会上的结论》）党对各种问题和困难做到有备无患，才能在有关中国命运的决战中不会与胜利失之交臂，而是稳操胜券。

三

《毛泽东文集》第 4 卷和第 5 卷，选入毛泽东解放战争时期的著作 249 篇。这两卷，主要介绍以下一些内容。

（一）人民解放战争的战略和战术

抗战胜利后，毛泽东和中国共产党对蒋介石国民党发动内战的阴谋始终保持清醒头脑，不为其假和谈所迷惑。重庆谈判后，毛泽东在 1945 年 11 月指出："我们的方针，既要确定同蒋介石谈判，同时准备蒋一定要打。"（见《毛泽东文集》第 4 卷中的《抗战胜利三个月来的局势和今后若干工作方针》）1946 年 6 月全面内战爆发，国民党的兵力为 400 多万，共产党的兵力只有 120 多万，当时的形势诚如毛泽东后来说过的那样"真是危及存亡"。但毛泽东却充满必胜的信心，他在 1946 年 11 月中共中央会议上十分肯定地说："蒋介石的进攻是可以打破的。"（见《毛泽东文集》第 4 卷中的《要胜利就要搞好统一战线》）1947 年 7 月下旬，全面内战已打了一年，他在小河会议的讲话中首次提出："对蒋介石的斗争，计划用五年的时间来解决。"（这个讲话编入《毛泽东文集》第 4 卷）这里所说的五年，是从 1946 年 6 月算起。1948 年 9 月，他在政治局会议上，向全党正式提出"大约五年左右根本上打倒国民党"。（见《毛泽东文集》第 5 卷中的《在中共中央政治局会议上的报告和结论》）人民解放战争胜利进展，比预想的要快。毛泽东在 1948 年 10 月 31 日发出的一份电报中指出：九月政治局会议规定的五年左右根本上打倒国民党的任务，"因为战争迅速发展，可能提早一年完成"。（这个电报编入《毛泽东文集》第 5 卷）到 1949 年 9 月，国民党反动统治已被推翻，人民解放战争的胜利只用了三年多的时间。

毛泽东对人民解放战争进程中的重要战略阶段和重要战役，都及时作出正确的部署。全面内战爆发后五个月，毛泽东指出：经过半年到一年，就可以停止蒋介石的进攻，我们开始反攻。事情果如毛泽东所料，1947 年 6 月 30 日，刘邓野战军开始渡过黄河，揭开了战略进攻的序幕，接着陈谢、陈粟两部也相继渡过黄河。到 1947 年 12 月下旬中共中央扩大会议在陕北杨家沟召开时，整个军事形势的转变完全按照毛泽东的预计如期实现了。辽沈、淮海、平津三大战役胜利后，毛泽东又及时地布置渡江作战。1949 年 4 月，中国人民解放军占领南京，并胜利地向全国进军。

解放战争一开始，毛泽东就提出我军的作战方针是"集中优势兵力，各个歼灭敌人"。他反复告诫：切不可贪多务得，分散兵力；不可浪打，打则必胜；集中兵力各个歼敌的原则，是以歼灭敌人有生力量为主要目标，等等。"歼敌方法，是集中大力打敌一部"。"这种打法，通全局看来，用力省而成功多"。（见《毛泽东文集》第 4 卷中的《山东华中的歼敌方针》）1946 年 10 月他又指出："我们方面一城一地之得失无关大局，主要任务是歼灭敌人有生力量。"（见《毛泽东文集》第 4 卷中的《张家口失陷后晋察冀部队的作战方针》）随后他又总结出"围城打援"和"攻城打援"的作战方法，指出："围城之目的不在得城，而在打援"。（见《毛泽东文集》第 4 卷中的《采取围城打援办法歼敌有生力量》）"围城打援是歼灭敌人重要方法之一。"（见《毛泽东文集》第 4 卷中的《围城打援是歼敌的重要方法之一》）

（二）筹建新中国

毛泽东作为伟大的战略家，在领导中国革命的进程中，总是比别人看得远一些。当他正在带领全党为当前的任务而斗争的时候，同时就在筹划着下一阶段的任务，适时地提出新的奋斗目标。

1947年2月，当国民党军队正准备气势汹汹地向山东和陕北两个解放区发动重点进攻，党中央不久就要撤出延安的时候，毛泽东冷静地分析了中国人民解放战争总的进展和蒋管区人民运动出现新高潮的形势，认定中国反帝反封建的人民大革命的新的革命高潮快要到来。他说："指出革命高潮一定要到来这一点，使全党了解并从思想上、工作上、组织上预作准备，那末在这次高潮中我们就可能取得胜利。"（见《毛泽东文集》第4卷中的《对中国革命新高潮的说明》）1948年4月，他又进一步指出："中国新的革命高潮的到来，我党已经处在夺取全国政权的直接的道路上。"（见《毛泽东文集》第5卷中的《将全国一切可能和必须统一的权力统一于中央》）这样，具体地筹建新中国就提上了党的议事日程。关于建立一个什么样的新中国，新中国将实行什么样的基本纲领和基本政策，以及怎样来建立这样一个新中国，其步骤和方法是什么，这些都在毛泽东的头脑里酝酿着，并逐步地清晰和具体化。把选入《毛泽东选集》的在七届二中全会的报告和《论人民民主专政》这两篇关于建国方略的最基本的文献，同选入《毛泽东文集》的有关筹建新中国的文献联系起来阅读，对毛泽东关于筹建新中国的思考和决策过程就看得更清楚了。中共中央1948年4月30日发出了纪念五一节口号，提出迅速召开新的政治协商会议，成立民主联合政府。5月1日，毛泽东致信李济深、沈钧儒，指出："在目前形势下，召集人民代表大会，成立民主联合政府，加强各民主党派、各人民团体的相互合作，并拟订民主联合政府的施政纲领，业已成为必要，时机亦已成熟。"信中并提议"由中国国民党革命委员会、中国民主同盟中央执行委员会、中国共产党中央委员会于本月内发表三党联合声明，以为号召。"（这封信编入《毛泽东文集》第 5 卷）1948 年 9 月，毛泽东主持召开以成立中央政府问题为主要议题的政治局会议。他提出，我们将要建立的政权是"无产阶级领导的以工农联盟为基础的人民民主专政"，而不采用资产阶级的议会制，这就把新中国的政权性质和政权形式从根本上确定下来了。1949 年 1 月，新年伊始，他在为政治局会议起草的决议中指出："一九四九年必须召集没有反动派代表参加的以完成中国人民革命任务为目标的各民主党派各人民团体的政治协商会议，宣告中华人民民主共和国的成立，组成共和国的中央政府，并通过共同纲领。"（见《毛泽东文集》第 5 卷中的《目前形势和党在一九四九年的任务》）1949 年 9 月 21 日至 30 日在北平召开的中国人民政治协商会议，完成了建立新中国的历史任务。10 月 1 日，毛泽东在天安门城楼宣告：中华人民共和国中央人民政府今天成立了。

（三）政策和策略问题

马克思主义认为，无产阶级政党的策略是一门科学。政策和策略正确与否，直接关系到无产阶级革命斗争的成败。关于政策和策略的重要性，在《毛泽东选集》中有一个著名论断："政策和策略是党的生命。"[1]在《毛泽东文集》所选入的著作中，毛泽东反复强调这个问题，他说"只要我们的政策正确"，"这个天下我们就可以得到"。（见《毛泽东文集》第 5 卷中的《在西北野战军

---

[1]《毛泽东选集》第 4 卷，人民出版社 1991 年 6 月第 2 版，第 1298 页。

前委扩大会议上的讲话》）在这方面，根据解放战争时期的实际
情况，毛泽东紧紧地把握以下几点。第一，必须反对各种错误倾
向，使党的政策和策略保持在正确的轨道上。在毛泽东看来，确
定反右还是反"左"，不能抽象地来决断，而只能从实际情况出
发，哪种错误倾向成为主要危险，就要把斗争的锋芒指向哪里。
第二，强调巩固地团结中农和城市的中小资产阶级。毛泽东认
为，中间力量的向背，有时决定着革命的胜败。第三，从认识论
高度阐述政策与经验的关系。一方面强调认识来源于实践，政策
是经验的总结，另一方面，又强调政策需要经验（实践）的检验，
指出凡政策之正确与否及正确之程度，均待经验去考证。上述这
两个方面综合起来，就是党的正确政策形成的完整过程。

四

《毛泽东文集》第 6 卷、第 7 卷和第 8 卷，选入毛泽东 1949
年 10 月至 1975 年 5 月的著作 299 篇。他在新中国成立后的这些
重要著作，对于学习和研究他关于社会主义革命和社会主义建设
的思想，特别是他对于适合中国情况的社会主义建设道路的探
索，具有重要的理论价值和文献价值。这三卷，主要介绍以下一
些内容。

（一）关于社会主义革命

中华人民共和国成立后，经过三年的时间，完成了土地改革
等社会改革和国民经济的恢复工作。1952 年底中共中央提出过
渡时期总路线，主要内容是"一化三改"。在《毛泽东文集》中，
毛泽东对农业合作化和资本主义工商业社会主义改造的论述，反

映了中国共产党创造性地开辟了一条适合中国情况的社会主义革命的成功道路。

关于社会主义革命的目的和方法，毛泽东说："社会主义革命的目的是为了解放生产力。农业和手工业由个体的所有制变为社会主义的集体所有制，私营工商业由资本主义所有制变为社会主义所有制，必然使生产力大大地获得解放。这样就为大大地发展工业和农业的生产创造了社会条件。""我们进行社会主义革命所用的方法是和平的方法。""在我国的条件下，用和平的方法，即用说服教育的方法，不但可以改变个体的所有制为社会主义的集体所有制，而且可以改变资本主义所有制为社会主义所有制。"（见《毛泽东文集》第7卷中的《社会主义革命的目的是解放生产力》）

土地改革完成以后，在中国农村发展互助合作运动，这既是社会主义工业化的要求，也是农业生产自身发展的需要。毛泽东指出："为了完成国家工业化，必须发展农业，并逐步完成农业社会化。"（见《毛泽东文集》第6卷中的《实行增产节约，反对贪污、浪费和官僚主义》）他要求各级党委要把农业互助合作"当作一件大事去做"。

围绕农业合作化问题，毛泽东阐述了一系列的理论、方针和政策。首先是合作化与机械化的关系。在中国，是先实行机械化后实行合作化，还是先实行合作化后实行机械化？毛泽东明确地指出："在农业方面，在我国的条件下（在资本主义国家内是使农业资本主义化），则必须先有合作化，然后才能使用大机器。"（见《毛泽东文集》第6卷中的《关于农业合作化问题》）中国是一个工业落后的国家，短期内不可能给农村提供大批的农业机械，在这种条件下通过发展互助合作来提高农业生产，应当说是一种符合实际的选择。毛泽东并不是将合作化与机械化截然分开，他曾经设想："在第一第二个五年计划时期内，农村中的改革将还是以社会改革为主，技术改革为辅，大型的农业机器必定有所增加，但还不是很多。""在第三个五年计划时期内，农村的改革将是社会改革和技术改革同时并进，大型农业机器的使用将逐年增多"。（见《毛泽东文集》第6卷中的《关于农业合作化问题》）其次，农业合作化要采取一些过渡形式，逐步前进。毛泽东指出："我们所采取的步骤是稳的，由社会主义萌芽的互助组，进到半社会主义的合作社，再进到完全社会主义的合作社。"（见《毛泽东文集》第6卷中的《关于农业互助合作的两次谈话》）"这些步骤，可以使农民从自己的经验中逐步地提高社会主义的觉悟程度，逐步地改变他们的生活方式，因而可以使他们较少地感到他们的生活方式的改变好像是突然地到来的""这些步骤，可以基本上避免在一个时间内（例如在一年到两年内）农作物的减产，相反，它必须保证每年增产，而这是可以做到的""这些步骤，又是训练干部的很好的学校"。（见《毛泽东文集》第6卷中的《关于农业合作化问题》）第三，必须坚持自愿互利的原则。入社必须是自愿的，他说"只有在互利的基础之上才能实现自愿"。（见《毛泽东文集》第6卷中的《关于农业合作化问题》）这里突出的问题，就是要巩固地联合中农，他指出在合作化运动中，团结中农的办法之一就是"不要强迫他们入社，侵犯他们的利益"。（见《毛泽东文集》第6卷中的《关于依靠贫农巩固地团结中农问题》）还要正确地对待单干的农民，他说"要充分地满腔热情地没有隔阂地去照顾、帮助和耐心地教育单干农民，必须承认他们的单干是合法的"。[1]第四，发展合作社要注意质量，做到数多、质高、成本低，最后的结果是要多产粮食、棉花、甘蔗、蔬菜，等等。质量的标准"就是要增加生产和不死牲口"。（见《毛泽东文集》第6卷中的《农业合作化的全面规划和加强领导问题》）第五，坚持勤俭办社的方针。

　　在几亿人口的农村，完成农业合作化这样深刻的社会变革，是一项十分艰巨的任务，中国在这方面创造了不少成功的经验。同时，也出现了缺点和失误，主要就是《关于建国以来党的若干历史问题的决议》所指出的"要求过急，工作过粗，改变过快，形式也过于简单划一"。这些缺点和失误的出现，同自1955年夏季开始的批判所谓右倾有直接的关系。1955年7月，毛泽东所作的《关于农业合作化问题》的报告，有不少正确的论述和深刻的见解，但报告却错误地批判在农业合作化速度问题上所谓的右倾。接着，在七届六中全会上和《中国农村的社会主义高潮》一书的序言及一些按语中，他继续批判所谓的右倾。在这样的政治气候下，农业合作化运动猛烈地加速发展，原定用18年时间基本上完成的农业合作化，六年就完成了。农业合作化运动人为地过于迅速地完成，给农村工作带来许多困难，而且潜伏下在不久以后中国农村工作发生严重挫折的危险。在生产力十分落后的中国，究竟怎样引导农民走上社会主义道路，毛泽东作了许多有益的探索，提出一系列重要的理论、政策和一些深入的思考。但在农业合作化这个重大问题上，毛泽东既有主观指导上的错误，又受到历史的局限，发生过严重的失误。这些都是应当认真总

---

[1]《建国以来毛泽东文稿》第4册，中央文献出版社1990年9月版，第152页。

结的。

关于对资本主义工商业的社会主义改造，中国共产党采取了赎买的政策。马克思、恩格斯提出的、列宁曾想实行而没有能做到的赎买政策，中国共产党在中国成功地实施了，并且创造了丰富的经验。正如毛泽东所说的："我们现在对资本主义工商业的社会主义改造，实际上就是运用从前马克思、恩格斯、列宁提出过的赎买政策。"（见《毛泽东文集》第 6 卷中的《在资本主义工商业社会主义改造问题座谈会上的讲话》）同时，"我们在处理资产阶级的问题上，有很丰富的经验，创造了许多新经验。例如，公私合营以后给资本家定息，就是一个新经验。"（见《毛泽东文集》第 8 卷中的《读苏联〈政治经济学教科书〉的谈话（节选）》）中国共产党对资本主义工商业进行社会主义改造方面的经验，主要的可以说就是毛泽东所概括的"经过许多的过渡步骤，经过许多宣传教育，并且对资本家进行安排"。（见《毛泽东文集》第 6 卷中《在资本主义工商业社会主义改造问题座谈会上的讲话》）

早在 1953 年，毛泽东就指出，对资本主义工商业的社会主义改造，要"稳步前进，不能太急"。这就是要求在社会稳定、生产和经营正常进行的情况下完成改造。1954 年，毛泽东强调：实行国家资本主义要采取灵活的政策，"一个是'逐步'，一个是'各种'"。"形式不是一种，而是'各种'，实现不是一天，而是'逐步'。这就灵活了"。（见《毛泽东文集》第 6 卷中的《关于中华人民共和国宪法草案》）

关于步骤问题，毛泽东说："第一个步骤，加工订货；第二个步骤，公私合营；第三个步骤，到那个时候我们再议嘛。究竟哪一年国有化，我们总是要跟你们商量嘛。"（见《毛泽东文集》

第6卷中的《在资本主义工商业社会主义改造问题座谈会上的讲话》）在第一、第二两个步骤中，又包含着多种形式，逐步过渡。在实行全行业公私合营以后，企业的所有权、经营管理权、人事调配权都属于国家，国家每年给资本家五厘的定息。对于定息，毛泽东强调："定息时间要相当长，急于国有化，不利于生产。"（见《毛泽东文集》第7卷中的《同民建和工商联负责人的谈话》）"要赎买就要赎买到底，不要半赎买、半没收。"（见《毛泽东文集》第7卷中的《同工商界人士的谈话》）总之，采取逐步过渡的方法，好处很多。毛泽东指出："这样做对工人农民是有利的，生产不中断，市场上群众需要的商品不短缺，物价稳定，货币购买力稳定。"（见《毛泽东文集》第7卷中的《要团结一切可以团结的力量》）

关于宣传教育问题，毛泽东指出，中国的社会主义革命所采用的是和平方法，也就是说服教育方法。他亲自对工商界人士做说服教育工作，多次同他们的代表人物进行谈话。对于涉及工商界利益的一些问题，他真诚地同他们协商，尽可能地给予照顾。通过说服教育，把所有制的改变和人的改造很好地结合起来。

关于对资本家的安排问题，这是贯彻赎买政策的一项措施。毛泽东指出："对资本家的安排主要是两个，一个是工作岗位，一个是政治地位，要通统地安排好。"（见《毛泽东文集》第6卷中的《在资本主义工商业社会主义改造问题座谈会上的讲话》）

全行业公私合营后，资本主义工商业的社会主义改造就基本完成。这以后，市场上出现了一些物资供应紧张、商品品种减少的情况，同时有民主人士写信向毛泽东反映上海出现了地下工厂。1956年12月，毛泽东同民建、工商联负责人谈话时说："上

海的地下工厂同合营企业也是对立物。因为社会有需要，就发展
起来。要使它成为地上，合法化，可以雇工。""还可以考虑，只
要社会需要，地下工厂还可以增加。可以开私营大厂，订个协
议，十年、二十年不没收。华侨投资的，二十年、一百年不没收。
可以开投资公司，还本付息。可以搞国营，也可以搞私营。可以
消灭了资本主义，又搞资本主义。"毛泽东说"这叫新经济政策"。
（这个谈话编入《毛泽东文集》第 7 卷）这是他从有利于发展生
产、提高产品质量、增加品种、满足人民生活需要出发，对全行
业公私合营以后出现的新问题，从调整生产关系方面提出的一个
构想，尽管这一构想未能付诸实施，但毕竟是一个重要的思想。

在对私营工商业的社会主义改造，后期的发展过于迅猛，改
造基本完成后对一部分原资方人员的使用和安排也有不适当的
地方。

从总体上说，在一个几亿人口的东方大国完成对农业、手工
业和资本主义工商业的社会主义改造，在社会很少引起震动、生
产不但没有下降而且有所增加的情况下，实现这一复杂而深刻的
社会变革，是伟大的历史性的胜利。

（二）对中国建设社会主义道路的探索

1956 年中国建立了社会主义制度，进入全面建设社会主义
的历史新阶段，毛泽东开始探索适合中国情况的社会主义建设道
路。在艰苦的探索中，他提出了一些正确的或基本正确的理论、
方针和政策，也出现过失误甚至严重的错误。

中国建设社会主义，应当走一条什么样的道路？毛泽东的指
导思想是：必须根据中国的实际情况办事，把马克思列宁主义的
普遍真理同中国社会主义建设的具体实际相结合，走适合中国国

情的道路，并且要创造新的理论。他说："马克思这些老祖宗的书，必须读，他们的基本原理必须遵守，这是第一。"但是，中国社会主义建设出现了一系列的新问题，"不适应新的需要，写出新的著作，形成新的理论，也是不行的"。（见《毛泽东文集》第8卷中的《读苏联〈政治经济学教科书〉的谈话（节选）》）毛泽东重视借鉴苏联及其他国家（包括西方资本主义国家在内）发展经济的经验，他提出"向外国学习"的口号，指出"搞经济关门是不行的"。他说，对外国的科学、技术和文化，不加分析地一概排斥，或不加分析地一概照搬，"都不是马克思主义的态度，都对我们的事业不利"。（见《毛泽东文集》第7卷中的《论十大关系》）学习一定要与中国实际相结合，"学习与独创结合"。（见《毛泽东文集》第7卷中的《在成都会议上的讲话》）

1956年4月，毛泽东在经过一个多月听取各部委汇报的调查研究后，作了《论十大关系》的讲话，提出探索适合中国情况的社会主义建设道路的任务，并进行了初步的探索。这个讲话以苏联的经验为鉴戒，总结了中国几年来的建设经验，提出了一些具有长远指导意义的方针。1957年2月，毛泽东根据1956年以来国际国内出现的新情况和新问题，从理论上加以总结，发表了《关于正确处理人民内部矛盾的问题》的讲话。讲话把正确处理人民内部矛盾作为国家政治生活的主题，分析了各方面的人民内部矛盾，阐明了处理这些矛盾的方针和办法，提出了关于社会主义社会矛盾的新学说，是一篇重要的马克思主义文献。《论十大关系》和《关于正确处理人民内部矛盾的问题》，是毛泽东探索社会主义建设道路的两篇最重要的著作，具有重大的理论意义和实践意义（这两篇重要著作，都编入了《毛泽东文集》第7卷）。

1962年1月，毛泽东曾经指出，社会主义社会将是一个很长的历史阶段。在中国，要建设强大的社会主义经济，"五十年不行，会要一百年，或者更多的时间"。（见《毛泽东文集》第8卷中的《在扩大的中央工作会议上的讲话》）他提出："社会主义这个阶段，又可能分为两个阶段，第一个阶段是不发达的社会主义，第二个阶段是比较发达的社会主义。"（见《毛泽东文集》第8卷中的《读苏联〈政治经济学教科书〉的谈话（节选）》）

在社会主义经济建设方面，他针对"大跃进"和人民公社化运动中的"左"倾错误，提出在社会主义社会必须大力发展商品生产，决不能把商品生产同资本主义混为一谈。他说，价值法则"是一个伟大的学校"（见《毛泽东文集》第8卷中的《价值法则是一个伟大的学校》），只有利用它，才有可能建设我们的社会主义和共产主义。他完整地提出四个现代化的目标，即工业现代化、农业现代化、科学文化现代化、国防现代化；指明中国工业化的道路，确定农业为基础的指导思想。在管理体制上，他比较早地提出正确处理中央集权和地方分权的关系，要同时发挥中央和地方两个积极性，并且提出企业的独立自主问题，要求中央和地方都要发挥企业的积极性。他强调指出："搞社会主义建设，很重要的一个问题是综合平衡。"（见《毛泽东文集》第8卷中的《经济建设是科学，要老老实实学习》）他一贯重视科学技术，他说："科学技术这一仗，一定要打，而且必须打好。""不搞科学技术，生产力无法提高。"（见《毛泽东文集》第8卷中的《不搞科学技术，生产力无法提高》）关于中国如何发展自己的技术，他指明了一条道路："我们不能走世界各国技术发展的老路，跟在别人后面一步一步地爬行。我们必须打破常规，尽量采用先进技术，在一个不太长的历史时期内，把我国建设成为一个社会主义的现代化强国。"（见《毛泽东文集》第 8 卷中的《把我国建设成为社会主义的现代化强国》）

在社会主义政治建设方面，最根本的是确定和建立起人民代表大会的政治制度。在新中国成立前的 1948 年 1 月，毛泽东就明确指出："中华人民共和国的权力机关是各级人民代表大会及其选出的各级政府。"[1]毛泽东为建立人民代表大会制度，倾注了很多的心血。新中国成立不到半个月，毛泽东就将上海松江县召开全县各界人民代表会议的经验转发各中央局、分局，要求"通令所属一律仿照办理"。强调指出："这是一件大事。如果一千几百个县都能开起全县代表大会来，并能开得好，那就会对于我党联系数万万人民的工作，对于使党内外广大干部获得教育，都是极重要的。"（见《毛泽东文集》第 6 卷中的《开好县的各界人民代表会议是一件大事》）在 1950 年 6 月召开的七届三中全会上，他进一步指出："人民政府的一切重要工作都应交人民代表会议讨论，并作出决定。必须使出席人民代表会议的代表们有充分的发言权，任何压制人民代表发言的行动都是错误的。"（见《毛泽东文集》第 6 卷中的《为争取国家财政经济状况的基本好转而斗争》）1953 年底至 1954 年春，毛泽东主持起草中华人民共和国宪法，对人民代表大会制度作出更加完备的规定。中华人民共和国的历史证明，人民代表大会制度是符合我国政权性质的、充分体现民主集中制原则的人民民主的政治制度。全国人民代表大会召开以后，中国人民政治协商会议继续存在并发挥作用。1954 年

---

[1]《毛泽东选集》第 4 卷，人民出版社 1991 年 6 月第 2 版，第 1272 页。

12月，毛泽东阐明了政协的性质和任务，指出它既不是国家权力机关，也不是国家行政机关，而是统一战线组织，是党派性的，它的任务归纳起来说是协商、提意见和学习。1956年，他进一步提出共产党与民主党派"长期共存，互相监督"的方针。这是中国实行共产党领导下的多党合作政治体制的指导方针。这一方针的确定，一方面是因为民主党派长时间同共产党风雨同舟为人民事业而努力，做了好事；另一方面是因为共产党需要多方面的监督，正如毛泽东说的"一个党同一个人一样，耳边很需要听到不同的声音"。（见《毛泽东文集》第7卷中的《关于正确处理人民内部矛盾的问题》）

在社会主义文化建设方面，毛泽东提出"百花齐放，百家争鸣"的方针。他说："艺术问题上的百花齐放，学术问题上的百家争鸣，我看应该成为我们的方针。"（见《毛泽东文集》第7卷中的《在中共中央政治局扩大会议上的总结讲话》）他认为"各种不同意见辩论的结果，就能使真理发展"，充分反映了他的辩证法思想。毛泽东还提出对中国古代文化和外国文化应采取"古为今用，洋为中用"的方针。用他的话说，就是："向古人学习是为了现在的活人，向外国人学习是为了今天的中国人。"（见《毛泽东文集》第7卷中的《同音乐工作者的谈话》）关于如何看待中国的古代文化，毛泽东作过精辟的分析。他说："中国几千年的文化，主要是封建时代的文化，但并不全是封建主义的东西，有人民的东西，有反封建的东西。要把封建主义的东西和非封建主义的东西区别开来。封建主义的东西也不全是坏的。我们要注意区别封建主义发生、发展和灭亡不同时期的东西。当封建主义还处在发生和发展的时候，它有很多东西还是不错的。反封建主义的文化也不是全部可以无批判地利用的。封建时代的民间作品，也多少都还带有封建统治阶级的影响。"（见《毛泽东文集》第 8 卷中的《应当充分地批判地利用文化遗产》）

在国际战略和外交方面，毛泽东是新中国独立自主和平外交路线的奠基人。在开国大典上，他庄严宣告："凡愿遵守平等、互利及互相尊重领土主权等项原则的任何外国政府，本政府均愿与之建立外交关系。"（见《毛泽东文集》第 6 卷中的《中华人民共和国中央人民政府公告》）1954 年，他多次阐述与不同社会制度的国家和平共处的方针。他说："我们认为，不同的制度是可以和平共处的"（见《毛泽东文集》第 6 卷中的《同英国工党代表团的谈话》），"应当把五项原则推广到所有国家的关系中去"。（见《毛泽东文集》第 6 卷中的《同印度总理尼赫鲁的四次谈话》）他坚决反对霸权主义，维护国家的主权。他强调，国家不分大小应当一律平等。进入 1970 年后，他根据国际形势的重大变化，首先打开中美关系正常化的大门，领导实现中日邦交正常化。1974 年，他又在 60 年代提出的两个中间地带思想的基础上，形成了三个世界划分的理论。他说："我看美国、苏联是第一世界。中间派，日本、欧洲、澳大利亚、加拿大，是第二世界。咱们是第三世界。""亚洲除了日本，都是第三世界。整个非洲都是第三世界，拉丁美洲也是第三世界。"（见《毛泽东文集》第 8 卷中的《关于三个世界划分问题》）毛泽东的国际战略和外交思想，为提高新中国的国际地位，维护国家的独立、主权和安全，发挥了巨大作用；为国内的社会主义建设，争取到了一个和平的国际环境；为后来的改革开放事业，创造了有利的国际条件。

（三）党的思想路线

中国共产党的实事求是的思想路线是毛泽东确立的，他在1930年提出了这条思想路线的雏形，经过延安整风而在全党确立起来。这条思想路线的理论基础是马克思主义的辩证唯物主义，特别是辩证唯物主义的认识论。毛泽东在1937年写成的哲学著作《实践论》和《矛盾论》，是他结合中国革命的实践经验阐述马克思主义认识论和辩证法的代表作。在社会主义时期，为了使全党掌握实事求是的思想路线，毛泽东反复强调要学习马克思主义哲学，学习辩证法和认识论。《毛泽东文集》尽可能多地选入了他在这方面的著述。在1957年全国宣传工作会议上，他指出："我们要求把辩证法逐步推广，要求大家逐步地学会使用辩证法这个科学方法。"他赞赏邓小平说过的"照辩证法办事"这句话，在《毛泽东文集》中不止一次地提到，并说"我看，全党都要学习辩证法，提倡照辩证法办事"。（见《毛泽东文集》第7卷中的《在省市自治区党委书记会议上的讲话》）照辩证法办事，就要用对立统一学说观察和处理问题，反对片面性。毛泽东指出："不论是用肯定一切的观点或者否定一切的观点来看我们的工作，都是错误的。"（见《毛泽东文集》第7卷中的《在中国共产党全国宣传工作会议上的讲话》）"一个共产党人必须具备对于成绩与缺点、真理与错误这个两分法的马克思主义辩证思想。"（见《毛泽东文集》第8卷中的《加强相互学习，克服固步自封、骄傲自满》）照辩证法办事，必须学会分析的方法。"分析的方法就是辩证的方法。所谓分析，就是分析事物的矛盾。"（见《毛泽东文集》第7卷中的《在中国共产党全国宣传工作会议上的讲话》）关于认识论，毛泽东重申认识来源于实践的观点，指出："人的正确思想，只能从社会实践中来，只能从社会的生产斗争、阶级斗争和科学实验这三项实践中来。"（见《毛泽东文集》第 8 卷中的《人的正确思想是从哪里来的？》）他强调："对我们的同志，应当进行辩证唯物论的认识论的教育，以便端正思想，善于调查研究，总结经验，克服困难，少犯错误，做好工作。"（见《毛泽东文集》第 8 卷中的《人的正确思想是从哪里来的？》）毛泽东特别强调哲学的群众化，要让广大干部和群众掌握马克思主义哲学，使哲学和各种实践活动更好地结合起来。1957 年 11 月 18 日，他在莫斯科会议上说："关于对立面的统一的观念，关于辩证法，需要做广泛的宣传。我说辩证法应该从哲学家的圈子走到广大人民群众中间去。"（这个讲话编入《毛泽东文集》第 7 卷）1963 年 5 月，他在《前十条》的第十条加写的一段文字中，又指出："为了做好我们的工作，各级党委应当大大提倡学习马克思主义的认识论，使之群众化，为广大干部和人民群众所掌握，让哲学从哲学家的课堂上和书本里解放出来，变为群众手里的尖锐武器。"（见《毛泽东文集》第 8 卷中的《学习马克思主义的认识论和辩证法》）认识论和辩证法，二者是统一的，统一于人们对客观世界的认识过程和实践过程中。简要地说，认识来源于实践是唯物论的认识论，认识和实践的对立统一是辩证法，这就是毛泽东说的"所谓辩证法与认识论一致"。[1]

　　1958 年以后，党内在思想路线方面滋长了一些坏风气。一个是不作调查研究，单凭主观愿望、主观想象办事；一个是弄虚作假，不讲真话或不敢讲真话。毛泽东在初步纠正"大跃进"和人

---

[1]《毛泽东哲学批注集》，中央文献出版社 1988 年 3 月版，第 154 页。

民公社化运动中的"左"倾错误时，认为发生错误的原因首先是情况不明。因此，在 1961 年 1 月中央工作会议上，他提出"大兴调查研究之风"，强调要把实事求是的精神恢复起来。他还做了自我批评，说："建国以来，特别是最近几年，我们对实际情况不大摸底了，大概是官做大了。我这个人就是官做大了，我从前在江西那样的调查研究，现在就做得很少了。"（见《毛泽东文集》第 8 卷中的《大兴调查研究之风》）他强调："民主革命阶段，要进行调查研究，社会主义革命和社会主义建设阶段，还是要进行调查研究，一万年还是要进行调查研究工作。"（见《毛泽东文集》第 8 卷中的《在广州中央工作会议上的讲话》）他要求"各级党委，不许不作调查研究工作，绝对禁止党委少数人不作调查，不同群众商量，关在房子里，作出害死人的主观主义的所谓政策"。（见《毛泽东文集》第 8 卷中的《给张平化的信》）也就是在 1961 年，毛泽东将他在 1930 年写的《调查工作》（即《反对本本主义》）一文印发全党，对当时正在兴起的调查研究工作，起了很好的推动和指导作用。

毛泽东一贯强调要讲真话，反对弄虚作假。在党的七大上，他将是否讲真话作为党内存在的一个问题专门提出来，说："讲真话，每个普通的人都应该如此，每个共产党人更应该如此。""这个问题解决了，我们党的作风就可以更切实了。我们一定要老老实实。"（见《毛泽东文集》第 3 卷中的《在中国共产党第七次全国代表大会上的口头政治报告》）"大跃进"和人民公社化运动中，浮夸风盛行，毛泽东发现后进行纠正。1958 年 11 月，他在武昌会议上专门讲了作假问题，他说："现在横竖要放'卫星'，争名誉，就造假。""建议跟县委书记、公社党委书记切实谈一下，要老老实实，不要作假。本来不行，就让人家骂，脸上无光，也不要紧。不要去争虚荣。"（这个讲话编入《毛泽东文集》第7卷）到1959年4月，党内不讲真话、虚报浮夸的坏风气仍然没有得到遏制，毛泽东采取了一个很不寻常的方法，亲自给六级干部写信，一直发到生产小队一级，再次对作假问题晓以利害，强调要讲真话。他说："老实人，敢讲真话的人，归根到底，于人民事业有利，于自己也不吃亏。爱讲假话的人，一害人民，二害自己，总是吃亏。"毛泽东直言不讳地指出："应当说，有许多假话是上面压出来的。上面'一吹二压三许愿'，使下面很难办。"他又说："现在的严重问题是，不仅下面作假，而且我们相信，从中央、省、地到县都相信，主要是前三级相信，这就危险。"（这个《党内通信》编入《毛泽东文集》第8卷）毛泽东的这些论述，在今天仍具有警戒的意义。

《毛泽东文集》贯穿着辩证唯物主义和历史唯物主义的思想，是马克思列宁主义同中国革命和建设相结合的成果，为学习和研究马克思列宁主义、毛泽东思想提供了一部很好的教材。这部文集的编辑出版，是我国政治生活中的一件重要事情。

坚持理论创新，不断开辟马克思主义新境界
——学习《毛泽东文集》的一些体会 *

经中共中央批准编辑的《毛泽东文集》（以下简称《文集》），是继《毛泽东选集》1至4卷（以下简称《毛选》）之后，又一部体现毛泽东思想科学体系的多卷本综合性的毛泽东著作集。1993年12月26日开始出版，至1999年7月1日全部出齐，共8卷。第1至5卷为民主革命时期的著作，第6至8卷为社会主义革命和社会主义建设时期的著作。《文集》由中共中央文献研究室编辑，人民出版社出版。

毛泽东一生留下了大量的文稿和讲话、谈话的记录稿，内容十分丰富，包含着重要的理论观点、政策和策略、工作方法等。《毛选》是新中国成立后由毛泽东亲自主持编辑的，选入他民主革命时期最有代表性的著作，是他最主要的著作集。不过，《毛选》还难以充分反映毛泽东的思想的广博内容。多年来，广大干部和理论工作者强烈希望能有更多的毛泽东著作特别是社会主义时期的著作面世，以便进一步学习和研究毛泽东思想。《文集》正是适应以上情况而编辑出版的。

《文集》是《毛选》的延伸和补充。凡已收入《毛选》的著作，就不再选入《文集》。《文集》的选稿，从1921年到1975年，时间

＊ 此篇文章发表在2000年9月7日《人民日报》。

跨度为 50 多年。开卷篇为 1921 年 1 月《在新民学会长沙会员大会上的发言》，终卷篇为 1975 年 7 月《党的文艺政策应当调整》。其中，民主革命时期的著作 504 篇，社会主义时期的著作 299 篇。

《文集》的内容十分丰富。本文主要从三个方面作一些介绍，谈一些学习体会。

倡导和实践实事求是的思想路线

中国共产党实事求是的思想路线是由毛泽东确立的。他在 30 年代提出了这条思想路线的雏形，经过 40 年代的延安整风运动而在全党确立起来。

实事求是的思想路线，要求将马克思列宁主义同中国实际情况相结合。毛泽东是马克思列宁主义同中国实际相结合的倡导者、伟大实践者和杰出代表，毛泽东思想是这种结合的伟大成果，创造性地发展了马克思列宁主义。

这条思想路线的理论基础是马克思主义的辩证唯物主义，特别是辩证唯物主义的认识论。毛泽东在 1937 年写成的哲学著作《实践论》和《矛盾论》，是他结合中国革命的实践经验阐述马克思主义认识论和辩证法的代表作。在社会主义时期，为了使全党掌握实事求是的思想路线，毛泽东反复强调要学习马克思主义哲学，学习辩证法和认识论。在 1957 年全国宣传工作会议上，他指出："我们要求把辩证法逐步推广，要求大家逐步地学会使用辩证法这个科学方法。"[1] 他赞赏邓小平说过的"照辩证法办事"

---

[1]《毛泽东文集》第 7 卷，人民出版社 1999 年 6 月版，第 277 页。

这句话，在《文集》中不止一次地提到，并说："我看，全党都要学习辩证法，提倡照辩证法办事。"[1]照辩证法办事，就是要用对立统一学说观察和处理问题，反对片面性，即反对思想上的绝对化，反对形而上学地看问题。毛泽东指出："无论是用肯定一切的观点或者否定一切的观点来看我们的工作，都是错误的。"[2]"一个共产党人必须具备对于成绩与缺点、真理与错误这个两分法的马克思主义辩证思想"。[3]照辩证法办事，必须学会分析的方法。毛泽东说："什么叫辩证的方法？就是对一切加以分析"。"所谓分析，就是分析事物的矛盾。"[4]关于认识论，毛泽东重申认识来源于实践的观点，指出："人的正确思想，只能从社会实践中来，只能从社会的生产斗争、阶级斗争和科学实验这三项实践中来。"[5]他强调："对我们的同志，应当进行辩证唯物论的认识论的教育，以便端正思想，善于调查研究，总结经验，克服困难，少犯错误，做好工作。"[6]毛泽东特别强调哲学的群众化，提出要让广大干部和群众掌握马克思主义哲学，使哲学和各种实践活动更好地结合起来。1957 年 11 月，他在莫斯科会议上说："关于对立面的统一的观念，关于辩证法，需要作广泛的宣传。我说辩证法应该从哲学家的圈子走到广大人民群众中间去。"[7]1963 年 5 月，他又指出："为了做好我们的工作，各级党

[1]《毛泽东文集》第 7 卷，人民出版社 1999 年 6 月版，第 200 页。

[2]《毛泽东文集》第 7 卷，人民出版社 1999 年 6 月版，第 276 页。

[3]《毛泽东文集》第 8 卷，人民出版社 1999 年 6 月版，第 348 页。

[4]《毛泽东文集》第 7 卷，人民出版社 1999 年 6 月版，第 330、277 页。

[5]《毛泽东文集》第 8 卷，人民出版社 1999 年 6 月版，第 320 页。

[6]《毛泽东文集》第 8 卷，人民出版社 1999 年 6 月版，第 321 页。

[7]《毛泽东文集》第 7 卷，人民出版社 1999 年 6 月版，第 332 页。

委应当大大提倡学习马克思主义的认识论，使之群众化，为广大干部和人民群众所掌握，让哲学从哲学家的课堂上和书本里解放出来，变为群众手里的尖锐武器。"[1]认识论和辩证法，二者是统一的，统一于人们对客观世界的认识过程和实践过程。简要地说，认识来源于实践是唯物论的认识论，认识和实践的对立的统一是辩证法，这就是毛泽东说的"所谓辩证法与认识论一致"。

毛泽东倡导的调查研究，是一切从实际出发的实事求是思想路线的重要组成部分，也是反对主观主义、教条主义的有力武器。1930 年他在《反对本本主义》一文中，提出"没有调查，没有发言权"的著名论断，强调调查研究是一切工作的第一步，是做好一切工作的前提。1931 年春他进一步提出的"不做正确的调查同样没有发言权"，是对"没有调查，没有发言权"论断的补充和完善。毛泽东不仅奠定了调查研究的理论，而且作了很多农村调查，这是他认识中国农村、认识中国社会的一条根本途径，在党的工作方法上开创了一代新风。毛泽东根据认识来源于实践的马克思主义原理倡导的调查研究，曾被"左"倾教条主义者讥讽为"狭隘经验论"。1939 年毛泽东在《研究沦陷区》一文中，针锋相对地作了辩驳，他说："'没有调查就没有发言权'，或者说，'研究时事问题须先详细占有材料'，这是科学方法论的起码一点，并不是什么'狭隘经验论'。"[2]

新中国成立后，党内各级领导同志调查研究做得少了，出现了凭主观愿望、主观想象办事的不好的作风。50 年代末和 60 年

[1]《毛泽东文集》第 8 卷，人民出版社 1999 年 6 月版，第 323 页。

[2]《毛泽东文集》第 2 卷，人民出版社 1993 年 12 月版，第 248、249 页。

代初，毛泽东在初步纠正"大跃进"和人民公社化运动中的"左"倾错误时，认为发生错误的原因首先是情况不明。因此，他 1961 年 1 月在中央工作会议上提出"大兴调查研究之风"，强调"要把实事求是的精神恢复起来"。他还作了自我批评，说："但是建国以来，特别是最近几年，我们对实际情况不大摸底了，大概是官做大了。我这个人就是官做大了，我从前在江西那样的调查研究，现在就做得很少了。"[1]1961 年 3 月在广州中央工作会议上他强调："民主革命阶段，要进行调查研究，社会主义革命和社会主义建设阶段，还是要进行调查研究。一万年还是要进行调查研究工作。这个方法是可取的。"[2]同年 5 月他在写给张平化的信中，严厉提出："各级党委，不许不作调查研究工作。绝对禁止党委少数人不作调查，不同群众商量，关在房子里，作出害死人的主观主义的所谓政策。"[3]

实事求是的思想路线，要求按照实际情况讲老实话，讲真话，反对弄虚作假。毛泽东一贯重视讲真话这个问题。1945 年在党的七大上，他将是不是讲真话作为党内存在的一个问题专门提出来，说："讲真话，每个普通的人都应该如此，每个共产党人更应该如此。""这个问题解决了，我们党的作风就可以更切实了。我们一定要老老实实。"[4]"大跃进"和人民公社化运动中，浮夸风盛行，虚报产量问题严重。毛泽东发现后大力纠正，1958 年 11 月他在武昌会议上专门批评了作假问题。到 1959 年 4 月，党

---

[1]《毛泽东文集》第 8 卷，人民出版社 1999 年 6 月版，第 237 页。

[2]《毛泽东文集》第 8 卷，人民出版社 1999 年 6 月版，第 262 页。

[3]《毛泽东文集》第 8 卷，人民出版社 1999 年 6 月版，第 272 页。

[4]《毛泽东文集》第 3 卷，人民出版社 1996 年 8 月版，第 349、351 页。

内不讲真话、虚报浮夸的坏风气仍然没有得到有效遏制。毛泽东采取了一个很不寻常的做法，亲自给六级干部写信，一直发到生产小队一级（相当于现在的村一级），再次强调要讲真话，就作假问题晓以利害。他说："老实人，敢讲真话的人，归根到底，于人民事业有利，于自己也不吃亏。爱讲假话的人，一害人民，二害自己，总是吃亏。"[1]他直言不讳地指出："应该说，有许多假话是上面压出来的。上面'一吹二压三许愿'，使下面很难办。"[2]毛泽东的这些论述，在今天对党的各级领导干部仍然具有警戒的意义。

积极探索中国社会主义建设的道路

1956年，中国进入全面建设社会主义的历史新阶段，毛泽东开始探索适合中国情况的社会主义建设道路。在艰苦的探索中，他提出了一些重要的理论、方针和政策，也出现过失误甚至严重的错误。

中国建设社会主义，应当走一条什么样的道路？毛泽东的指导思想是：必须根据中国的实际情况办事，走适合中国国情的道路。他提出把马克思列宁主义的普遍真理同中国社会主义建设的具体实际相结合的指导原则，并强调要创造新的理论。他说："马克思这些老祖宗的书，必须读，他们的基本原理必须遵守，这是第一。"[3]但是，中国社会主义建设出现了一系列的新问题，

---

[1]［2］《毛泽东文集》第8卷，人民出版社1999年6月版，第50页。

[3]《毛泽东文集》第8卷，人民出版社1999年6月版，第109页。

"不适应新的需要，写出新的著作，形成新的理论，也是不行的"。[1]毛泽东重视借鉴苏联及其他国家（包括西方资本主义国家）发展经济的经验，提出"向外国学习"的口号。他反对闭关自守，指出"搞经济关门是不行的"。[2]他说，对外国的东西，不加分析地一概排斥和不加分析地一概照搬，"都不是马克思主义的态度，都对我们的事业不利"。[3]"学习一定要与中国实际相结合"，"学习与独创结合"。[4]

1956年4月，毛泽东在经过一个多月听取国务院各部委汇报的调查研究后，作了《论十大关系》的讲话，提出探索适合中国情况的社会主义建设道路的任务，并进行了初步的探索。这个讲话以苏联的经验为鉴戒，总结了新中国几年来的建设经验，提出了一些具有长远指导意义的方针。1957年2月，毛泽东根据1956年以来的国际国内出现的新情况和新问题，从理论上加以总结，发表了《关于正确处理人民内部矛盾的问题》的讲话。讲话把正确处理人民内部矛盾作为国家政治生活的主题，分析了各方面的人民内部矛盾，阐明了关于社会主义社会矛盾的新学说，是一篇重要的马克思主义文献。《论十大关系》和《关于正确处理人民内部矛盾的问题》，是毛泽东探索社会主义建设道路的两篇最重要的著作，具有重大的理论意义和实践意义。

关于中国的社会主义建设，毛泽东提出了以下一些重要的思想：

---

[1]《毛泽东文集》第8卷，人民出版社1999年6月版，第109页。

[2]《毛泽东文集》第8卷，人民出版社1999年6月版，第71页。

[3]《毛泽东文集》第7卷，人民出版社1999年6月版，第43页。

[4]《毛泽东文集》第7卷，人民出版社1999年6月版，第42、366页。

（一）对于社会主义发展阶段的认识。毛泽东对于 1958 年出现的急于向共产主义过渡的倾向进行了反思，在同年冬召开的八届六中全会上，他强调必须分清社会主义与共产主义的区别，不能企图超越社会主义阶段而跳入共产主义阶段。稍后，他认识到："现在看来，搞社会主义建设不要那么十分急。十分急了办不成事，越急就越办不成，不如缓一点，波浪式地向前发展。"[1]他说的波浪式地向前发展，就是生产和建设若干年比较低，若干年比较高。对中国完成社会主义现代化建设所需要的时间，他也比过去提出的 50 年左右估计得更长了。他说："至于建设强大的社会主义经济，在中国，五十年不行，会要一百年，或者更多的时间。"[2]在读苏联《政治经济学教科书》时，他于 1959 年 12 月 18 日富有创见性地提出："社会主义这个阶段，又可能分为两个阶段，第一个阶段是不发达的社会主义，第二个阶段是比较发达的社会主义。后一阶段可能比前一阶段需要更长的时间。"[3]社会主义的不发达阶段同后来我们党提出的社会主义初级阶段，这两种提法应当说是有相通之处的。

（二）中国的社会主义建设以四个现代化为主要目标。毛泽东在读苏联《政治经济学教科书》的谈话中，完整地提出了四个现代化。他说："建设社会主义，原来要求是工业现代化，农业现代化，科学文化现代化，现在要加上国防现代化。"[4]这里所说的原来要求的三个现代化，是他 1957 年在《关于正确处理人

---

[1]《毛泽东文集》第 8 卷，人民出版社 1999 年 6 月版，第 236 页。

[2]《毛泽东文集》第 8 卷，人民出版社 1999 年 6 月版，第 301 页。

[3][4]《毛泽东文集》第 8 卷，人民出版社 1999 年 6 月版，第 116 页。

民内部矛盾的问题》和《在中国共产党全国宣传工作会议上的讲话》中提出的"现代工业、现代农业和现代科学文化"。值得注意的是，毛泽东在讲三个现代化和四个现代化时，用的是"现代科学文化"或"科学文化现代化"，这反映了他对文化的独特认识和重视。

（三）关于社会主义经济建设。从根本上说，毛泽东是重视和强调发展生产力的。1956 年，他提出："社会主义革命的目的是为了解放生产力。"[1]"我国人民应该有一个远大的规划，要在几十年内，努力改变我国在经济上和科学文化上的落后状况，迅速达到世界上的先进水平。"[2]发展生产力的思想，毛泽东在民主革命时期就多次论述过。1945 年在七大上，他提出著名的生产力标准的观点："中国一切政党的政策及其实践在中国人民中所表现的作用的好坏、大小，归根到底，看它对于中国人民的生产力的发展是否有帮助及其帮助之大小，看它是束缚生产力的，还是解放生产力的。"[3]这是运用历史唯物主义的基本观点，规定了检验党的政策和工作的根本准则，具有长远的指导意义。为了发展生产力，毛泽东强调发展现代工业，指出"没有工业，便没有巩固的国防，便没有人民的福利，便没有国家的富强"。[4]他曾说"我们共产党是要努力于中国的工业化的"。他为我们党制定了中国工业化的道路，提出要处理好重工业和轻工业、农业的关系。他说："我们现在发展重工业可以有两种办法，一种是少发展一

---

[1]《毛泽东文集》第 7 卷，人民出版社 1999 年 6 月版，第 1 页。

[2]《毛泽东文集》第 7 卷，人民出版社 1999 年 6 月版，第 2 页。

[3]《毛泽东选集》第 3 卷，人民出版社 1991 年 6 月第 2 版，第 1079 页。

[4]《毛泽东选集》第 3 卷，人民出版社 1991 年 6 月第 2 版，第 1080 页。

些农业、轻工业，一种是多发展一些农业、轻工业。从长远观点来看，前一种办法会使重工业发展得少些和慢些，至少基础不那么稳固，几十年后算总账是划不来的。后一种办法会使重工业发展得多些和快些，而且由于保障了人民生活的需要，会使它发展的基础更加稳固"。[1]毛泽东特别重视农业的发展，强调"全党一定要重视农业。农业关系国计民生极大"，[2]并且提出了以农业为基础的指导思想。毛泽东一贯重视科学技术，指出："科学技术这一仗，一定要打，而且必须打好。""不搞科学技术，生产力无法提高。"[3]在技术发展上，他指出："我们不能走世界各国技术发展的老路，跟在别人后面一步一步地爬行。我们必须打破常规，尽量采用先进技术，在一个不太长的历史时期内，把我国建设成为一个社会主义的现代化的强国。"[4]毛泽东强调指出：在社会主义社会，必须发展商品生产，遵守价值法则。我国是一个商品生产很不发达的国家，需要有一个发展商品生产的阶段。他的一句名言，即价值法则"是一个伟大的学校"。"只有利用它，才有可能教会我们的几千万干部和几万万人民，才有可能建设我们的社会主义和共产主义。否则一切都不可能"。[5]这个思想，在纠正一平二调的"共产风"中，在以后的社会主义建设中，曾经发挥了重大的动员作用和深刻的理论指导作用。毛泽东十分强调综合平衡，指出："搞社会主义建设，很重要的一个问题是综合平

---

[1]《毛泽东文集》第7卷，人民出版社1999年6月版，第25页。

[2]《毛泽东文集》第7卷，人民出版社1999年6月版，第199页。

[3]《毛泽东文集》第8卷，人民出版社1999年6月版，第351页。

[4]《毛泽东文集》第8卷，人民出版社1999年6月版，第341页。

[5]《毛泽东文集》第8卷，人民出版社1999年6月版，第34页。

衡。"[1]在管理体制上，他较早地提出正确处理中央集权和地方分权的关系，要同时发挥中央和地方两个积极性，并且提出企业的独立自主问题，要求中央和地方都要发挥企业的积极性。

（四）在社会主义政治建设方面，最根本的是确定、建立和进一步完善人民代表大会的政治制度。在新中国建立前，毛泽东就明确指出："中华人民共和国的权力机关是各级人民代表大会及其选出的各级政府。"[2]他为建立人民代表大会制度，倾注了很多的心血。新中国成立不到半个月，他就将上海松江县召开全县各界人民代表会议的经验转发各中央局、分局，要求"通令所属一律仿照办理"，指出"这是一件大事。如果一千几百个县都能开起全县代表大会来，并能开得好，那就会对于我党联系数万万人民的工作，对于使党内外广大干部获得教育，都是极重要的"。[3]在七届三中全会上，他进一步指出："人民政府的一切重要工作都应交人民代表会议讨论，并作出决定。必须使出席人民代表会议的代表们有充分的发言权，任何压制人民代表发言的行动都是错误的。"[4]他主持起草的中华人民共和国宪法，对人民代表大会制度作了更加完备的规定。中华人民共和国的历史证明，人民代表大会制度是符合我国实际情况、充分体现民主集中制原则的人民民主的政治制度。1954年9月全国人民代表大会召开以后，中国人民政治协商会议继续存在并发挥作用，毛泽东阐述了政协的性质和任务，指出它既不是国家权力机关，也不是国家行政机

---

[1]《毛泽东文集》第8卷，人民出版社1999年6月版，第73页。

[2]《毛泽东选集》第4卷，人民出版社1991年6月第2版，第1272页。

[3]《毛泽东文集》第6卷，人民出版社1999年6月版，第4页。

[4]《毛泽东文集》第6卷，人民出版社1999年6月版，第71页。

关，而是统一战线组织，是党派性的，它的任务归纳起来说是协商、提意见和学习。1956 年，他进一步提出共产党与民主党派"长期共存，互相监督"的方针。这是我国实行共产党领导的多党合作政治体制的指导方针。这一方针的确定，一方面是因为民主党派长时间同共产党风雨同舟，为人民事业而努力，做了好事；另一方面是因为共产党需要多方面的监督。

（五）在社会主义文化建设方面，提出了"百花齐放，百家争鸣"的方针。他说："艺术问题上的百花齐放，学术问题上的百家争鸣，我看应该成为我们的方针。"[1]他认为"各种不同意见辩论的结果，就能使真理发展"[2]，充分反映了他的辩证法思想。毛泽东还提出对中国古代文化和外国文化应采取"古为今用，洋为中用"的方针，用他的话说就是："向古人学习是为了现在的活人，向外国人学习是为了今天的中国人。"[3]

注重党的建设的伟大工程

毛泽东是中国共产党的主要缔造者和领导人，他一贯重视党自身的建设，并把它称作"伟大的工程"。毛泽东党建思想的一个突出特点，是注重党的思想建设。

党的建设，首要的是解决理论武装问题。毛泽东强调按照马克思列宁主义的革命理论和革命风格建设党，把用马克思列宁主

[1]《毛泽东文集》第 7 卷，人民出版社 1999 年 6 月版，第 54 页。
[2]《毛泽东文集》第 7 卷，人民出版社 1999 年 6 月版，第 279 页。
[3]《毛泽东文集》第 7 卷，人民出版社 1999 年 6 月版，第 82 页。

义理论武装全党放在党的建设的第一位。1938年，他在六届六中全会上向全党提出学习马克思列宁主义理论的任务，指出："普遍地深入地研究马克思列宁主义的理论的任务，对于我们，是一个亟待解决并须着重地致力才能解决的大问题。"[1]他曾说过，党要纠正或避免一些带原则性的错误，"必须借助于对马克思列宁主义这种革命的科学之真正深刻的了解"。[2]六中全会以后，在毛泽东的领导下，发起了全党干部的学习运动。他强调学习要做到理论联系实际，学以致用；指出学习是没有止境的，不能浅尝辄止，"学习一定要学到底，学习的最大敌人是不到'底'。自己懂了一点，就以为满足了，不再学习了"。[3]他号召，"要把全党变成一个大学校"。毛泽东关于学习问题的论述，对于今天党的思想建设仍有重要指导意义。

实践党的宗旨，是党的建设的一个根本性问题。对中国共产党的宗旨，毛泽东在七大上作了深刻的阐述。他说：中国共产党区别于其他任何政党的显著标志之一，是"全心全意地为人民服务，一刻也不脱离群众"。"共产党人的一切言论行动，必须以合乎最广大人民群众的最大利益，为最广大人民群众所拥护为最高标准"。[4]毛泽东还曾指出："共产党的路线，就是人民的路线"[5]，"群众观点是共产党员革命的出发点与归宿"[6]。根据党的

---

[1]《毛泽东选集》第2卷，人民出版社1991年6月第2版，第533页。
[2]《毛泽东文集》第1卷，人民出版社1993年12月版，第506页。
[3]《毛泽东文集》第2卷，人民出版社1993年12月版，第184页。
[4]《毛泽东选集》第3卷，人民出版社1991年6月第2版，第1094、1096页。
[5]《毛泽东文集》第2卷，人民出版社1993年12月版，第409页。
[6]《毛泽东文集》第3卷，人民出版社1996年8月版，第71页。

宗旨，他将党的一切干部，不论其职务高低，一律定位为"人民的勤务员"，强调"我们的责任，是向人民负责。每句话，每个行动，每项政策，都要适合人民的利益"。[1]做人民的勤务员，就要反对做官当老爷，不能高踞于群众之上，而要有俯首甘为孺子牛的精神，恭谨勤劳地为人民服务，在自己的工作中，自觉地为了人民的利益而坚持好的，改正错的。

毛泽东创造的整风运动这个进行党内教育、纠正党内错误思想的形式，对党的建设具有重要的意义，是他的党建思想的一个重要内容。他指出，整风运动是在党内进行的"一个普遍的马克思主义的教育运动"。他领导的以反对主观主义、宗派主义、党八股为主要内容的延安整风运动，一反王明"左"倾教条主义统治时期党内斗争使用的"残酷斗争，无情打击"的错误做法，强调要通过学习文件、开展批评和自我批评，分析错误产生的原因，找出改正错误的方法，使前车之覆真正能成为后车之鉴。整风运动的总方针，就是毛泽东提出的"惩前毖后，治病救人"，既要弄清思想又要团结同志，在马克思主义的基础上实现党的统一。毛泽东强调："现在我们的方针，还是在思想上要清算彻底，作组织结论要慎重和适当。"[2]延安整风运动为我们党加强思想建设，正确处理党内矛盾，提供了宝贵的经验。

始终保持艰苦奋斗的精神，坚决反对贪污腐败，对党的建设特别是执政党的建设，是一个至关重要的问题、生死攸关的问题。党是从社会中产生的，党员都生活在纷繁复杂的社会中，社

---

[1]《毛泽东选集》第4卷，人民出版社1991年6月第2版，第1128页。
[2]《毛泽东文集》第3卷，人民出版社1996年8月版，第93页。

会上的一些不好的东西和各种诱惑，都会在客观上对党员产生影响。对这个问题，毛泽东始终保持着高度的警觉，特别是在党所处的环境发生转变的时期，他都及时向全党提出警告。1936年10月，他写信给在西安的叶剑英和刘鼎，要他们提醒从革命根据地到国民党统治区做统战工作的干部，在外面要节省费用，千万不可浪费。他语重心长地说："苦久了的人难免见风华而把握不住，故应作为一个问题，对同志做教育与警戒的工作。"[1]1949年3月，中国革命即将取得全国胜利，中国共产党将成为执政的党，这时毛泽东在七届二中全会上向全党敲响警钟，提出"务必使同志们继续地保持艰苦奋斗的作风"，不要"经不起人们用糖衣裹着的炮弹的攻击"。[2]1956年在八届二中全会上，毛泽东深刻地指出"艰苦奋斗是我们的政治本色"，强调"人是要有一点精神的"。[3]1957年，他针对一些党员和干部在革命胜利后为人民服务的精神少了，而闹地位、闹名誉、讲究吃穿等多了起来的情况，强调："要经过整风，把我们党艰苦奋斗的传统好好发扬起来。"[4]毛泽东始终坚持不懈地教育全党要保持艰苦奋斗的作风，他自己就一直保持着这种作风。

新中国成立后，党内和革命队伍里有一些人丢掉了艰苦奋斗的传统，在糖衣炮弹面前打了败仗，在新中国成立后两三年内就出现了严重的贪污问题。毛泽东以极大的决心领导全党开展反贪污、反浪费、反官僚主义的三反运动。他指出："利用职权实行

---

[1]《毛泽东文集》第1卷，人民出版社1993年12月版，第453页。

[2]《毛泽东选集》第4卷，人民出版社1991年6月第2版，第1439、1438页。

[3]《毛泽东文集》第7卷，人民出版社1999年6月版，第162页。

[4]《毛泽东文集》第7卷，人民出版社1999年6月版，第284页。

贪污和实行浪费，都是严重的犯罪行为"，"故严惩浪费，必须与严惩贪污同时进行"。[1]他还指出，贪污和浪费现象的存在和发展，同各方面的官僚主义作风有密切联系，因此要"在进行反对贪污和反对浪费的斗争中，同时展开一个反对官僚主义的斗争"。[2]在毛泽东领导下，"三反"运动取得伟大的胜利，这对于整肃党纪，保持良好的党风和社会风气，都起了很大的作用。

《文集》贯穿着辩证唯物主义和历史唯物主义的思想，是马克思列宁主义同中国的革命和建设相结合的成果，为学习和研究马克思列宁主义、毛泽东思想提供了一部很好的教材。这部文集的编辑出版，是我国政治生活中的一件重要事情。今天，全党和全国人民正在党中央领导下，致力于改革开放和社会主义现代化建设，把建设有中国特色社会主义事业全面推向二十一世纪。始终坚持以马列主义、毛泽东思想、邓小平理论为指导，坚持党的一切从实际出发，解放思想、实事求是的思想路线，正确把握时代发展潮流，不断研究新情况，解决新问题，形成新认识，开辟新境界，就能保证我们党始终走在时代发展的前列，从而促进伟大目标的实现。

---

[1]《毛泽东文集》第6卷，人民出版社1999年6月版，第208、209页。
[2]《毛泽东文集》第6卷，人民出版社1999年6月版，第209页。

深切怀念胡绳同志[*]

我的发言主要谈谈胡绳同志对中央文献研究室毛泽东著作编辑工作的指导，和我们所受到的教益。

胡绳同志是我的一位老领导，一位师长。从 20 世纪 50 年代成立的中央政治研究室，到 60 年代成立的马列主义研究院，再到 80 年代成立的中央文献研究室，胡绳同志都担任领导职务，都是我的领导。在中央政治研究室和马列主义研究院，胡绳同志不分管我所在的党史组，所以工作上接触不多。他在担任中央文献研究室副主任期间，分管毛泽东研究组，在工作上接受他的指导就多一些。胡绳同志博学多才，理论功底深，逻辑思维强，文章也写得好，大家都很尊敬他。私下里，在他领导下工作的一些同志称他"胡大师"，这反映了对他学术造诣的崇敬。

1980 年至 1982 年间，我们编辑《毛泽东农村调查文集》，是在胡绳同志的指导下进行的。他审阅了全部书稿，大到一些思想观点问题，细到个别的文字和标点，都给以悉心的指导。这是中央文献研究室成立后编辑的第一本毛泽东著作集，胡绳同志的指导起了重要的作用。我举一个例子。在《寻乌调查》一文中，毛

---

* 这是 2000 年 11 月 27 日在中国中共党史学会召开的追思胡绳同志学术业绩座谈会上的发言，发表在《中共党史研究》2001 年第 1 期。

主席在讲神道地主那一部分里，作出一个判断，说"佛教是大地主阶级的宗教"。我们觉得这个断语不大准确，如何处理呢？毛主席《寻乌调查》的手稿没有保存下来，只有30年代留下的一个抄件，无法进一步核对。我们将这个问题提请胡绳同志考虑，他提出是否在"大地主阶级"后面加上"利用"两个字，成为"佛教是大地主阶级利用的宗教"，后来就是这样处理的。

《毛泽东农村调查文集》出版以后，胡绳同志写了一篇文章，《读〈毛泽东农村调查文集〉》，5000字左右，发表在《人民日报》上。这是一篇具有理论分析的文章，但读起来又像一篇很清新流畅的散文。文章逻辑严密，分析细致，写得很精练、平实，如行云流水，娓娓道来，一气呵成，通篇没有一个小标题。我们当时读后，都十分钦佩，真是大师手笔，不同凡响。对这本文集的选稿情况和文献价值的介绍，胡绳同志的文章用了不到100字，他说：选入的文献，"其中除了《农村调查》的《序言二》和《跋》以外，都是在《毛泽东选集》中看不到的。《总政治部关于调查人口和土地状况的通知》（一个篇幅很短的文件）和《寻乌调查》（书中最长的一篇，占140页），是第一次公开发表，尤为可贵"。关于这本文集在理论上学术上的意义，胡绳同志的文章用了不到50字作了总的评价，他说："从方法论、认识论的角度看，这本农村调查文集有很重要的意义；从历史学、社会学的角度看，这也是很值得一读的书。"

在中央文献研究室，胡绳同志曾经作过一次关于如何读书、如何写文章的报告，给大家留下很深的印象，觉得受益匪浅。关于如何读书，胡绳同志讲了专与博的关系、精读与浏览的关系。他说："在比较集中地攻一门知识的同时，应该尽可能广泛地把各种门类各种品种的书都读一些。我对有些方面的书没有读过，没有能力读，至今引为憾事。"大家感到，在专的前提下对博的重要性，胡绳同志比有些人强调得更重一些，这是有道理的。他强调读书要养成快读的能力和习惯，大家感到很有新意，很受启发。他说，看小说一小时可以看四五万字，读马列著作当然不能像看小说那样快，但平均一小时读两万字左右是可以做到的。即使是马恩全集里的文章，也是有的要精读，有的可以较快地浏览，留下个印象。经典著作也不是每句话都是经典。他说一个人一生读的各种书中，大概四分之一的要精读，四分之三的可以浏览。胡绳同志的经验之谈，是很有见地的。我们要想多读一些书，养成快读的能力和习惯，应当是一种方法和途径。

关于如何写文章，胡绳同志当时讲了四点意见。一、写文章要注意分析和说理，特别是写批判性的文章要注意分析和说理，不能简单化。二、写文章，无论是叙事或发议论，都要写得简练。他说：我们提倡文章要写得短，短就要求简练。要把比较复杂的意思用最短的篇幅写出来，这不是很容易的事，即使是叙事要写得简练也不容易。三、写文章要有重点。文章着重点的地方要认真地写，次要的东西可以撇开或从略。胡绳同志以《木兰辞》为例进行分析，他说这首长诗的重点是把一个女孩子替父从征的特点描写得淋漓尽致，同时又用一大段着力描写木兰得胜回家的情景。至于讲木兰从征打仗的情况，只用了"万里赴戎机，关山度若飞。朔气传金柝，寒光照铁衣。将军百战死，壮士十年归"短短几句就交代完了，这首叙事诗，什么地方细致地写，什么地方简略地带过，安排得很恰当。四、写理论文章也要"形象化"。理论文章不讲究形象化，但有时需要有形象化的描写，需要有富于感情的形象化的语言。胡绳同志以毛主席《论联合政府》中的一段话为例作了说明，这段话是："中国共产党和中国人民并没有被吓倒，被征服，被杀绝。他们从地下爬起来，揩干净身上的血迹，掩埋好同伴的尸首，他们又继续战斗了。"他指出：这种富于感情的形象化的描写，是一种功力。我们搞理论工作的人需要多读点文学的书，否则文字的枯燥和八股气味就很难消除。

1982年4月以后，胡绳同志不再担任中央文献研究室副主任职务。但这以后，我们在编研工作中遇到疑难问题，仍不时地去向他请教。在他从文献研究室离任十几年后的1996年，我们还为关于毛主席的两个编研项目去请教他。这时，胡绳同志年事已高，身体也不太好，但他仍然非常认真地指导，尽力给我们以支持。一个项目是编辑《毛泽东诗词集》。当时，准备在1986年胡乔木同志主编的《毛泽东诗词选》50首的基础上增选一些诗词，出版一个比较全的毛泽东词集。胡绳同志在诗词方面也是很有造诣的。我们将准备增选的诗词稿送去请他提意见，他仔细地看了这些诗词稿，大部分都注明了自己的意见，不少是关于音韵方面的。准备增选的诗词中，有一首是毛主席在1966年6月写的《七律·有所思》，我们倾向于要选入，想听听胡绳同志的意见。胡绳同志写的意见是："就诗论诗，这首较胜，可能是唯一不亚于《诗选》中正编的一首。"他赞成选入这一首。

另一个项目是拍摄文献纪录片《毛泽东在浙江》。其中第3集讲的是毛主席在杭州读苏联《政治经济学教科书》。胡绳同志是这次读书活动的参加者。他在全国政协他的办公室内接受了我们的采访，并特意带来了他的记载有当年读书情况的日记本。日记中说，12月26日毛主席生日这一天，照样读书；12月30日杭州有雨，冒雨登上了丁家山，照样读书。日记中的这些记载，对文献纪录片《毛泽东在浙江》是很有价值的材料。我们很想拍摄两三页胡绳同志的日记，但又想到日记对每个人都是十分珍贵的，在胡绳同志自己还没有将日记公开发表的情况下就让我们选用几页，这个要求是不是过分了，胡绳同志能同意吗？我心里颇为犹豫，但是为了给这部文献纪录片增色，我还是鼓起勇气提出了这个要求。胡绳同志毫无迟疑地慨然应允了。当时，我们真高兴，真感谢胡绳同志。

现在，胡绳同志逝世了，我们失去了一位德高望重、学识渊博、诲人不倦的师长。

我们深深地怀念胡绳同志！

《毛泽东文集》编辑记事[*]

前面我介绍了《毛泽东文集》的一些基本情况，作为《毛泽东文集》编辑组的成员，我参加了《文集》第1至8卷的编辑工作。下面就我所接触到的工作情况和个人的体会，对编辑工作分三个方面作一些介绍。

选　稿

《毛泽东文集》的选稿方针，是只选内容被实践证明是正确的或基本正确的文稿，内容基本正确的文稿选入时要从严掌握。《文集》的选稿，特别是社会主义时期的文稿，难度较大，选不选，如何选，全文选入还是节选，单独成篇还是集纳成篇，这些问题颇费斟酌，花了不少功夫。在选稿中，我们尽可能地保持文稿的完整性，其中有的留下了某些历史痕迹；有的文稿不得已作了节选；有的文稿，由于某种原因难以单独成篇选入，只好将几篇文稿中关于某一个主题的段落选出，集纳成为一篇。《文集》选稿的时间范围，从毛泽东确立马克思主义信仰开始，直到1976年他逝世为止。开卷篇是1921年1月《在新民学会长沙会员大

---

* 此篇文章发表在《党的文献》2002年第1期。

会上的发言》，终卷篇是 1975 年 7 月《党的文艺政策应当调整》。"文革"期间只选入少数几篇。《文集》不收入毛泽东的诗词。

党的十一届三中全会以后，中央文献研究室编辑出版了毛泽东的多种专集，这些专集中的精华和比较重要的篇目，都选入了《文集》。此外还编辑出版了《建国以来毛泽东文稿》（13 册，内部发行），其中正确的或基本正确的有实质性内容的文稿，也选入了《文集》。已于 1982 年停售的《毛泽东选集》第 5 卷，原选入毛泽东社会主义时期的文稿 70 篇，其中相当的一部分选入了《文集》。有的选入《文集》时略有调整。例如，集纳几段或许多段文字为一篇的文稿，有的选入《文集》时集纳的文字比《毛选》第 5 卷有增加或减少。《毛选》第 5 卷中《关于"三反""五反"的斗争》这一篇，集纳了 6 段文字；《文集》第 6 卷中《关于"三反""五反"》这一篇，除了这 6 段文字外，又增选了 13 段，共集纳 19 段文字。《毛选》第 5 卷中《〈中国农村的社会主义高潮〉的按语》这一篇，选了 43 条按语；《文集》第 6 卷中《〈中国农村的社会主义高潮〉按语选》这一篇，只选了 32 条按语，其中与《毛选》第 5 卷相同的有 24 条，那些批判所谓的资本主义倾向、机会主义邪气等的按语，《文集》都没有选入，而增选了关于反对贪污盗窃和发展生产的一些按语。《毛选》第 5 卷中单独成篇的文稿，有的选入《文集》时也有所调整。毛泽东 1957 年 11 月 18 日在莫斯科共产党和工人党代表会议上的讲话，《毛选》第 5 卷是节选，《文集》第 7 卷是全文选入。毛泽东 1957 年 1 月在省市委书记会议的讲话，《毛选》第 5 卷选了 1 月 18 日和 1 月 27 日的讲话，《文集》只选 1 月 27 日讲话，并删去其中第五点"闹事问题"，1 月 18 日讲话的一些内容不宜选入《文集》。《毛选》

第 5 卷选了毛泽东《在中国共产党第八届中央委员会第二次全体会议上的讲话》（1956 年 11 月 15 日），《文集》只选了这次讲话中的一段，拟题为《艰苦奋斗是我们的政治本色》。

关于《文集》的选稿，还可以从以下方面作些分析和介绍。

第一，自从《毛选》第 5 卷于 1982 年停售后，我们收到不少读者的来信，要求编辑出版毛泽东在社会主义时期的著作。《文集》第 6、7、8 卷的出版，弥补了毛泽东在社会主义时期的著作没有选集这个空缺。这三卷《文集》在选稿的数量上大大超过了《毛选》第 5 卷，共选稿 299 篇，《毛选》第 5 卷选稿只有 70 篇；在选稿的时限上，《文集》比《毛选》第 5 卷也大大延伸了，《毛选》第 5 卷选稿截止于 1957 年，《文集》延伸了 18 年，截止于 1975 年。特别是《文集》的选稿，剔除了《毛选》第 5 卷中一些观点不正确或与事实不相符合的文稿。

第二，《文集》第一次公开发表了许多讲话和谈话记录稿，包含着丰富的内容和重要的思想观点。单以《文集》第 6、7、8 卷来说，讲话和谈话记录稿就有几十篇。《文集》选入的讲话和谈话记录稿中，比较重要的有：《在中央政治局扩大会议上的讲话》（1953 年 7 月 29 日）、《关于政协的性质和任务》（1954 年 12 月 19 日）、《在中共中央政治局扩大会议上的总结讲话》（1956 年 4 月 28 日）、《同民建和工商联负责人的谈话》（1956 年 12 月 7 日）、《在成都会议上的讲话》（1958 年 3 月）、《关于社会主义商品生产问题》（1958 年 11 月 9 日、10 日）、《在武昌会议上的讲话》（1958 年 11 月 23 日）、《西藏平叛后的有关方针政策》（1959 年 5 月 7 日）、《大兴调查研究之风》（1961 年 1 月 13 日）、《总结经验，教育干部》（1961 年 6 月 12 日）、《关于人的认识问题》

（1964 年 8 月 24 日），等等。

第三，《文集》的有些选稿，非常集中地反映了党史上的某一重大历史事件或党在某一方面的方针政策。例如，《文集》第 3 卷选入了毛泽东在党的七大作的五篇报告和讲话，加上还选入了七大召开前他在六届七中全会上对《论联合政府》的说明，和七大闭幕后几天他在七大代表参加的中国革命死难烈士追悼大会上的演讲，就是七篇，如果将《毛选》第 3 卷中的七大开幕词、闭幕词和《论联合政府》也计算进去，那毛泽东关于七大的报告和讲话，就有十篇之多。在党的一次代表大会上，党的一位主要领导人作这么多次的报告和讲话（内容十分丰富，阐述了许多重要的方针政策和思想理论观点），这在党的历史上是绝无仅有的。我们在编辑《文集》的过程中，曾将这十篇报告和讲话出了一本专集，题名《毛泽东在七大的报告和讲话集》，受到好评。又如，关于对资本主义工商业的社会主义改造，单是毛泽东同工商界人士的谈话，《文集》就选了四篇，这些谈话，深刻而具体地阐述党的方针政策，从国家资本主义是改造资本主义工商业的必经之路、国家资本主义企业的利润分配原则，谈到全行业公私合营后的定息问题、对资本家的安排问题，再谈到只要社会需要，可以消灭了资本主义，又搞资本主义。这些谈话，在实践和理论方面都具有重要意义。

第四，有的选稿是经过考订确认为毛泽东所起草而选入《文集》的。例如 1936 年 8 月 25 日《中国共产党致中国国民党书》。这封信反映了中国共产党从反蒋抗日到联蒋抗日在实际政策上的重大转变，是国共关系方面的一篇重要文献。毛泽东称这封信是"我们新的宣言"，认为它提出了实现国共联合抗日的具体方案。

我们分析这封信很可能是毛泽东起草的。因为 1936 年和 1937 年上半年中国共产党为了促成联合抗日而发出的致国民党中央的某些当权派人士和地方实力派人士的信，大部分是毛泽东执笔的；另外这封信的论理和文风，也很像是毛泽东的手笔。但是，这些分析还不是作出判断的直接依据。判断这封信是毛泽东起草的直接依据，是从周恩来 1945 年 4 月 30 日在七大作的关于统一战线问题的发言中找到的。他在发言中说："那时毛泽东同志写的我们党给国民党的信里说：'爱国有罪，冤狱遍于国中；卖国有赏，汉奸弹冠相庆。'"周恩来引用的"爱国有罪……"这句话，正是出自 1936 年 8 月 25 日《中国共产党致中国国民党书》。

　　第五，《文集》的选稿中，包含了毛泽东有些含义深刻、不少人耳熟能详的名言警句。下面举两三个例子。毛泽东说："共产党人在工作中有缺点错误，一经发觉，就会改正。他们应该不怕自我批评，有缺点就公开讲出是缺点，有错误就公开讲出是错误，一经纠正之后，缺点就再不是缺点，错误也就变成正确了。"这段话出自《文集》第 3 卷《在延安大学开学典礼上的讲话》（1944 年 5 月 24 日）。毛泽东说："我们一切工作干部，不论职位高低，都是人民的勤务员，我们所做的一切，都是为人民服务，我们有些什么不好的东西舍不得丢掉呢？"这段话出自《文集》第 3 卷《一九四五年的任务》（1944 年 12 月 15 日）。毛泽东说："自力更生为主，争取外援为辅，破除迷信，独立自主地干工业、干农业、干技术革命和文化革命，打倒奴隶思想，埋葬教条主义，认真学习外国的好经验，也一定研究外国的坏经验——引以为戒，这就是我们的路线。"这段话出自《文集》第 7 卷《独立自主地搞建设》（1958 年 6 月 17 日在李富春关于第二个五年计划要点报告上的批语）。

最后，谈一下"文革"时期的选稿问题。"文革"是一个全局性的、长时间的"左"倾严重错误，毛泽东负有主要责任。这一时期他的一些主体性的论述，都无法选入《文集》。但在"文革"后期，毛泽东提出了正确的对外政策，并在其他某些具体政策上也作了一些调整，我们挑出这些方面的五篇文稿选入《文集》，其中四篇是关于国际问题、外交问题的，一篇是关于文艺政策问题的。

正文的编辑工作

《毛泽东文集》的正文编辑工作，因文稿的稿本情况不同而有一些差别。稿本的情况，主要指是手稿原件（或是手稿的抄件、油印件、铅印件）还是讲话、谈话的记录稿，是已经公开发表过的还是没有公开发表过的。对手稿和已经公开发表过的讲话、谈话记录稿，我们的编辑工作主要是作史实的核查考订和文字、标点的校订。没有公开发表过的讲话、谈话记录稿，除了作史实方面的核查考订外，还要花较大的工夫进行文字上的技术性整理。下面分别作一些介绍。

一、史实的考订

史实的考订，是编辑工作的一个重要方面。即使是已经公开发表过的文稿，我们也不能简单地拿过来放入要编的文集中就算了事，而是要多次地阅看，看看有无需要校订的史实等。史实的考订工作，反映了编辑人员的知识水平，反映了编辑工作的严细作风。在这方面举几个例子来谈谈。

1.《文集》第1卷《给傅作义的信》（1936年10月25日），毛泽东留有手稿，其中有一句话是："百川先生处，今春曾数数致书，夏时又托韩团长将意，久未得复，祈先生再行转致鄙意。"这句话中的韩团长是谁？信中用的是"托韩团长"，这似乎说明这个韩团长大概不是红军中的团长，而是国民党军队中的团长，并且还应与阎锡山（字百川）有点关系。据史料记载，1936年春红军东征时，4月在山西省中阳县境内的师庄、三角庄同阎锡山部第166师第196旅作战中，曾俘虏了第392团团长郭登瀛。在整个东征战役中，俘虏阎锡山部的团长就只有这一个。那么，信中的"韩团长"是不是"郭团长"的笔误呢？我们认为有这种可能，但还需要佐证。我们又从1936年5月25日毛泽东写给阎锡山的信中，查到这样一段话："郭团长及贵军官兵一律优待，同属国人，胜之不武……。今遣郭团长返晋，面致手书，如有所教，乞令郭君再来，以便沟通两方，成立谅解，对付共同之公敌。"这段话印证了《给傅作义的信》中所说的"百川先生处"，"夏时又托韩团长将意"，只是"郭团长"被误写为"韩团长"了。这样，《文集》就将信中的"韩团长"订正为"郭团长"。

2.《文集》第2卷《如何研究中共党史》（1942年3月30日在延安中央学习组的讲话），在这篇讲话的记录稿中，有一个提法是：大革命时期，"共产党那时是作为一个团体参加国民党的"。这个提法是不准确的。大革命时期，中国共产党不是作为一个组织参加中国国民党的，而是中国共产党的党员以个人身份参加中国国民党。这在中国共产党第三次全国代表大会通过的《关于国民运动及国民党问题的议决案》中有明确的说明："共产国际执行委员会议决中国共产党须与中国国民党合作，共产党党员应加入国民党，中国共产党中央执行委员会曾感此必要，遵行此议决，此次全国大会亦通过此议决。"至于李大钊 1924 年 1 月在中国国民党第一次全国代表大会发表的声明，对这个问题就说得更清楚了，声明说："我们加入本党（指中国国民党。——引者），是一个一个地加入，不是把一个团体加入的，可以说我们是跨党，不能说是党内有党。"根据以上材料，《文集》将前述提法订正为"共产党员那时是以个人名义参加国民党的"。

3. 《文集》第 6 卷《同缅甸总理吴努的谈话》（1954 年 12 月11 日）的记录稿中，毛泽东说："你们国家（指缅甸。——引者）的面积很大，相当于九个到十个新西兰。"经查核，这个说法有误。关于缅甸的国土面积，据 1979 版《辞海》是 670000 平方公里，据地图出版社 1958 年出版的《世界地图集》是 60 余万平方公里；关于新西兰的国土面积，据 1979 版《辞海》是 268600 平方公里，据地图出版社 1958 年出版的《世界地图集》是 269202平方公里。这些数据说明缅甸的国土面积不可能是九个到十个新西兰，谈话记录稿中的"新西兰"显然有误，应当是另外某一个国家。根据我们编辑文献的经验，讲话、谈话记录稿中的差错，有的是出现在读音相近的词语。与"新西兰"读音相近的国名是"锡兰"（今斯里兰卡）。于是，我们查核了锡兰的国土面积，据1979 版《辞海》是 65600 平方公里，据地图出版社 1958 年出版的《世界地图集》是 65584 平方公里。这样，说缅甸的国土面积是九个到十个锡兰倒是可以的。于是《文集》将谈话记录稿中的"新西兰"订正为"锡兰"。

4. 《文集》第 8 卷《中法之间有共同点》（1964 年 1 月 30 日同法国议员代表团的谈话），这篇谈话记录稿中，毛泽东说："我们同英国已有十五年的外交关系"。我们查阅了中国和英国建立外交关系的材料，中英建交是一个长期复杂的过程。英国承认中华人民共和国比较早，在1950年1月。接着，英国派胡阶森作为代表来北京谈判建交问题。胡阶森只是谈判中英建交的英国谈判代表（当时也称临时代办），不具有外交代表身份。3月初谈判开始，由于英方缺乏诚意，建交谈判搁浅，无法继续进行。1954年6月17日，中英两国达成互相派遣外交代办的协议。1972年3月，中英两国达成正式建交的协议，将本国驻对方的外交代表机构由代办处升格为大使馆。这就是中英建交的过程。那么，中英建立外交关系应当从什么时候算起呢？我们曾就这个问题请教过外交部的有关部门，他们答复说：1954年互派外交代办可以说是半建交，严格地说中英建交是1972年互派大使。毛泽东同法国议员代表团的这次谈话是在1964年，即使从中英半建交的1954年算起，到1964年中国同英国有外交关系也才只有十年。根据以上情况，《文集》将"十五年"订正为"十来年"。

5.《文集》第8卷《支持被压迫人民反对帝国主义的战争》（1964年6月23日同智利新闻工作者代表团的谈话），这篇谈话的记录稿中，毛泽东说："吴庭艳是被美国肯尼迪政府杀掉的，没过几个月，肯尼迪也见上帝去了。"我们查核了有关材料，吴庭艳是1963年11月1日在美国策划的军事政变中被击毙的，肯尼迪是1963年11月23日被刺杀身亡的。从11月1日到11月23日，应当说是没过一个月，说"没过几个月"是不准确的。《文集》将"没过几个月"订正为"没过一个月"。

6.《文集》第8卷《从历史来看亚非拉人民斗争的前途》（1964年7月9日同亚洲、大洋洲一些国家和地区的外宾的谈话），这篇谈话的记录稿中，毛泽东说："当时蒋介石有四百多万军队向我们进攻，我们的军队同他打了四年仗，从过去一百二十万发展到三百多万。"根据有关材料，这里说的"三百多万"不准确。我们同蒋介石打了四年仗，这四年的起止日期如何算，应当是起于 1946 年 6 月国民党统治集团发动全面内战，中国人民解放军进行自卫作战，全国解放战争从此开始，止于 1950 年 6 月人民解放军战略追击阶段完成。起止日期的这种计算是有根据的，1950 年 7 月 30 日中国人民解放军总部发布的《解放战争四年综合战绩》公报，"四年"的下限就是 1950 年 6 月。那么，到 1950 年 6 月人民解放军发展到多少人了呢？聂荣臻 1950 年 5 月 31 日在全军参谋会议闭幕会上的总结报告中说："我们随着全国形势的胜利发展，人民解放军的数目扩大到五百五十万人。"军事科学院军事历史研究部著的《中国人民解放军的七十年》一书中也说，全国解放战争的战略追击阶段完成时，人民解放军总兵力发展到 550 万人。这样，"三百多万"的说法应当订正，《文集》订正为"五百多万"。

《毛泽东文集》的编辑工作中，所作的史实考订还有一些，这里不一一列举了。

二、引语的查核

毛泽东文稿中的引语，涉及的面十分广泛。从马克思主义的经典著作到外国一些名人的言论，从中国的经史古籍、古诗词、古典小说到鲁迅的著作及其他现代文学家的论述，等等。有些引语查起来相当费事，还有的虽然用了不少功夫进行查核但最终也未能查到出处。下面用两个未能查到出处的引语，作为例子来谈谈。

　　1.《文集》第 2 卷《在鲁迅艺术学院的讲话》（1938 年 4 月
28 日）中，毛泽东说："徐志摩先生曾说过这样一句话：'诗要
如银针之响于幽谷'，银针在幽谷中怎样响法，我不知道。"对徐
志摩的这句话，我们作的注释中说："他的这句话，没有查到出
处。""没有查到出处"这几个字，绝不是轻易写上的，而是多方
查找未获结果留下的遗憾。20 世纪 80 年代中期，我们就整理过
毛泽东的这篇讲话记录稿，为查找徐志摩的这句话，可以说费了
不少的功夫。当时，我们请教过著名的专家卞之琳先生、唐弢先
生，他们一时也记不起来徐志摩的这句话，但告诉我们北京图书
馆保存有商务印书馆排印的《徐志摩全集》的清样，可以去查一
查。我们去查阅了这部清样，但没有找到这句话。后来，从鲁迅
《华盖集续编》中的《有趣的消息》这篇文章中，发现了一点线
索。在《有趣的消息》中，鲁迅说："倘使有一个妹子，如《晨
报副刊》上所艳称的'闲话先生'的家事似的，叫道：'阿哥！'
那声音正如'银铃之响于幽谷'，向我求告，'你不要再做文章得
罪人家了，好不好？'我也许可以借此拨转马头，躲到别墅里去
研究汉朝人所作的《四书》注疏和理论去。"当时我们看到"银
铃之响于幽谷"这几个字，产生一种兴奋的感觉，而这里所说的
"《晨报副刊》上"又是指的徐志摩 1926 年 1 月 13 日在《晨报副
刊》第 1423 号上发表的《"闲话"引出来的闲话》一文，这样就
以为可能有希望查到出处了。我们仔细阅读了徐志摩的这篇文
章，文中确实谈到"闲话先生"（陈源）的家事，也有他妹妹对
他讲的那些话，却找不到"银铃之响于幽谷"这样的话。查找徐
志摩的"诗要如银针之响于幽谷"这句话的线索又断了。对"诗
要如银针之响于幽谷"这句话，我们也感到费解。银针是很细小

的，即使被风吹落在幽谷中，恐怕也很难发出能让人听得见的声音。这句引文本身是否有差错呢？由于没有查清楚，只好保持原貌不动，绝对不能妄改。正是在这样不得已的情况下，我们在注释中说明这句话没有查到出处。这样作注，在我们的编辑工作中是极少的。这样作注，一是体现我们遵循实事求是的态度；二是有向社会上的专家学者请教的意思；三是说明这是我们存疑的一个问题，今后在工作中还要继续留心这个问题。

2.《文集》第2卷《一二·九运动的伟大意义》（1939年12月9日在延安各界纪念一二·九运动四周年大会上的讲话）中，毛泽东说："拿破仑说，一支笔可以当得过三千支毛瑟枪。"对这句话，我们在比较早的时候也查找过，从研究拿破仑的书籍中和向著名的专家的请教，都没有查出出处。我们认为这句话很有特色，应当说是一句名言，怎么就查不到出处呢？而且毛泽东在别的地方还提到这句话，1936年他写给丁玲的词《临江仙》中说"纤笔一支谁与似？三千毛瑟精兵"，就是化用的这句话。有没有可能是毛泽东记错了，这句话是别人说的，不是拿破仑的话。当时，我们最大的担心是在这里，而不是怀疑这句话本身的意思有什么问题。后来，从《孙中山全集》中见到两处与拿破仑这句话有联系的论述。一处是孙中山1922年8月24日《与报界的谈话》，孙中山在谈话中说："欲得真正统一，尚须大家奋斗，今后奋斗之器，不以枪而以笔。常言谓：一支笔胜于三千毛瑟枪。""一支笔胜于三千毛瑟枪"与"一支笔可以当得过三千支毛瑟枪"是很接近的，但孙中山用的是"常言谓"，没有说是谁说的。虽然这个"常言谓"不能排除这句话是拿破仑说的这种可能性，但是毕竟还是不能确定。另一处是孙中山1922年10月17日《致

〈党民日报〉函》，孙中山在这封信中说："夙仰贵报为吾党之喉舌，作侨界导师，大声疾呼，发聋振聩久矣，尽宣传之巨责，收文字之奇功，一纸风行，万流景仰。……拿氏谓：'报纸功力胜于三千毛瑟'，斯言殆可为贵报道矣，感甚佩甚！"这里明确指出是拿破仑说的，但话中的"报纸功力"与"一支笔"还是有差别的。孙中山的这两段论述，虽然都不能作为毛泽东讲话中引用的拿破仑说的"一支笔可以当得过三千支毛瑟枪"的直接出处，但是作为拿破仑讲过这类意思的话的佐证，却是有价值的，说明毛泽东没有记错。

三、词语或字的订正

毛泽东在第二次国内革命战争时期的文稿，保存下来的手稿很少，大多是战争年代留下的抄件或油印件，其中出现的文字上的错漏有时会多一点，因此对这类文稿的某些词语或字的校订任务就比较重一些。下面举几个《毛泽东文集》第1卷中的例子。第71页第11行的"结穴"，在原抄件写作"结大"，"结大"不是一个组词，放在句子"我只好说这是少数同志们历来错误路线的结大"中也讲不通。根据上下文的意思，《文集》将"结大"订正为"结穴"。第318页第4行的"乌吗（怎样）"，1934年1月中华苏维埃共和国临时中央政府印发的《乡苏工作的模范（一）——长冈乡》油印单行本上为"鸟吗（怎样）"，根据不同印本的对勘和语意分析，《文集》将"鸟吗"订正为"乌吗"，"乌"是一个疑问词，作"何""怎样"解释。第469页第5、6行"螳螂黄雀之喻，亲痛仇快之讥，千秋万世，永难湔涤"一句中的"湔涤"，在原抄件上写作"煎涤"，有误，这里应用"湔涤"，是洗雪的意思。第489页第1行"已经证明他们的话完全是臆测"一句中的"臆测"，在发表这篇谈话的《新中华报》上印为"憶测"，"憶"字有误，订正为"臆"。

再从《文集》其他几卷中举例介绍一下。

第 2 卷第 26 页倒 8、倒 7 行"只有实行上述计划才能变被动为主动。现在仅仅剩下此一着活棋，应向蒋、阎极力建议"中的"活棋"，在原抄件上写作"污棋"，既然是变被动为主动，怎么能说是一着"污棋"呢？从上下文的意思分析，这里应是"活棋"。"污"同"活"在字形上有某些相近，将"活棋"写成"污棋"属于抄写中出现的差错，《文集》作了订正。

第 8 卷《主动权来自实事求是》（1960 年 6 月 18 日《十年总结》的一部分）的原件上，说主动权"来自客观情况对于人们头脑的真实的反映"，"客观情况对于人们头脑的真实的反映"这个提法，对辩证唯物主义的认识论——反映论的表述不准确，应当表述为"来自客观情况在人们头脑的真实反映"，《文集》照此作了订正。

第 8 卷《美帝国主义是中日两国人民的共同敌人》（1960 年 6 月 21 日同日本文学代表团的谈话）的谈话记录稿中，毛泽东说："一九二五年五卅惨案，反对英帝国主义。""五卅惨案"，是指 1925 年 5 月 30 日英国巡捕在上海开枪屠杀抗议帝国主义暴行的中国人民，制造这次惨案的是英帝国主义，说"五卅惨案"反对英帝国主义是不准确的。这里的"五卅惨案"应改为"五卅运动"，《文集》作了订正。

我们在编辑《毛泽东文集》中，对毛泽东的遣词用字，只要意思能讲得通的，尽可能地保存他所使用的某些词语，这些词语可以说明他在用词方面有自己的特点。例如，《文集》第 3 卷第

234页，毛泽东说："中国人民的抗日力量被中国反动派人工地分裂着。"这里的"人工地"三个字，一般是用"人为地"，但"人工地"的意思也是清楚的，不必改。又如，《文集》第8卷第35页，毛泽东说："县、社两级该退还的，迅速地退还给生产队了，一身清净。"又说："算账才能帮助干部从贪污浪费的海洋中拔出身来，一身清净。"这两处用的"清净"这个词，按一般习惯是用"干净"，但用"清净"也不会产生歧义，意思是清楚的，这样就保留下来了。再如，《文集》第7卷第358页，毛泽东说："人脑制成的这种完成品，究竟合用不合用，正确不正确，还得交由人民群众去考验。"还有，《文集》第8卷第321页，毛泽东说："人们的认识经过实践的考验，又会产生一个飞跃。"这两处用的"考验"这个词，按一般习惯是用"检验"，但"考验"也讲得通，"考"可以解释为检查，所以"考验"不必改为"检验"。

四、标点符号的订正

在编辑《毛泽东文集》时，对改动毛泽东手稿和已经公开发表过的文稿中的标点符号，我们采取谨慎的态度。可改可不改的标点符号一律不改，只改动个别用得不当的标点符号，特别是因用得不当而影响了文意的标点符号。下面举两个例子。

1.《文集》第6卷在全国政协一届三次会议的开幕词（1951年10月23日），曾发表在1951年10月24日《人民日报》。《人民日报》发表时，其中一句话是："我们很早就表示：朝鲜问题应当用和平方法予以解决，现在还是这样。"对于句中的这个逗号，经仔细斟酌后认为用得不当，"我们很早就表示"后面用的是冒号，那就是说冒号后面、句号以前的内容都是很早就表示过的。但从文意分析，句号之前的"现在还是这样"，不可能很早表示过的，很早表示过的仅仅是"朝鲜问题应当用和平方法予以解决"。这样，我们将"现在还是这样"前的逗号改为句号。

2.《文集》第 7 卷《关于正确处理人民内部矛盾的问题》（1957年 2 月 27 日），公开发表在 1957 年 6 月 19 日《人民日报》。《人民日报》发表时，其中一段话是："当然，在解决这些矛盾以后，又会出现一些新的问题。新的矛盾，又需要人们去解决。"在编《文集》时重读这篇讲话，读到这段话时，感到语气不太顺，觉得"新的问题"后面的句号应当是逗号或顿号。因为"新的问题"也就是"新的矛盾"，二者之间应是贯通下来，不应当句断。另外，与这段话中的"这些矛盾"相对应的是"新的矛盾"，不应在"新的矛盾"前面就句断，把"新的矛盾"放在后面一句中。《关于正确处理人民内部矛盾的问题》是毛泽东在社会主义时期的最主要的著名著作，是经过他反复修改整理而成的，在整理过程中这个稿子在党内的一些秀才手中也是过了多遍的，为什么这里要用句号，必须查明情况。于是我们查阅了《正处》的整理过程稿。包含"当然，在解决这些矛盾以后，又会出现新的问题。新的矛盾，又需要人们去解决"这段话在内的那个大自然段，是毛泽东对 6 月 1 日印发的"第五稿"作修改时加上的，"新的问题"和"新的矛盾"之间是逗号。在随后排印的"六月八日修正稿"和"六月十四日修正稿"上面，"新的问题"和"新的矛盾"之间仍然都是逗号。但在一份"六月十四日修正稿"上，有人将这个逗号改成了句号；在他改了这个标点符号的这份稿子的第一页上，又有另外的人写上了"六月十六日定稿"几个字。这就是"新的问题"和"新的矛盾"之间的句号的由来。我们认为还是定稿前的几次过程稿中用的逗号恰当，《文集》将这个句号订正为逗号。

注　释

《毛泽东文集》的注释，除了说明本篇文稿情况的题注以外，大量的是对人物、事件、引语、文件等的注释，还有通过注释介绍与正文内容有联系的毛泽东的思想观点，或通过注释订正正文中某个说得不准确的问题。正文中的词语，一般不作注释。但为了方便读者，我们对个别生僻的文言词语和难懂的方言作了注释，例如《文集》第 1 卷第 467 页注 [3] 对"夫己氏"的注，第 1 卷第 244 页注 [15] 对"奴古"的注。注释是反映编辑工作水平的一个重要方面。要作出比较满意的注释，必须有严谨的学风和执着的钻研精神、比较广博的知识水平和文从字顺的文字表达能力，必须征引确切的史料和善于做寻绎而辨的分析、考订工作。下面不是对《文集》注释工作比较全面的介绍，而是举几个例子说明一点情况。

一、力求把注释作得完满一些。例如，《文集》第 7 卷《中国共产党第八次全国代表大会开幕词》中，毛泽东说："十月革命以后，列宁给苏联共产党提出了这样的任务：学习，再学习。"我们需要对列宁说的"学习，再学习"注明出处。最初，我们从列宁《宁肯少些，但要好些》一文中查到这样一句话："为了革新我国的国家机关，我们一定要给自己提出这样的任务：第一，是学习；第二，是学习；第三，还是学习"。这句话毫无疑义是学习、再学习的意思，但在文字表述上却有差别。于是，我们继续查找，终于在列宁《俄国革命五周年和世界革命的前途》一文中查到这样一句话："这种学习的愿望，说明我们今天最重要的任务就是学习再学习。"这样，我们将列宁的这两处论述都写入了注释中，比较完满地介绍列宁关于学习再学习的论述。又如，《文集》第7卷《在省市自治区党委书记会议上的讲话》中，毛泽东说："列宁引用过克劳塞维茨的话：'战争是政治通过另一种手段的继续。'"为这句话作注，一般的惯例是注出见列宁的哪一篇文章。我们考虑到既然列宁引用的是克劳塞维茨的话，那么克劳塞维茨的话在他的什么著作中，又是怎样表述的，也应当提供给读者。于是在这条注释中，我们首先说明列宁引用克劳塞维茨的话见列宁《战争与革命》这篇文章，接着又注出克劳塞维茨在《战争论》一书中所写的这句话的原文。

二、在考订工作的基础上作出注释。《文集》第3卷《给谢觉哉的信》（1944年12月1日）中，毛泽东说："此件很好，略有增删，请斟酌。""此件"应当作注。这封信曾经选入1983年出版的《毛泽东书信选集》，当时对"此件"没有查清楚，故未作注。这次编《文集》，总想弥补这个缺憾。从毛泽东这封信的内容看，"此件"是谢觉哉送给毛泽东的，甚至有可能就是谢觉哉写的。这样，首先要查出12月1日前谢觉哉给毛泽东送过什么文稿，或者他写过什么文稿。我们查阅了《谢觉哉日记》，发现在1944年11月25日的日记中写有："昨天准备参议会发言提纲。"11月28日的日记中又写有："拟参议会发言提纲"。可是日记中没有记载把这个发言提纲送给了毛泽东，也没有记载收到了毛泽东12月1日的信。在11月28日的日记中，谢觉哉用了较长的篇幅记下了这个发言提纲，约3000字。发言提纲中有一句话是："政治民主要以经济、文化……等民主做内容，而后政治民主才为广大民众所宝贵。"毛泽东的信中有一段话是:"政治民主有自己的内容,经济是其物质基础,而不就是政治民主的内容。文化是精神的东西,它有助于政治民主,也不就是政治的内容。这些请考虑。"毛泽东的这段话,正是对谢觉哉发言提纲中的上述那句话提出的不同意见。还有,发言提纲中有一段话是:"我们要把人民这些权利——政治、经济、文化、军事及其他正在发展的权利,写在将来的宪法上,像苏联新宪法上写的:人民有劳动权、有休息权、有受教育权、老病者有享受物质保证权一样。因为这些在边区已经不是理想而是现实,不是恩惠而是人民自己的权利。"毛泽东信中有一段话是:"人民各项权利,在我们这里,只能说实现了几个重要部分,例如,管理政府,工作权,在现有物质条件限制下的言论、出版、集会权等。至于休息权,中国目前大体上还谈不到,工农更是如此。教育权、老病保养权,还在走头一步。苏联宪法是几个五年计划的产物,在中国许多部分还是理想,不是事实。又,在我们的这类文件上,不宜提及苏联宪法,免人误会。"很明显,毛泽东的这段话是针对谢觉哉发言提纲中的上述那一段话讲的。这样,我们认为可以基本确定毛泽东信中说的"此件",就是指的谢觉哉的参议会发言提纲。为了做到不存丝毫疑虑,我们决定再查谢觉哉在参议会的发言是否按毛泽东的意见作了修改。我们又查阅了 1944 年 12 月 23 日《解放日报》发表的谢觉哉在参议会报告的全文,发现果然接受了毛泽东的意见而作了修改。这样,我们认为可以毫无疑义地确定毛泽东信中所说的"此件",就是谢觉哉代表参议会常驻会在陕甘宁边区参议会第二届第二次会议上作的报告。我们据此对"此件"作了注释。

三、作注时不但要查阅文献资料，还要请教某些专业机构。《文集》第3卷《入豫部队的作战方针》（1945年7月15日毛泽东为中共中央起草的给河南区党委的电报）中说：入豫部队今后作战方针是向西防御，向东向南进攻，"以求利用时间北与太岳、太行，东与渡新黄河西进之冀鲁豫部队，南与五师部队完全打成一片……"。这里的"新黄河"需要作注。我们查阅了一些文献资料，对1938年国民党统治集团炸开花园口大堤致使黄河改道所流经的河道，都说得不够具体，也不很清楚。于是，我们向黄河水利委员会请教，他们不厌其烦地几次答复我们的问题。最后，根据他们提供的情况，写成了"新黄河"这条注释。

关于《毛泽东文集》的编辑工作，还必须说到的是，我们的学识水平有限和工作中的某些疏漏，致使编辑工作出现了少量差错。对这些差错，我们严肃地面对，正视工作中存在的问题和不足，力求在今后的工作中加以改进，进一步提高文献编辑工作的质量。

最后再说一下，这篇编辑记事不是对《毛泽东文集》编辑工作的全面反映，只是就我个人所了解的情况和一些体会写成的，难免有挂一漏万的情况，也可能有认识不当的地方，希望批评指正。

《反对本本主义》在毛泽东思想形成中的地位和作用[*]

    毛泽东 1930 年 5 月写的《反对本本主义》（原题名《调查工作》）一文，长期遗失，以致在新中国成立初期编辑《毛泽东选集》时未能选入，付诸阙如，直到 1991 年才补选入《毛泽东选集》第二版的第 1 卷中，成为《毛选》第二版增补的唯一的一篇文章。毛泽东是在 1961 年 1 月见到他这篇失而复得的文章，欣喜之情溢于言表，3 月他在三南会议讲话中说："我对自己的文章有些也并不喜欢，这一篇我是喜欢的。"[1] 他还说过丢了这篇文章就像丢掉一个孩子一样，时常想念。在紧接着三南会议召开的广州中央工作会议上，他又对这篇文章作了系统的介绍，逐节进行讲解，足见他的重视和喜爱。后来，这篇文章经他修改审定，编入 1964 年出版的《毛泽东著作选读》甲种本和乙种本公开发表。1961 年 3 月 23 日，中共中央在《关于认真进行调查工作问题给各中央局、各省市区党委的一封信》中指出：《反对本本主义》（当时题名《关于调查工作》）是"一个极其重要的文件，有十分重大的理论意义和实际意义"。[2]

---

* 此篇文章发表在《毛泽东邓小平理论研究》2005 年第 1 期。

[1]《毛泽东文集》第 8 卷，人民出版社 1999 年 6 月版，第 252 页。

[2]《建国以来重要文献选编》第 14 册，中央文献出版社 1997 年 1 月版，第 225 页。

一、《反对本本主义》的写作背景

关于《反对本本主义》的写作背景，毛泽东自己有过说明。他在 1961 年 3 月 11 日为向三南会议印发这篇文章而写的一个批语中说："这是一篇老文章，是为了反对当时红军中的教条主义思想而写的。"[1]两天后，他在三南会议的讲话中说："这篇文章是经过一番大斗争以后写出来的，是在红四军党的第九次代表大会以后，一九三〇年写的。"[2]3 月 23 日他在广州中央工作会议的讲话中说，这篇文章"总结了那个时期的经验"。

毛泽东所说的"一番大斗争"，是指当年红四军党内对一些问题的原则性分歧和斗争。

1927 年大革命失败后，中国共产党进入以武装斗争反对国民党新军阀反动统治的新时期，进入独立创建军队掌握武装的新时期。红四军建立后不久，四军党内关于红军的建设和发展就出现了不同的意见和争论。争论的主要点，毛泽东列举了 14 个之多，其中最主要的是党的领导问题、军事与政治的关系问题、集权制与极端民主化问题、创建根据地与流寇思想问题、集中兵力与分散兵力问题、对时局的估计问题。毛泽东坚持党必须领导军队，指出"个人领导和党的领导的斗争，是四军历史问题的总线索"[3]；重视军队中的政治工作，反对单纯军事观点；强调建立、

---

[1]《建国以来毛泽东文稿》第 9 册，中央文献出版社 1996 年 1 月版，第 438 页。

[2]《毛泽东文集》第 8 卷，人民出版社 1999 年 6 月版，第 252、253 页。

[3]《毛泽东文集》第 1 卷，人民出版社 1993 年 12 月版，第 68 页。

巩固、扩大农村革命根据地的重要性，反对流寇思想；指出对敌斗争必须集中兵力，反对分兵冒进；承认中国革命处于低潮，但反对悲观主义，指出"边界红旗子始终不倒"。对毛泽东的正确意见，红四军中一些同志却不接受。

红四军党内的意见分歧和斗争，在1929年上半年逐渐激化起来。一是中央1929年2月7日给红四军前委的来信，红四军前委在4月3日收到。信的主要内容是：一、将红军分成小部队（数十人至数百人，至多不超过五百人），散入各乡村中去；二、朱德、毛泽东离开红四军来中央，因为目标太大。这封信是在中共六大以后中央领导人回到国内发出的，贯彻了布哈林对中国红军和农村革命根据地的不正确认识。周恩来1944年3月作的《关于党的"六大"的研究》的报告中，说明了这个情况。毛泽东在收到中央二月来信的第三天，即以前委名义复信中央，对来信中提出的那两点，明确表示了不同意见。他指出"中央此信对客观形势及主观力量的估量都太悲观了"，强调"愈是恶劣环境，部队愈须集中，领导者愈须坚强奋斗"，将队伍分得很小散向农村中，过去"多次实行都是失败的"。[1]但是，二月来信还是使与毛泽东意见相左的一些同志受到鼓舞，毛泽东指出"这封信给了四军党内一部分同志以不良影响"。[2]二是恰在这时，中共中央又派从苏联回国的刘安恭以中央特派员身份到红四军工作，刘到后任临时军委书记兼政治部主任，在红四军中制造派性，排挤毛泽东，使红四军党内原有的分歧进一步加深和公开化，突出地表现

---

[1]《毛泽东文集》第1卷，人民出版社1993年12月版，第54、56、55页。
[2]《毛泽东选集》第1卷，人民出版社1991年6月第2版，第104页。

在要成立军委以削弱甚至实际上取代前委的领导。刘安恭照搬苏联军队的一长制，贯彻共产国际某些不正确的指示，毛泽东指出这是"一种形式主义的理论从远方到来"。[1]后来毛泽东在回顾这一段历史时说："那一批人以刘安恭为首，他和一些人刚刚来就夺取军权，军队就落到了他们手里。""后来中央来信，说他们挑拨红军内部的关系，破坏团结。"[2]刘安恭在红四军中搞的这一套，使毛泽东很难工作，他的正确意见不能贯彻，但又要担负领导责任。这时，毛泽东感到自己已无能为力了，他心力交瘁地说"对于与党内错误思想奋斗，两年以来已经既竭吾力了"。[3]接下来就是1929年6月红四军七大召开。毛泽东的一些原则性的正确意见受到批评和非难，还说他对争论负有"较大的责任"，给予党内严重警告处分。毛泽东担任的由中共中央指定的前委书记职务，也被会议越权改选由他人担任。

红四军党的七大后，中共中央于8月21日发出指示信，批评了红四军党内的一些不正确的思想。指出"在目前游击状况下，前委与军委实无须采取两重组织制"，现在还没有需要组织军委的那种情势；批评红四军党的七大在严重的局势下不"着重于与敌人的艰苦奋斗"，而"主要精神是在解决党内纠纷"；指出"刘安恭同志企图引起红军党内的派别斗争"，他"应依照中央前信的通知调来中央"。[4]这个八月来信，可惜红四军没有收到。接

---

[1]《毛泽东文集》第1卷，人民出版社1993年12月版，第67页。

[2]《毛泽东文集》第8卷，人民出版社1999年6月版，第257页。

[3]《毛泽东文集》第1卷，人民出版社1993年12月版，第75页。

[4]《建党以来重要文献选编（1921—1949）》第6册，中央文献出版社2011年6月版，第395、393、397页。

着，中央又发来九月来信，批评了红四军中的一些错误思想，支持了毛泽东的正确主张。根据中央的九月来信，毛泽东回到红四军仍任前委书记，主持召开红四军党的九大，九大通过的决议（古田会议决议）是中国共产党领导的人民军队建设的纲领性文献。

历时约两年的红四军党内的分歧基本上解决了。这场斗争，具体地表现在红四军党内，但所触及的问题具有相当的代表性。对这场斗争应当从哪些方面来总结经验教训呢？最根本的问题又是什么呢？毛泽东高屋建瓴地抓住问题的根本，从思想路线的高度上思考问题，进行总结。他在 1929 年写给林彪的信中指出："现在的争论问题，不是个人的和一时的问题，是整个四军党的和一年以来长期斗争的问题"，是"两个思想系统的斗争"。[1]"到近日，两种不同的意见最显明的莫过于军委问题的争论"，军委问题是一个"原则问题"，是"历史上一种错误的思想路线上的最后挣扎"。[2]他还指出"共产主义者的思想和行动总要稍为科学一点才好"。[3]以上说明，毛泽东已经提出思想路线问题，但对思想路线的内涵还没有说明。同年 12 月他为红四军党的九大起草的决议中进一步指出，为了使党员的思想和党内的生活都政治化、科学化，就必须："（一）教育党员用马克思列宁主义的方法去作政治形势的分析和阶级势力的估量，以代替主观主义的分析和估量。（二）使党员注意社会经济的调查和研究，由此来决定斗争的策略和工作的方法。"[4]这两点是后来规范地表述为"马克

---

[1]《毛泽东文集》第 1 卷，人民出版社 1993 年 12 月版，第 64、65 页。

[2]《毛泽东文集》第 1 卷，人民出版社 1993 年 12 月版，第 70、74 页。

[3]《毛泽东文集》第 1 卷，人民出版社 1993 年 12 月版，第 70 页。

[4]《毛泽东文集》第 1 卷，人民出版社 1993 年 12 月版，第 84、85 页。

思主义的普遍真理与中国革命的具体实践相结合"的思想原则的先导。在《反对本本主义》这篇文章中，毛泽东的思想进一步升华，对红四军党内的这场大斗争作出最深刻最科学的总结，在实质上提出了党的实事求是的思想路线，具有重要的和长远的指导意义。

关于《反对本本主义》，我还想讲一个问题，即这篇文章与毛泽东同时在 1930 年 5 月作的寻乌调查哪个在前、哪个在后的问题。目前学界发表的一些研究毛泽东的文章已经涉及了这个问题，有的说《反对本本主义》是在寻乌调查之后写的，有的说是在寻乌调查前后写的，有的说是在寻乌调查同时写的，后两种说法是比较不确定的。那么，毛泽东自己讲过这个问题没有？如果他讲过那又是怎么说的呢？ 1960 年中共中央政治研究室历史组从中央革命博物馆筹备处借回了《调查工作》石印件，随即照石印件打印了几份，于 12 月向田家英同志报送了一份。石印件上，这篇文章没有写作时间，只有特委（应是闽西特委）翻印的时间"1930.8.21"。毛泽东在 1961 年 1 月见到上报的这篇文章的打字件，有关部门又为他调来那份石印件，他记忆这篇文章是在寻乌写的，并说是 1930 年春写的。为了给毛泽东回忆和确定这篇文章的写作时间提供一些材料，上级领导要我（当时在中央政治研究室工作）根据中央档案馆保存的档案材料，整理出一份《一九二九年一月至一九三〇年八月主席和红四军活动的大事记》。听说毛主席看了这个《大事记》后说，这篇文章是他到寻乌后搞寻乌调查前写的。1961 年他在广州中央工作会议上介绍这篇文章，其中有一段话也可说明《反对本本主义》是在寻乌调查前写的。这段话是："文章讲到商业资产阶级和流氓无产阶级，对这两个阶级我们的认识始终模糊，就是写文章这个时候，还是模糊的，对他们没有具体的政策，没有正确的政策，因为我们没有做这方面的调查。"[1]这段话中，毛泽东说他写《反对本本主义》时对商业资产阶级的认识还是模糊的，因为还没有作这方面的调查。但是，寻乌调查是作了商业这方面的调查的，并且是这次调查的一个重要特色，对商业的调查在篇幅上占了整个调查报告的百分之四十。由此也可以说明，《反对本本主义》是在寻乌调查之前写的。

二、《反对本本主义》在毛泽东思想形成中的地位和作用

（一）《反对本本主义》是毛泽东关于调查研究理论的奠基著作，是毛泽东进行调查研究的实践经验的理论总结

毛泽东一贯重视调查研究。早在 1920 年，他在写给友人周世钊的信中就说："吾人如果要在现今的世界稍为尽一点力，当然脱不开'中国'这个地盘。关于这地盘内的情形，似不可不加以实地的调查，及研究。"[2]在大革命时期和第二次国内革命战争时期，他对中国的社会情况特别是中国农村情况，作了一系列深入细致的调查研究，在这个基础上写出一些重要著作和许多有名的农村调查报告，为中国共产党制定新民主主义革命总路线，特别是土地革命的路线和政策，提供了科学的依据，作出了重要的

---

[1]《毛泽东文集》第 8 卷，人民出版社 1999 年 6 月版，第 262 页。
[2]《毛泽东早期文稿》，湖南出版社 1990 年 7 月版，第 474 页。

贡献。1930 年 5 月，毛泽东在寻乌作了关于这个县（包括城、乡）的大规模的调查，整理出内容丰富、长达八万多字的《寻乌调查》。他在寻乌写的《反对本本主义》这篇著作，对调查研究的重要性、目的、对象、内容和方法，作了既生动具体而又有高度思想性的系统阐述，奠定了他关于调查研究的理论，开创了中国共产党调查研究的一代新风。

毛泽东在这篇文章中，关于调查研究问题的论述，主要有以下几个方面。

1. 没有调查，没有发言权

"没有调查，没有发言权"是毛泽东在《反对本本主义》中提出的一个著名的口号。这个口号很尖锐，很坚决，斩钉截铁，掷地有声，表现了唯物主义的思想原则，是对唯心主义和教条主义的坚决杜绝。

这个口号是针对以下情况而提出的：当时在党和红军中，有的人"不作调查，而只是冥思苦索地'想办法'，'打主意'"；有的人不作调查，不了解实际情况，生搬硬套书本上和文件上的东西，或者外国的经验；有的人"喜欢一到就宣布政见，看到一点表面，一个枝节，就指手画脚地说这也不对，那也错误"。[1]毛泽东指出："你对那个问题的现实情况和历史情况既然没有调查，不知底里，对于那个问题的发言便一定是瞎说一顿。"[2]这样的瞎说肯定是不能解决问题的，如果按照这种瞎说去做必然给革命带来损失，那么停止这类人的发言权，是一点也不野蛮，丝毫也没

[1]《毛泽东选集》第 1 卷，人民出版社 1991 年 6 月第 2 版，第 110 页。
[2]《毛泽东选集》第 1 卷，人民出版社 1991 年 6 月第 2 版，第 109 页。

有什么不公道的。

红四军中的调查工作，在毛泽东的倡导和影响下逐步开展起来。在陈毅 1929 年 9 月向中央提交的关于红四军的报告中，和熊寿祺 1930 年 5 月向全国苏维埃区域代表会议所作的《红军第四军状况》报告中，都反映了这方面的情况。报告中说："四军每到一处，对社会都有调查。""游击部队达到某地以后，第一步必须做调查工作。"毛泽东在《反对本本主义》中也说："近来红军第四军的同志们一般的都注意调查工作了"。但是，他又严肃地指出："很多人的调查方法是错误的。调查的结果就像挂了一篇狗肉账，像乡下人上街听了许多新奇故事，又像站在高山顶上观察人民城郭。这种调查用处不大，不能达到我们的主要目的。我们的主要目的，是要明了社会各阶级的政治经济情况。我们调查所要得到的结论，是各阶级现在的以及历史的盛衰荣辱的情况。"[1]这就是说，必须用马克思主义的阶级分析方法，调查社会各阶级的历史和现状，作出客观的分析，提出正确的思想和意见。这绝不是罗列一些片段的社会现象所能做到的。大略的表面的流水账式的调查，是不能作为制定政策和策略的科学依据的。于是，1931 年 4 月 2 日毛泽东在以中央革命军事委员会总政治部主任名义发布的《总政治部关于调查人口和土地状况的通知》中，又进一步提出"不做正确的调查同样没有发言权"的口号，补充和发展了"没有调查，没有发言权"的口号，使它更完善了。毛泽东在通知中说："我们的口号是：一、不做调查没有发言权。

---

[1]《毛泽东选集》第 1 卷，人民出版社 1991 年 6 月第 2 版，第 113 页。

二、不做正确的调查同样没有发言权。"[1]

"没有调查，没有发言权"这个重要口号，是马克思主义的辩证唯物主义认识论在领导方法和工作方法上的创造性运用，却被犯王明"左"倾教条主义错误的同志讥讽为"狭隘经验论"。1939 年毛泽东在《研究沦陷区》一文中，对这种讥讽作了针锋相对的回应，他说："'没有调查就没有发言权'，或者说，'研究时事问题须先详细占有材料'，这是科学方法论的起码一点，并不是什么'狭隘经验论'。"[2] 1941 年他在《农村调查》一书的序言中说："'没有调查就没有发言权'，这句话，虽然曾经被人讥为'狭隘经验论'的，我却至今不悔；不但不悔，我仍然坚持没有调查是不可能有发言权的。""除了盲目的、无前途的、无远见的实际家，是不能叫作'狭隘经验论'的。"[3] 以上表明毛泽东对调查研究这一科学方法的坚信和执着。

2. 调查研究是了解情况的基本方法，调查就是解决问题

马克思主义的唯物主义认识论认为思想是客观事物的反映，认识来源于实践。毛泽东指出，必须调查研究才能获得真知，调查就是解决问题。他说："你对于那个问题不能解决吗？那末，你就去调查那个问题的现状和它的历史吧！你完完全全调查明白了，你对那个问题就有解决的办法了。一切结论产生于调查情况的末尾，而不是在它的先头。""迈开你的两脚，到你的工作范围的各部分各地方去走走，学个孔夫子的'每事问'，任凭什么才

---

[1]《毛泽东文集》第 1 卷，人民出版社 1993 年 12 月版，第 267、268 页。

[2]《毛泽东文集》第 2 卷，人民出版社 1993 年 12 月版，第 248、249 页。

[3]《毛泽东选集》第 3 卷，人民出版社 1991 年 6 月第 2 版，第 791 页。

力小也能解决问题，因为你未出门时脑子是空的，归来时脑子已经不是空的了，已经载来了解决问题的各种必要材料，问题就是这样子解决了。一定要出门吗？也不一定，可以召集那些明了情况的人来开个调查会，把你所谓困难问题的'来源'找到手，'现状'弄明白，你的这个困难问题也就容易解决了。"[1]

"一切结论产生于调查情况的末尾，而不是在它的先头。"[2]，这是作调查研究必须遵循的一个重要指导原则。这就是说，调查研究不应当是事先抱定一种看法然后下去专替自己找佐证；不能在调查研究刚开头看见一些表面的片断的现象就匆忙下结论；在调查研究中不要怕听言之有物的不同意见，更不要怕实际检验推翻自己已经作出的判断和结论。一定要作客观的调查研究，全面的系统的调查研究。

毛泽东将调查研究与解决问题，作了一个形象的比喻："调查就像'十月怀胎'，解决问题就像'一朝分娩'。"[3]这句话，不言而喻是说明调查的目的是解决问题；但毛泽东用的"十月"与"一朝"，包含了又一层意思，既有时间长短的区别，更有事情难易的不同。毛泽东说过调查研究做起来是不容易的，认识客观世界不是一件容易的事情。"我们的调查工作，是要有耐心地有步骤地去作，不要性急。"[4]要能够解决问题，必须作从历史到现状的有系统的调查研究，既要分析又要综合，由表及里，揭示事物的本质和规律。对一个问题的认识，往往又不是一次就能完成的，而是经过多次反复才能够完成的。

---

[1][2][3]《毛泽东选集》第1卷，人民出版社1991年6月第2版，第110页。
[4]《毛泽东文集》第2卷，人民出版社1993年12月版，第378页。

陈云在 1957 年曾经说过:"重要的是要把实际看完全,把情况弄清楚,其次是决定政策,解决问题。难者在弄清情况,不在决定政策。只要弄清了情况,不难决定政策。我们应该用百分之九十以上的时间去弄清情况,用不到百分之十的时间来决定政策。这样决定的政策,才有基础。"[1]陈云的这段话,也是强调调查研究、真正弄清情况之难,是对毛泽东的"调查就像'十月怀胎',解决问题就像'一朝分娩'"所作的一个很好的说明。

毛泽东在纠"左"的过程中,从 1960 年冬开始反复地讲"情况明,决心大,方法对",强调情况明是前提,是很重要的。他说:"第一条情况明。这是一切工作的基础,情况不明,一切无从着手。因此要摸清情况,要做调查研究。""通过调查研究,情况明了来下决心,决心就大,方法也就对。"[2]

综上所述,只有进行艰苦的深入的细致的调查研究,真正摸透了实际情况,才能解决问题。

3. 领导干部要亲身出马作调查研究

毛泽东在《反对本本主义》中说:"凡担负指导工作的人,从乡政府主席到全国中央政府主席,从大队长到总司令,从支部书记到总书记,一定都要亲身从事社会经济的实际调查,不能单靠书面报告,因为二者是两回事。"[3]1961 年 3 月 23 日他在广州中央工作会议上介绍《反对本本主义》这篇文章,说到上述这

[1]《陈云文选》第 3 卷,人民出版社 1995 年 5 月版,第 46 页。

[2]《毛泽东文集》第 8 卷,人民出版社 1999 年 6 月版,第 234 页。

[3]《毛泽东选集》第 1 卷,人民出版社 1991 年 6 月第 2 版,第 117 页。

段话时，他说："我讲得很宽，那个时候也有点无法无天了（毛泽东指他点到"中央政府主席""总司令""总书记"都要亲身作社会调查。——引者）"，因为"我们那个时候得到经验了，知道不能单靠书面报告"。[1]他在《兴国调查》前言中说过："实际政策的决定，一定要根据具体情况，坐在房子里面想象的东西，和看到的粗枝大叶的书面报告上写着的东西，决不是具体的情况。倘若根据'想当然'或不合实际的报告来决定政策，那是危险的。""所以详细的科学的实际调查，乃非常之必需。"[2]

　　毛泽东曾经说过，"做领导工作的人要依靠自己亲身的调查研究去解决问题"，是《反对本本主义》这篇文章的主题。1961年他提出大兴调查研究之风，强调要教会省一级和省的各个部门，所有的省委书记加上省委常委若干人，地委书记、县委书记和公社党委书记作调查研究。他满怀期待地说："只要省、地、县、社四级党委的第一书记都作调查研究，事情就好办了。"[3]他严厉地告诫："绝对禁止党委少数人不作调查，不同群众商量，关在房子里，作出害死人的主观主义的所谓政策。"[4]

　　领导干部亲身作调查的方式，可以走出去，到群众中作实地调查；也可以请进来，请一些明了情况的人来开调查会。在对一个问题或一处地方的调查中，这两种方式又往往是结合起来进行的。到了1961年，由于一些情况的变化，毛泽东说："现在我不

[1]《毛泽东文集》第8卷，人民出版社1999年6月版，第259、260页。
[2]《毛泽东文集》第1卷，人民出版社1993年12月版，第254页。
[3]《毛泽东文集》第8卷，人民出版社1999年6月版，第252页。
[4]《毛泽东文集》第8卷，人民出版社1999年6月版，第272页。

反对派调查组结合当地同志进行调查。"[1]这一年，他派了三个调查组，分赴浙江、湖南、广东进行调查。正是在调查研究的基础上，他主持制定了《农村人民公社工作条例（草案）》。

4. 要作典型调查

毛泽东认为，要作深入的调查，"就是要了解一处地方（例如，一个农村、一个城市），或者一个问题（例如，粮食问题、货币问题）的底里"。[2]他强调"要拼着精力把一个地方研究透彻"。这种深入的典型调查，就是后来毛泽东所说的解剖麻雀的方法。毛泽东曾经指出，调查有两种方法，一种是走马看花，一种是下马看花。走马看花，不深入，有那么多花，到处只问一下子，那是一辈子也不能了解问题的深处。下马看花，就是作典型调查，分析一朵"花"，解剖一个"麻雀"。1938 年他在鲁迅艺术学院的讲话中说："俗话说：'走马看花不如驻马看花，驻马看花不如下马看花。'我希望你们都要下马看花。"[3]

典型调查具有重要的意义。从调查的内容来说，对一个地方进行典型调查所了解到的情况，应当是方方面面的，其中有一些又是具有普遍意义的，即属于共性的东西。这也就是毛泽东所说的"麻雀虽小，肝胆俱全"。从积累调查经验来说，毛泽东指出："深切地了解一处地方或者一个问题了，往后调查别处地方、别个问题，便容易找到门路了。"[4]典型调查是很重要的，但是也不能忽略典型调查所了解到的情况，有的是特殊性的，即属于个性

---

[1]《毛泽东文集》第 8 卷，人民出版社 1999 年 6 月版，第 260 页。

[2]《毛泽东选集》第 1 卷，人民出版社 1991 年 6 月第 2 版，第 117 页。

[3]《毛泽东文集》第 2 卷，人民出版社 1993 年 12 月版，第 124 页。

[4]《毛泽东选集》第 1 卷，人民出版社 1991 年 6 月第 2 版，第 117、118 页。

的东西，并不具有普遍性。如果根据某地某事的特殊情况而作出一般性的结论，那也是会出错的。因此，还要注意典型调查与普遍调查的结合，即"点"与"面"的结合。

（二）《反对本本主义》这篇著作，形成了毛泽东思想活的灵魂的三个基本方面的雏形

1. 关于实事求是的思想

"没有调查，没有发言权"，这是党的正确思想路线和工作方法的基本口号。毛泽东把当时党和红军中存在的一些带原则性的问题，提高到思想路线的高度进行分析，鲜明地提出反对本本主义，反对保守思想，论述了党的思想路线是政治路线的基础。他指出，共产党的正确的斗争策略，只有在群众的斗争过程中、在实际经验中才能产生。"离开实际调查就要产生唯心的阶级估量和唯心的工作指导，那末，它的结果，不是机会主义，便是盲动主义。"[1]以上表明，《反对本本主义》这篇著作在实质上提出了中国共产党的一切从实际出发的实事求是思想路线。虽然这时毛泽东还没有把党的思想路线用"实事求是"这四个字作出言简意赅的概括，还没有作出十分规范的表述，但是这条思想路线的基本内涵是已经提出和奠定了。

实事求是，就是理论联系实际，这个联系是通过调查研究了解实际情况来实现的。毛泽东说过："一切实际工作者必须向下作调查。对于只懂得理论不懂得实际情况的人，这种调查工作尤有必要，否则他们就不能将理论和实际相联系。"[2]只有理论与实

---

[1]《毛泽东选集》第 1 卷，人民出版社 1991 年 6 月第 2 版，第 112 页。
[2]《毛泽东选集》第 3 卷，人民出版社 1991 年 6 月第 2 版，第 791 页。

际相结合，才能制定出正确的方针、路线，和为实现方针、路线所需要的一整套的具体政策。坚持理论联系实际，必须反对教条主义。毛泽东指出，教条主义者是懒汉，他们拒绝对于具体事物做任何艰苦的研究工作。"教条主义这个东西，只有原理原则，没有具体政策，是不能解决问题的，而没有调查研究，是不能产生正确的具体政策的。"[1]他指出："教条主义是不落地的，它是挂在空中的。"[2]

毛泽东提出的"没有调查，没有发言权"，一切从实际出发，深刻地体现了不唯书、不唯上、只唯实的思想原则。1961年，毛泽东在广州中央工作会议上说，他1930年提出"反对本本主义"，这里面包含一个破除迷信的问题。他当年所破除的迷信是什么呢？一是对书本的迷信，一是对上级领导机关的迷信。他在《反对本本主义》中批评说："以为上了书的就是对的，文化落后的中国农民至今还存在着这种心理。不谓共产党内讨论问题，也还有人开口闭口'拿本本来'。"[3]把"本本"作为判断正确与错误的唯一标准，这就是本本主义，是十分错误的，因为任何"本本"都要接受实践的检验，实践才是检验真理的唯一标准。毛泽东指出："我们说马克思主义是对的，决不是因为马克思这个人是什么'先哲'，而是因为他的理论，在我们的实践中，在我们的斗争中，证明了是对的。……丝毫不存什么'先哲'一类的形式的甚至神秘的念头在里面。"[4]1961年，他再次指出："要把马克

[1]《毛泽东文集》第8卷，人民出版社1999年6月版，第262页。
[2]《毛泽东文集》第3卷，人民出版社1996年8月版，第150页。
[3][4]《毛泽东选集》第1卷，人民出版社1991年6月第2版，第111页。

思主义当作工具看待，没有什么神秘，因为它合用，别的工具不合用。"[1]反对本本主义，并不是反对"本本"，不要"本本"。毛泽东在《反对本本主义》一文中就明确地指出："我们的斗争需要马克思主义。"1961 年他在讲到《反对本本主义》一文时，又一次强调指出："我不是反对理论，马克思主义的原理原则非有不可，我这篇文章里头也讲了的。"[2]关于对待上级领导机关的问题，毛泽东指出："我们说上级领导机关的指示是正确的，决不单是因为它出于'上级领导机关'，而是因为它的内容是适合于斗争中客观和主观情势的，是斗争所需要的。不根据实际情况进行讨论和审察，一味盲目执行，这种单纯建立在'上级'观念上的形式主义的态度是很不对的。"[3]在延安整风中，他进一步指出，共产党员对任何事情都要问一个为什么，绝对不应盲从。反对对上级领导机关的盲从，这就是不唯上。没有调查没有发言权，一切从实际出发，体现了只唯实的原则，是不言自明的。只有破除迷信，解放思想，才能做到实事求是。

2. 关于群众路线的思想

马克思和恩格斯在《神圣家族》中指出："历史的活动和思想都是'群众'的思想和活动"，"历史活动是群众的活动"。[4]马克思主义第一次科学地论述了人民群众在社会历史发展中的作用。人民群众创造历史，人民群众是历史的主人，这是历史唯物主义的基本观点。以毛泽东为代表的中国共产党人，在领导中国

---

[1]《毛泽东文集》第 8 卷，人民出版社 1999 年 6 月版，第 263、264 页。

[2]《毛泽东文集》第 8 卷，人民出版社 1999 年 6 月版，第 263 页。

[3]《毛泽东选集》第 1 卷，人民出版社 1991 年 6 月第 2 版，第 111 页。

[4]《马克思恩格斯文集》第 1 卷，人民出版社 2009 年 12 月版，第 286、287 页。

革命斗争中，创造性地运用和发展了历史唯物主义的这个基本观点，提出了群众路线，这是中国共产党的根本的政治路线和根本的组织路线。

在现存的毛泽东的文献中，"群众路线"这个概念，较早地见之于红四军党的九大决议的早期油印本和手抄本。其中，在批评单纯军事观点那一部分，毛泽东说："一切工作，在党的讨论和决议之下再经过群众路线去执行。"1951年出版的《毛泽东选集》第1卷，将此处的"群众路线"改为了"群众"，所以在《毛选》中反映不出来。比红四军党的九大决议稍早一些的《中央给红四军前委的指示信》（九月来信）中，也使用了"群众路线"这个概念。但在这时，都还没有对党的群众路线的内涵作出明确的规范的阐释。在中共七大上，毛泽东的《论联合政府》报告和刘少奇的修改党章的报告，对群众路线作了精辟的论述。群众路线的基本内涵，简要地概括，就是一切为了人民群众和一切依靠人民群众。一切为了人民群众的利益，把人民群众的利益放在第一位，这是共产党员革命的出发点和归宿，毛泽东说："共产党的路线，就是人民的路线。"[1]一切依靠人民群众，必须实现领导与人民群众相结合，这就要实行"从群众中来，到群众中去"的基本的领导方法，这个领导方法是党的组织路线和工作路线。

毛泽东在《反对本本主义》这篇文章中，着重讲的是群众路线的依靠人民群众，从群众中来、到群众中去这一个方面。他强调要到群众中作调查研究，"迈开你的两脚，到你的工作范围的

[1]《毛泽东文集》第2卷，人民出版社1993年12月版，第409页。

各部分各地方去走走，学个孔夫子的‘每事问’”。[1]我们需要时时了解社会情况，时时进行实际调查，因为共产党的正确的斗争策略，"是要在群众的斗争过程中才能产生的，这就是说要在实际经验中才能产生"。[2]《反对本本主义》所阐述的一切从实际出发，到群众中作调查研究，向群众寻求真理，可以说是党的"从群众中来，到群众中去"的领导方法的雏形，属于党的组织路线问题。还要说明的是，党的政治路线和组织路线是紧密联系的，组织路线是为政治路线服务，提供保证的。作调查研究，绝不是为了调查而调查，而是为了了解社会的实际情况，了解人民群众的要求，从而制定出符合实际、符合人民利益的正确政策，以保证党的事业胜利前进。这其中就蕴含着一切为了人民群众的思想。

3. 关于独立自主、自力更生的思想

毛泽东的《反对本本主义》一文第六节的标题是"中国革命斗争的胜利要靠中国同志了解中国情况"，这是一个非常重要的命题。这个命题，当时直接涉及中国共产党与共产国际的关系问题。中国革命是一切听从共产国际的指示、完全按照共产国际替中国共产党起草的决议和指示来进行呢？还是应当按照中国的实际情况决定自己的路线、方针、政策呢？这是一个重大的思想指导原则问题，关系中国革命的成败。共产国际对中国革命的指示，应当说有正确的，有不正确的，特别是在一段时间内不正确的占了多数。1928年2月共产国际执委会通过的关于中国问题决

---

[1]《毛泽东选集》第1卷，人民出版社1991年6月第2版，第110页。
[2]《毛泽东选集》第1卷，人民出版社1991年6月第2版，第115页。

议案，正确地指出中国革命的现时阶段仍然是资产阶级民权革命的阶段，当时的革命形势处于两个高潮之间。这个决议案，直接指导中共六大作出关于当时中国革命性质和中国革命形势的正确判断。但是，共产国际代表罗明纳兹关于中国革命性质和进展是"无间断革命"的错误论断，就对 1927 年 11 月中共中央政治局扩大会议通过的"左"倾盲动的决议产生了直接的影响，对后来出现的李立三、王明的"左"倾错误都是有影响的。还有，布哈林对中国红军在农村中开展游击战争和建立根据地问题的错误的悲观的认识，对 1929 年中共中央给毛泽东、朱德的二月来信是有影响的。对于这一阶段中共产国际的某些领导人或派驻中国的代表的一些错误认识，给中国革命特别是红四军带来的影响和危害，毛泽东有切身的深刻的感受。当时，中国共产党是共产国际的一个支部，共产国际的决议和指示，从组织原则上说对中国共产党是具有约束力的。在这种情况下，毛泽东敢于在《反对本本主义》一文的第六节响亮地提出"中国革命斗争的胜利要靠中国同志了解中国情况"，是很不容易的、难能可贵的，需要很大的政治勇气和理论勇气。这个论断具有很强的现实指导意义，就是要改变"我们党有一个时期依靠共产国际为我们写决议，作指示，写纲领"[1]的状况，而要靠中国共产党在马克思主义指导下，根据中国的实际情况，独立自主地决定党的路线、方针、政策，才能取得中国革命的胜利。

当时，毛泽东在他领导的红军游击战争和农村根据地中，努力地实践着根据中国的具体实际决定方针、政策这个指导原则，

---

[1]《毛泽东文集》第 8 卷，人民出版社 1999 年 6 月版，第 259 页。

红军和根据地都得到发展，但他个人却遭到非议、排斥甚至打击。由于"左"倾教条主义的错误，中国革命受到严重损失。就整个党来说，是在1935年1月的遵义会议结束了王明"左"倾教条主义错误的统治、实际上确立了毛泽东在中央的领导地位以后，才开始走上独立自主的道路，制定出正确的路线，使中国革命沿着正确的航向胜利向前发展。1963年，毛泽东在一次谈话中指出："真正懂得独立自主是从遵义会议开始的"。[1]

在1961年3月广州中央工作会议上，毛泽东在介绍《反对本本主义》这篇文章时说："第六节讲的内容，我看现在还有不少用处，将来也用得着。中国革命斗争的胜利要靠中国同志了解中国情况，不能依靠外国同志了解中国情况，或者是依靠外国同志帮助我们打胜仗。"[2]毛泽东认为"现在还有不少用处，将来也用得着"，说明"中国革命斗争的胜利要靠中国同志了解中国情况"是中国共产党的长期的指导方针，同时也给党提出了长期的战略任务。时代在前进，情况不断地变化，许多新情况、新问题层出不穷地摆在党的面前，要求党要不断地了解新情况，解决新问题，与时俱进，才能使党的事业永葆青春。

《反对本本主义》这篇文章，强调没有调查没有发言权，反对教条主义，提出马克思主义必须与中国实际情况相结合，"中国革命斗争的胜利要靠中国同志了解中国情况"，这些论述实质上是马克思主义中国化的问题。我认为可以说，这篇文章是毛泽东论述马克思主义中国化问题的肇始，虽然这时还没有提出"马

---

[1]《毛泽东文集》第8卷，人民出版社1999年6月版，第339页。

[2]《毛泽东文集》第8卷，人民出版社1999年6月版，第259页。

克思主义中国化"的概念。

（三）《反对本本主义》是毛泽东在《实践论》之前关于辩证唯物主义认识论的一篇重要哲学著作

毛泽东很看重认识论，他曾经多次讲认识论问题。1964 年他在一次谈话中说："什么叫哲学？哲学就是认识论。"[1]可见他对认识论的重视和强调，他曾经说过："唯物辩证法是马克思主义的科学方法论，是认识的方法，是论理的方法，然而它就是世界观。""所以在马克思主义者手里，世界观同方法论是一个东西，辩证法、认识论、论理学，也是一个东西。"[2]

毛泽东论述辩证唯物主义认识论的代表作是他写的《实践论》，这篇著作系统地深刻地阐述了实践是认识的基础和检验认识的真理性的标准，认识的两个阶段及其相互关系，认识运动循环往复地向前发展，等等。在《实践论》之前，毛泽东在他的著作中已讲到认识论方面的问题。在 1930 年 1 月写的《星星之火，可以燎原》一文中，他讲了认识事物时现象与本质的关系，他当时用的是"实质"这个概念，实质就是本质。他说："我们看事情必须要看它的实质，而把它的现象只看作入门的向导，一进了门就要抓住它的实质，这才是可靠的科学的分析方法。"[3]他举例说，大革命失败后剩下的一点小小的革命力量，如果只从某些现象看，自然会使一些同志产生悲观的思想，但从实质上看，便大大不然。他用中国的一句老话来概括叫作"星星之火，可以燎

---

[1]《毛泽东文集》第 8 卷，人民出版社 1999 年 6 月版，第 390 页。

[2]《毛泽东著作专题摘编（上）》，中央文献出版社 2003 年 11 月版，第 30 页。

[3]《毛泽东选集》第 1 卷，人民出版社 1991 年 6 月第 2 版，第 99 页。

原"，这就是透过现象看到本质了。在 1930 年 5 月写的《反对本本主义》一文中，毛泽东阐述了认识论的一个根本问题——认识的来源，也就是 1963 年他提出的人的正确思想是从哪里来的这个问题。他尖锐地提出"没有调查，没有发言权"，强调"一切结论产生于调查情况的末尾，而不是在它的先头"，这就是说明认识来源于实践。以上这些，充分说明《反对本本主义》是毛泽东在《实践论》之前关于马克思主义的辩证唯物主义认识论的一篇重要哲学著作。

三、《反对本本主义》的现实指导意义

关于《反对本本主义》，毛泽东曾经说过："这篇文章是为了解决民主革命的问题而写的。"[1]这是指文章中提出要对社会各阶级进行分析，从而确定在反帝反封建的民主革命中，"哪些阶级是革命斗争的主力，哪些阶级是我们应当争取的同盟者，哪些阶级是要打倒的"。[2]但不能说这篇文章只对民主革命具有指导意义。这篇文章所深刻地阐述的调查研究问题，毛泽东说这是文章的中心点，具有长远的指导意义。

毛泽东指出："共产党领导机关的基本任务，就在于了解情况和掌握政策两件大事。"[3]如果情况不了解，政策就必然出错误，而要了解情况，就必须认真地作调查研究。调查研究是一个

---

[1]《毛泽东文集》第 8 卷，人民出版社 1999 年 6 月版，第 257 页。

[2]《毛泽东选集》第 1 卷，人民出版社 1991 年 6 月第 2 版，第 114 页。

[3]《毛泽东选集》第 3 卷，人民出版社 1991 年 6 月第 2 版，第 802 页。

永远做不完的课题，是一项长期的任务，因为情况是在发展变化的，会不断出现新的情况和新的问题。毛泽东在 1941 年明确指出："因此，我们的调查，也是长期的。今天需要我们调查，将来我们的儿子、孙子，也要作调查，然后，才能不断地认识新的事物，获得新的知识。"[1]1961 年全党大兴调查研究之风，毛泽东又一次强调指出："民主革命阶段，要进行调查研究，社会主义革命和社会主义建设阶段，还是要进行调查研究，一万年还是要进行调查研究工作。"[2]毛泽东把作不作调查研究提高到共产党员的党性问题上加以认识，他说："许多的同志都成天地闭着眼睛在那里瞎说，这是共产党员的耻辱，岂有共产党员而可以闭着眼睛瞎说一顿的吗？"[3]

今天在实行改革、开放的中国，新的情况、新的问题层出不穷，更加需要我们党的各级领导机关、广大的党员和干部加强调查研究，作出正确的应对，使建设中国特色社会主义事业不断取得新的胜利！

---

［1］《毛泽东文集》第 2 卷，人民出版社 1993 年 12 月版，第 378 页。

［2］《毛泽东文集》第 8 卷，人民出版社 1999 年 6 月版，第 262 页。

［3］《毛泽东选集》第 1 卷，人民出版社 1991 年 6 月第 2 版，第 109 页。

对《1941—1981：胡乔木与毛泽东》一文的一个补正*

　　读了《百年潮》杂志 2006 年第 2 期刊载的程中原同志的文章《1941—1981：胡乔木与毛泽东》，其中有一段话是："20 世纪 40 年代，胡乔木的工作和贡献主要在两方面：一方面是新闻、政论的写作。……对胡乔木起草的文稿，毛泽东也没有少花力气。胡乔木的许多手稿上留有毛泽东悉心修改的笔迹。在迎接新中国诞生时产生过重大影响的一些名篇，如：1949 年的元旦社论《将革命进行到底》《丢掉幻想，准备斗争》《别了，司徒雷登》等六篇对美国对华政策的评论（通称"六评白皮书"——美国国务院 1949 年 8 月 5 日发表了关于中国问题白皮书，这些评论是针对这份白皮书而发），可说是毛泽东与胡乔木共同完成的杰作。"从这段话可以看出，程中原同志认为，《将革命进行到底》和对美国国务院的白皮书及艾奇逊给杜鲁门的信件的六篇评论（其中五篇编入了《毛泽东选集》第 4 卷），都是毛泽东和胡乔木共同完成的杰作。那么，毛泽东和胡乔木是怎样"共同完成"的？这七篇文章是由谁起草的，是不是都是胡乔木起草后经毛泽东悉心修改而共同完成的？据我所了解的档案资料情况，说这七篇文章都是毛泽东与胡乔木共同完成的杰作的论断，在相当程度上不符合实

---

　　* 此篇文章发表在《百年潮》2006 年第 4 期。编入本书时，对一个问题作了修改。

际情况。这七篇文章的撰写情况，可以分为三类：一篇是胡乔木起草初稿，毛泽东作了大量重要的修改和补充，并最后定稿；一篇是胡乔木撰写的；其余五篇是毛泽东自己起草和定稿的。下面逐篇作一点介绍。

《将革命进行到底》（1949 年新年献词），据当年参加编辑《毛泽东选集》第 4 卷的同志说，这一篇是胡乔木起草的初稿。我看到的是这篇文章送毛泽东审阅的清样稿，毛泽东加写了一些重要内容，并作了许多重要的修改和最后定稿。

对白皮书和艾奇逊信件的六篇评论，当时是作为新华社社论发表在《人民日报》上的。这些评论的撰写情况又是怎样的呢？

《无可奈何的供状——评美国关于中国问题的白皮书》，这是新华社评白皮书和艾奇逊信件的第一篇社论，也就是后来所称的"一评"。这一篇是胡乔木起草的，发表在 1949 年 8 月 13 日的《人民日报》上，后来编入 1992 年出版的《胡乔木文集》第 1 卷。（附带说一下，在《胡乔木文集》中这篇文章的标题下面，署的日期是"一九四九年八月二十一日"，不知道根据是什么？）这篇文章，毛泽东是否修改过？因为我未见到这方面的档案材料，不好作论断。

"六评"中的其余五篇，都是毛泽东起草和定稿的。

《丢掉幻想，准备斗争》，这是新华社评白皮书和艾奇逊信件的第二篇社论，也就是后来所称的"二评"，发表在 1949 年 8 月 15 日的《人民日报》（《毛泽东选集》所署的"一九四九年八月十四日"是新华社电讯的日期）。这一篇的毛泽东手稿，完整地保存下来，共 14 页。排出清样后，毛泽东作了修改。

《别了，司徒雷登》，这是新华社评白皮书和艾奇逊信件的第三篇社论，也就是后来所称的"三评"。发表在 1949 年 8 月 19 日的《人民日报》(《毛泽东选集》所署的"一九四九年八月十八日"是新华社电讯的日期）。这一篇的毛泽东手稿，完整地保存下来，共 12 页。档案中未见清样稿。

《四评白皮书》，这是新华社评白皮书和艾奇逊信件的第四篇社论，发表在 1949 年 8 月 29 日的《人民日报》(《毛泽东选集》所署的"一九四九年八月二十八日"是新华社电讯的日期）。有一个情况要说明一下，当年发表前三篇社论时，文章的题目上没有表示这些文章先后次序的"一评""二评""三评"的字样，而这一篇就出现了"四评"的字样。后来从这一篇往前倒推，将前三篇评论分别称为"一评""二评""三评"。关于这几篇评论的关系，毛泽东在"四评"一开头就作了说明："关于美国白皮书和艾奇逊的信件，我们业已在三篇文章（《无可奈何的供状》《丢掉幻想，准备斗争》《别了，司徒雷登》)中给了批评。"[1]这一篇的毛泽东手稿完整地保存下来，共 11 页。排出清样后，毛泽东作了修改。《四评白皮书》编入《毛泽东选集》第 4 卷时，题目改为《为什么要讨论白皮书？》。

《五评白皮书》，这是新华社评白皮书和艾奇逊信件的第五篇社论，发表在 1949 年 8 月 31 日的《人民日报》(《毛泽东选集》所署的"一九四九年八月三十日"是新华社电讯的日期）。这一篇的毛泽东手稿完整地保存下来，共六页。排出清样后，毛泽东作了修改。《五评白皮书》编入《毛泽东选集》第 4 卷时，题目改为《"友谊"，还是侵略？》。

---

[1]《毛泽东选集》第 4 卷，人民出版社 1991 年 6 月第 2 版，第 1499 页。

《六评白皮书》，这是新华社评白皮书和艾奇逊信件的第六篇社论，发表在 1949 年 9 月 17 日的《人民日报》(《毛泽东选集》所署的"一九四九年九月十六日"是新华社电讯的日期)。这一篇的毛泽东手稿没有保存下来，保存下来的是毛泽东修改的清样稿。1960 年编辑《毛泽东选集》第 4 卷时，认定这一篇是毛泽东写的。《六评白皮书》编入《毛泽东选集》第 4 卷时，题目改为《唯心历史观的破产》。

关于《将革命进行到底》以及对白皮书和艾奇逊信件的六篇评论的撰写情况，基本上就是以上这些。这七篇文章是不是毛泽东与胡乔木共同完成的杰作，大概也就可以清楚了。

毛泽东与第二次郑州会议[*]

从 1958 年 11 月召开的第一次郑州会议起,以毛泽东为首的中共中央开始纠正人民公社化运动中出现的"左"倾错误。这是一个艰难的探索过程。1959 年初召开的第二次郑州会议,是纠"左"过程中的一次重要会议。

一、第二次郑州会议的召开

1959 年 2 月 27 日至 3 月 5 日举行的第二次郑州会议,并不是预先就决定在郑州召开的。2 月 23 日晨,毛泽东乘专列离开北京南下,他是带着进一步纠正"共产风"和解决当时农村中闹瞒产私分等问题南下的。他想到一些省去实际地了解情况,并将自己思想上酝酿的解决这些问题的方针和政策同这些省的负责人交换意见,然后 3 月到上海开会,作出决定。可是,毛泽东走到河南就停下来,并在这里主持召开了第二次郑州会议。这一改变是怎样作出的呢?毛泽东离开北京的前一天(2 月 22 日),批转了赵紫阳在广东湛江地区雷南县(后并入雷州市)指导反瞒产私分粮食问题的报告,这个报告对毛泽东的触动相当不小,促使他

* 此篇文章发表在《党的文献》2007 年第 1 期。

思考很多问题。他思想上酝酿的解决瞒产私分问题、缓和同农民的紧张关系的方案是：人民公社的集体所有制是有一个发展过程的，在现阶段应当是以生产队（大体上相当于原来的高级农业生产合作社）的所有制为基础，即部分的社所有、基本的队所有。一路上，在天津、济南、郑州，他都提出这个方案分别同河北、山东、河南省委的负责人交换意见，得到他们一致的支持。这样，毛泽东增加了自信，决定提前在郑州召开会议。毛泽东作出提前在郑州召开会议这个决定的时间，最早只能是在 2 月 27 日凌晨，因为他同河南省委负责人吴芝圃、杨蔚屏、赵文甫、史向生四人的谈话延续到 27 日晨 0 时 20 分才结束。由于决定仓促，参加会议的人是急急忙忙赶往郑州的。《杨尚昆日记》2 月 27 日记载：下午"1 时，少奇、小平、彭真、乔木，奉主席之约，飞郑州"。王任重的日记说："二十七日下午接到叶子龙同志电话，要我二十八日到郑州。"

　　毛泽东是抱着相当的自信和期望召开第二次郑州会议的，他希望能尽早将自己的想法付诸实践，以利春耕生产。按照他原来的安排，会议只开三天：2 月 27 日同长江以北地区的几位省委书记开会，2 月 28 日同长江以南地区的几位省委书记开会，3 月 1 日集中起来开一次会议，就结束了。会议要起草一个关于人民公社所有制问题的决议草案，为 3 月在上海召开的会议准备文件。但是，第二次郑州会议开得并不像毛泽东所预期的那样顺利，不仅是一些省市委书记的思想阻力较大，连个别的中央负责人也同毛泽东的想法有相当的距离。

　　第一天（2 月 27 日）的会议，参加者除刘少奇、邓小平、彭真、李先念、胡乔木以外，就是刘子厚、舒同、吴芝圃、陶鲁笳、张德生这五位长江以北地区的省委第一书记或第二书记。毛泽东在会上围绕同农民的关系紧张这个矛盾，讲了几个问题，重点是所有制问题。他指出，农民瞒产私分粮食，"有很多情况并不能称之为本位主义"。"我们过去设想，一下子就是公社所有了，没有想到现在基本上还不是公社所有，而是生产队所有。"他提出要起草一个关于所有制问题的决议案，"要以所有制为中心，讲一下积累问题和分配问题，包括粮食的差等[1]"。第一天的会议进行得很顺利。

2月28日晚，毛泽东召集当天到达郑州的长江以南地区的七位省市委第一书记柯庆施、李井泉、陶铸、王任重、曾希圣、江华、周小舟开会，他们中间有几位还是协作区的主任，参加会议的还有谭震林、胡乔木和甘肃省委第一书记张仲良。毛泽东讲的还是昨天那几个问题。但今天的会议同昨天不一样，在毛泽东讲话中不断有人插话，谈一些不同的看法。有的说农民瞒产私分还是错误，本位主义必须批评；有的说还是要一点集中的观念，有一个究竟怎样带领农民更快地进到全民所有制的问题，等等。王任重日记中说："我们几个人跟他唱反调。"毛泽东纠"左"遇到了阻力，而阻力又主要来自一些协作区主任和省委第一书记，他们思想不通，政策就很难贯彻。在2月28日会议结束时，毛泽东说："你们不赞成公开写文件，写所有制，我也可以让步，但是实际上要那么办，而且我们在会议上得把问题讲清楚。"[2]

鉴于2月28日会议的情况，毛泽东决定改变会议的安排，

---

[1] 指同一个公社内，富队、中等队、贫队的社员在口粮标准上应当有差别。

[2] 毛泽东在第二次郑州会议上的讲话记录，1959年2月28日。

扩大会议的规模，延长会期。他决定请在北京的周恩来、陈云、陈毅、彭德怀、李富春、薄一波、萧华、陆定一、康生九人 3 月 2 日到郑州参加会议，他说是请他们来共同审定他的讲话稿和拟定的 12 句话，以昭慎重。同时，又通知没有参加会议的 12 位省委第一书记和北京市委第二书记刘仁于 3 月 3 日到达郑州，参加会议。由于与会人员的范围扩大了许多，政治局委员的多数和全国（除西藏外）的省市区党委第一书记（个别的省是第二书记）都参加了会议，所以在 3 月 2 日将这次会议确定为中央政治局扩大会议。

在 3 月 1 日、2 日、5 日又举行了三次会议。1 日会议上讨论邓小平主持拟定的 12 句话（在"郑州会议纪要"中成为 14 句话）时，仍有一些意见不一致。2 日的会议，到会人数较多，近 30 人，包括周恩来等九人。会上，刘少奇说：他们[1]今天的心情转变过来了，昨天还有抵触情绪。会议通过了《郑州会议记录》。5 日召开最后一次会议，新到的 12 位省委第一书记和北京市委第二书记刘仁参加了会议。在这次会上，毛泽东讲了一段很激烈的话。他说："我现在代表五亿农民和一千多万基层干部说话，搞'右倾机会主义'，坚持'右倾机会主义'，非贯彻不可。你们如果不一齐同我'右倾'，那么我一个人'右倾'到底，一直到开除党籍。……我犯了什么罪？无非是不要一平、二调、三收款，要基本的所有制还是生产队，部分的所有制在上面两级，要严格按照价值法则、等价交换来办事。"这些话表明了毛泽东纠"左"的

---

[1] 指 1959 年 2 月 28 日开始参加第二次郑州会议的长江以南地区的一些省市委第一书记。

坚定不移的决心，同时也反映了第二次郑州会议进行得不顺利的一面。

二、继续纠"左"从何着手？——提出生产队的基本所有制

在人民公社内实行生产队的基本所有制，这是毛泽东召开第二次郑州会议要解决的一个核心问题。

1959 年初春，国内出现的一些情况是相当严重的。农民瞒产私分，全国闹粮食风潮，完成了征购任务的省市只有七八个；城市的粮食和副食品供应十分紧张；农民生产情绪不高，农村劳动力大量外流。面对这些情况，毛泽东很忧虑，苦苦地思索问题出在哪里，又应当如何来解决。

2 月初，广东省委上报的赵紫阳在雷南县指导反瞒产私分粮食的报告送到毛泽东手中。这个报告反映了雷南县的生产队、生产小队瞒产私分粮食的普遍性和严重性，将瞒产私分定性为本位主义，强调要批判基层干部的本位主义思想。基层干部为什么要瞒产私分？是本位主义吗？如何才能解决这个问题？这些问题萦绕在毛泽东的脑子里。他说："过去对这个问题，包括我在内没有分析。在北京，一月份我烦闷，还没有分析。到二月份，我开始分析这个问题。谢谢几亿农民瞒产私分，坚决抵抗，就是这些事情推动了我，我就想一想。"

经过一段时间的思考，他才为中央起草了转发赵紫阳报告的批语。在这个批语中，对八届六中全会决议以后出现的瞒产私分问题，毛泽东从公社内部大集体与小集体的关系切入进行了分

析，说"公社很大，各大队小队仍怕公社拿走队上的粮食"。[1]要消除大队小队的这种顾虑和恐惧，从而使他们不搞瞒产私分，按照毛泽东批语的思路，那就必须承认他们对自己的产品的所有权，也就是要确定生产队的基本所有制问题。正如他3月1日讲话中所说的："六中全会决议没有写队有这几个字，所以他们就怕社拿走他们的粮食。"毛泽东的这篇批语是很重要的，是他关于生产队基本所有制思想的发轫，应当说这时他已经基本上形成了这个思想。他自己曾说："我那一天（指起草转发赵紫阳报告的批语的时候。——引者）隐隐约约提了社有、队有的问题，没有像现在这样提，我说他们不怕中央拿，而怕社拿。"[2]

在为期七天的第二次郑州会议上，毛泽东作了多次讲话，内容主要是围绕人民公社的所有制问题。他说："我认为人民公社现在有一个矛盾，一个可以说相当严重的矛盾，还没有被许多同志所认识，它的性质还没有被揭露，因而还没有被解决。"究竟是一个什么矛盾呢？他指出："目前我们跟农民的关系在一些事情上存在着一种相当紧张的状态，突出的现象是在一九五八年农业大丰收以后，粮食棉花油料等等农产品的收购至今还有一部分没有完成任务。再则全国（除少数灾区外），几乎普遍地发生瞒产私分，大闹粮食、油料、猪肉、蔬菜'不足'的风潮，其规模之大，较之一九五三年和一九五五年那两次粮食风潮都有过之无不及。"这究竟是怎么一回事呢？毛泽东说，"我以为主要地应当从我们对农村人民公社所有制的认识和我们所采取的政策方面去

---

[1]《建国以来毛泽东文稿》第8册，中央文献出版社1993年1月版，第52页。
[2] 毛泽东在第二次郑州会议上的讲话记录，1959年3月1日。

寻找答案"。"农村人民公社所有制要不要有一个发展过程？是不是公社一成立，马上就有了完全的公社所有制，马上就可以消灭生产队的所有制呢？""现在有许多人还不认识公社所有制必须有一个发展过程，在公社内，由队的小集体所有制到社的大集体所有制，需要一个过程，这个过程要有几年时间才能完成。他们误认人民公社一成立，各生产队的生产资料、人力、产品，就都可以由公社领导机关直接支配。""因此，他们在公社范围内，实行贫富拉平，平均分配；对生产队的某些财产无代价地上调；银行方面，也把许多农村中的贷款一律收回。'一平、二调、三收款'，引起广大农民的很大恐慌。这就是我们目前同农民关系中的一个最根本的问题。"[1]他强调生产队的所有制是"具有极大重要性的"，三级核算应当"以队的核算为基础"。[2]他还指出，六中全会决议"没有写明公社的集体所有制也需要有一个发展过程，这是一个缺点。因为那时我们还不认识这个问题"，"目前的问题是必须承认这个必不可少的发展过程"。[3]

毛泽东提出的部分所有是社、基本所有是队的公社所有制，具体说来基本所有是多少、部分所有是多少呢？他说："现在的所有制，实际上生产队是八个指头、九个指头，公社是一个指头、二个指头，最多不超过三个指头。现在公社实际是联邦政府。公社的权不能那么大，它有征收公粮之权、积累之权，而产品分配

---

[1] 以上六段引语，见《建国以来毛泽东文稿》第8册，中央文献出版社1993年1月版，第66、67、68页。

[2]《建国以来毛泽东文稿》第8册，中央文献出版社1993年1月版，第69、71页。

[3]《建国以来毛泽东文稿》第8册，中央文献出版社1993年1月版，第69、68页。

应该在队。"[1]毛泽东所说的这个"联邦政府"的"邦"，大体上相当于原来高级社规模的生产队或生产大队。

关于承认生产队的基本所有制是不是向农民让步这个问题，毛泽东说："基本上不是一个向农民让步的问题，而是一个逐步发展的过程，只能这么发展，这是客观情况。""现在还不能讲基本上是大集体所有制，所有不了，一所有就危险，就跟那个小集体冲突。"[2]他指出，在现阶段，"农民总还是农民，他们在社会主义的道路上总还有一定的两面性。我们只能一步一步地引导农民脱离较小的集体所有制"。[3]

为了防止公社积累过多而影响生产队的基本所有制，毛泽东提出 1959 年要向农民宣布：在生产队的总产值中，公社的积累不要超过 18%，加上国家的农业税 7%，总共不超过 25%，生产队用于分配给社员的那部分应占 55%，使农民心中有个数，以安定人心，以利于提高生产积极性。

关于瞒产私分问题，毛泽东指出，将瞒产私分定性为本位主义，"名词安得不对，这是所有制问题"。[4]"它的土地、它的人力生产出来的产品，你不用等价交换，它抵制，这是保卫它的神圣权利，极为正确。"[5]他还说，生产队为什么私分？你不让它公分嘛！毛泽东认为只有一种情况可以说是本位主义，应当加以批评，那就是"产品本来有余、应该向国家交售而不交售的"，"但

---

[1] 毛泽东同吴芝圃等的谈话记录，1959 年 2 月 27 日。
[2] 毛泽东在第二次郑州会议上的讲话记录，1959 年 2 月 28 日。
[3] 《建国以来毛泽东文稿》第 8 册，中央文献出版社 1993 年 1 月版，第 68 页。
[4] 毛泽东在第二次郑州会议上的讲话记录，1959 年 2 月 27 日。
[5] 毛泽东在第二次郑州会议上的讲话记录，1959 年 3 月 5 日。

是有很多情况并不能称之为本位主义"。[1]对基层干部和农民同公社和县等上级领导顶牛的问题，他强调："我看，首先要下楼的是我们，从中央到公社，要搞个楼梯。这个楼梯就是我们这回谈的这些东西，就是要解决所有制问题。土地谁人所有，劳动力谁人所有，产品就谁人所有。"[2]毛泽东严厉批评"一平二调"的"共产风"，说它使得生产队人财两空。他提出必须反对两种错误倾向——平均主义倾向和过分集中倾向。他说："这两个东西是很冒险的，它的性质是冒险主义。"[3]他强调要承认差别，"社社可以不同，有差别；队队可以不同，有差别；人人可以不同，有差别"。"差别的消灭，只能够在一个必要的过程、必要的时间中间才能消灭"。[4]毛泽东还指出，这两种错误倾向都是违反价值法则、违反等价交换的原则。要实行等价交换，生产队的基本所有制是一个不可缺少的前提条件。实行生产队的基本所有制以后，生产队除了向公社提交公积金、公益金以外，社与队、队与队之间都是等价交换关系，不允许无偿占有别人的劳动成果。毛泽东指出，生产队的基本所有制是反对这两种错误倾向的理论基础。

　　毛泽东在第二次郑州会议上批评1958年12月开始的整社只做了一些改良工作，修修补补，没有搞出根本彻底的办法。他说："整社整了三个月（12月、1月、2月），隔靴搔痒，没有落到痛痒之处。"[5]他所说的"根本彻底的办法"和"痛痒之处"，是指如何建立人民公社的一套规章制度，而最主要的就是他提出

---

[1]《建国以来毛泽东文稿》第8册，中央文献出版社1993年1月版，第70页。

[2][5]　毛泽东在第二次郑州会议上的讲话记录，1959年3月5日。

[3][4]　毛泽东在第二次郑州会议上的讲话记录，1959年3月1日。

的生产队的基本所有制，整社根本没有触及这个问题。所有制问题的确是当时人民公社的一个主要问题、一个主要矛盾，解决了这个问题，公社内部的平均主义倾向、过分集中倾向、否定等价交换原则等问题，才有可能顺理成章地加以解决。确定生产队的基本所有制，还为进一步调整人民公社的内部体制和有关政策，打下了一个重要基础。

三、十四句话——整顿和建设人民公社的方针

第二次郑州会议一开始，毛泽东就提出要写一个关于所有制问题的决议。后来，由于一些与会者不赞成，他只好放弃了。最后，会议通过一个《郑州会议记录》，这个记录的第一部分（一般将它称作"郑州会议纪要"）是毛泽东写的。"纪要"说，会议规定了14句话作为当前整顿和建设人民公社的方针。这14句话是："统一领导，队为基础；分级管理，权力下放；三级核算，各计盈亏；分配计划，由社决定；适当积累，合理调剂；物资劳动，等价交换；按劳分配，承认差别。"这14句话，对人民公社内部的体制和基本政策作出了原则性的规定，对于纠正"共产风"和调动农民的生产积极性起了较大的作用，是纠"左"的继续，是第二次郑州会议的重要成果。

这14句话是经过几次讨论才形成和通过的。最初，在邓小平主持下讨论形成的是12句话："统一领导，队为基础；分级管理，权力下放；三级核算，各计盈亏；收入分配，由社决定；适当积累，合理调剂；多劳多得，承认差别。"在3月1日毛泽东主持的会议上讨论这12句话时，毛泽东首先提出："等价交换不

要一句？"并说："把等价交换一否定，你的就是我的，我的还是我的，结果人家就恐慌。"关于等价交换问题，八届六中全会决议中只讲到人民公社社与社之间和人民公社同国营企业之间实行商品交换，而"没有说公社内社与队、队与队也要实行等价交换，这是一个缺点"。[1]毛泽东提出要增加"等价交换"一条，就是要人民公社内社与队、队与队之间在物资和劳动力两方面都实行等价交换的原则，不允许无偿占用。这对纠正"一平二调"的"共产风"，对实行生产队的基本所有制，是一个重要的保证。根据毛泽东的意见，12句话增加了两句："物资劳动，等价交换。"毛泽东还提出，应当将"多劳多得"改为"按劳分配"，因此最后两句改为"按劳分配，承认差别"。以上这些，是会议接受了毛泽东的意见。在会议讨论所有制问题时，毛泽东说："人民公社决议[2]没有阻止一平、二调、三收款这股风。你们想一想，这是个什么问题？""究竟所有制基本上是在哪个地方？不讲所有制，扳不过来的。所有制基本是队，而不是社。"但是六中全会决议没有写上队有这几个字。会上不少人同毛泽东的看法并不一致，他们强调14句话要同六中全会决议衔接起来，要维持决议。他们所说的要衔接、要维持的，主要是指决议关于人民公社内部体制的规定，即："人民公社应当实行统一领导、分级管理的制度。公社的管理机构，一般可以分为公社管理委员会、管理区（或生产大队）、生产队三级。管理区（或生产大队）一般是分片管理工农商学兵、进行经济核算的单位，盈亏由公社统一负责。生

---

[1] 毛泽东同部分省委第一书记的谈话记录，1959年3月5日。
[2] 指1958年12月10日中共八届六中全会通过的《关于人民公社若干问题的决议》。

产队是组织劳动的基本单位。"如果维持这一规定,生产队的基本所有制就无从谈起。因此,毛泽东提出:"三级所有是不是要写上?"一位中央领导同志立即回答说:"就是分级管理,各计盈亏。"并且补上一句"不是各负盈亏",作为"各计盈亏"的注脚。另一位中央领导同志说得更直接了,他说:"还是公社所有制,公社所有制的内容是包括三级所有制,这样解释比较好。""不采取主席那个由队到社的过程的说法。"会议情况表明,与会者中相当多的一些人不赞成写上毛泽东提出的生产队的基本所有制,所以最后通过的 14 句话中,是"统一领导,队为基础",而不是"三级所有,队为基础"。生产队的基本所有制,在同年 4 月上海会议通过的《关于人民公社的十八个问题》中,才有了明确的规定和表述。

3 月 1 日的会议上,在谈到让胡乔木整理毛泽东在会上的讲话时,上面提到的后一位中央领导同志又说:"讲公社还是要同武昌的决议连起来,是公社决议的具体化,还是公社,不要误解到没有公社了。"从这里可以看出,一些与会者思想没有解开的一个结,就是担心确定实行和明确写上生产队的基本所有制,公社的"一大二公"会有不少的削弱,从而可能被认为没有公社了。其实,毛泽东的思想并没有前进到否定人民公社,这也是他这个时期纠"左"中还存在的局限性。他是认为只有实行生产队的基本所有制,才能解决人民公社内部体制上的矛盾,才能消除农民的抵抗,才不至于把人民公社搞垮了。对于在自己讲话的整理稿中如何写人民公社的所有制问题,毛泽东坚持自己的意见。他说:"基础是生产队,你不从这一点说,什么反对拉平、反对过分集中,就没有理论基础了。"在作为《郑州会议记录》第二部分印发的毛泽东的讲话中，明确写道："我们在生产关系的改进方面，即是说，在公社所有制问题方面，前进得过远了一点。"六中全会决议"没有写明公社的集体所有制也需要有一个发展过程，这是一个缺点"。"这样，下面的同志也就把公社、生产大队、生产队三级所有制之间的区别模糊了，实际上否认了目前还存在于公社中并且具有极大重要性的生产队（或者生产大队，大体上相当于原来的高级社）的所有制，而这就不可避免要引起广大农民的坚决抵抗。""公社应当实行权力下放，三级管理，三级核算，并且以队的核算为基础。在社与队、队与队之间要实行等价交换。"

需要说明的是，毛泽东强调生产队的基本所有制，并没有否定六中全会决议。他只是认为六中全会决议关于公社的所有制问题有写得不够的地方，没有写明所有制需要一个发展过程，"缺乏三级管理、队为基础这一部分"[1]，原因是"那时我们还不认识这个问题"[2]。当初还不认识，由于实践的发展后来认识了，对过去决议中的规定进行补充和完善，这是情理之中的事情，是党的方针、政策向前发展的表现，是一种进步。

四、"多谋善断"——一个重要的工作方法

1959 年 3 月 2 日，毛泽东在第二次郑州会议上讲郭嘉，讲"多谋善断"的工作方法。他说：三国时候，曹操一个有名的谋

---

[1] 毛泽东在第二次郑州会议上的讲话记录，1959 年 3 月 5 日。

[2]《建国以来毛泽东文稿》第 8 册，中央文献出版社 1993 年 1 月版，第 69 页。

士，叫郭嘉。郭嘉说袁绍这个人多端寡要，多谋寡断，见事迟，得计迟。"所谓见事迟，得计迟，就是形势已经出来了，他还不能作出判断，得不出一个方针来，就处于被动。"他强调"得计迟是很危险的"。

毛泽东为什么想起在这次会议上讲郭嘉，讲"多谋善断"呢？他是有现实针对性的。他说："我是借这个故事来讲人民公社的党委书记以及县委书记、地委书记，特别是县同公社这两级，要告诉他们，不要多端寡要，多谋寡断。谋是要多，但是不要寡断，要能够当机立断；端可以多，但是要拿住要点，一个时候有一个时候的要点"。"这是个方法问题。这个方法不解决，每天在混混沌沌之中，叫作什么没有功劳也有苦劳，什么辛辛苦苦的官僚主义。"可以这样理解：他又何尝不是用这个历史故事来启发参加会议的省委书记甚至个别的中央领导人呢？当时，在农民普遍瞒产私分、农村劳动力大量外流、城市供应十分紧张等情况下，不少的领导干部仍然强调要统、要集中，一味地反对本位主义，看不清问题的本质，抓不住主要矛盾，不能从公社的所有制方面寻找原因，得不出解决问题的正确方案，对毛泽东提出的实行生产队的基本所有制不能接受。这难道不是形势已经出来了，还不能作出判断吗？毛泽东在3月2日的会议上讲"多谋善断"问题，体现了他虚实结合的工作方法。这天的会议通过了作为当时整顿和建设人民公社的方针的14句话，会议上不同意见的讨论告一段落。这时，毛泽东讲"多谋善断"，可以说是从思想方法、工作方法的角度来总结这次会议，这是务虚。思想方法和工作方法的进步和提高，对于改进工作具有根本性的意义。

"多谋善断"有两个侧面，既要"多谋"又要"善断"。毛泽东针对第二次郑州会议的情况，这次着重讲的是"善断"这个侧面，强调事情发生了，要看得出，抓得住，当机立断，而不要"见事迟，得计迟"。他批评有些人在下面搞了几个月的调查也搞不清楚，越搞越糊涂，材料越多，笔记写得越多，脑筋越乱，理不出一个头绪来。他强调"又要实际，又要超然，专门实际而不超然很危险"。[1]这里所说的"超然"，就是不要陷入纷纷繁繁的具体材料中，分不清主次，抓不住要点，而要经过梳理材料，经过分析综合，找出内部联系，抓住关节，作出对事物本质的正确概括。

一个月以后，1959年4月5日在中共八届七中全会上，毛泽东再一次讲"多谋善断"。这一次，他讲得更多的是"多谋"这个侧面。他说："要多谋。现在做计划工作的同志，跟做经委工作的同志，也许还有做基本建设工作的同志，缺乏多谋。""在座同志们，你们也要多谋一点，谋于秘书，谋于省市委书记，谋于地委书记、县委书记、公社书记，谋于个别农民，谋于厂长，谋于车间主任、工段长、小组长，谋于个别的工人，谋于不同意见的同志，这就叫多谋。"他指出，只有"多谋"才能"善断"，否则就是少谋武断。他自我批评说，我也有过武断，比如在第二次郑州会议上说"我们认为旧账一般地不应当算"，这不是武断？八届七中全会后不久，他在一次谈话中又严厉地批评了少谋武断，说："现在人们胆子太大了，不谋于群众，不谋于基层干部，不考虑反面意见，也不听上级的，就是他一人能断，实际上是少

---

[1] 毛泽东在第二次郑州会议上的讲话记录，1959年3月1日。

谋武断。"[1]他还在一个批语中再次强调"多谋",指出:"多想多读,多谋善断。谋之于主席、副主席、总书记,谋之于秘书、部长助理、副部长、司局长,谋之于省地县社直至生产小队长,谋之于反对派即不同意见的同志,这一点很要紧。"[2]毛泽东在讲"多谋"时,多次强调要谋之于反对派即有不同意见的同志,要听取他们的意见,这一点很值得注意。他甚至说过:"什么叫多谋呢? 你听听人家不同的意见嘛。"[3]为了听取不同的意见,他提出开会一定要有对立面,要有不同意见的人参加,不能光听一面之词,以后开会都要用这个方法。他强调要听取不同的意见,这是因为真理有时候在一个人或少数人的手里。

毛泽东倡导的"多谋善断",是一个重要的工作方法,是我们在工作中少犯错误的一个重要保证。

五、毛泽东率先领导全党纠正"左"倾错误

1958 年夏天开始的人民公社化运动,是在以毛泽东为首的中共中央领导下进行的。对于过早地在全国建立人民公社这一"左"倾错误,毛泽东负有主要责任,但对公社化运动中出现的"共产风"等"左"倾错误,却是毛泽东较早地觉察和认识的,并率先领导全党进行纠正。

毛泽东纠正"左"倾错误,经历了一个不断探索的艰难的

---

[1] 毛泽东在天津同中共河北省委、天津市委负责人的谈话记录,1959 年 4 月 14 日。
[2]《建国以来毛泽东文稿》第 8 册,中央文献出版社 1993 年 1 月版,第 280 页。
[3] 毛泽东在中共八届七中全会上的讲话记录,1959 年 4 月 5 日。

历程。

首先，他要否定和纠正自己思想上存在的并且倡导过的某些"左"的东西。面对当时的现实，毛泽东十分焦急而心情沉重地进行反思，他说自己烦恼、睡不着觉，经过"一些问题到底这样好还是那样好"的苦苦思索，针对公社所有制前进得过远了的问题，他提出在现阶段公社的所有制应当以大体上相当于原高级社规模的生产队（或生产大队）的所有制为基础，抓住了问题的根本，是纠"左"的实质性措施。作出这一决断是需要政治勇气的，因为这个方案在当时容易被认为是一种"倒退"。当毛泽东认准了应当调整公社的内部体制时，他就毅然地提前在郑州召开会议，希望尽快地纠正错误。这正如他所说的："许多事情，我们还正在试验。"由于缺乏经验肯定要犯一些错误，"问题在于有错误要发现得快一些，纠正得快一些"。[1] 这就是一个马克思主义者对待错误的郑重的态度。

其次，毛泽东在纠"左"中还要克服党内的思想阻力。他提出的生产队的基本所有制，在第二次郑州会议期间就有不少人表示不赞成，各种批评意见扑面而来，什么右倾、倒退、不要共产主义、还要不要全国一盘棋、把思想搞混乱了，等等。毛泽东条分缕析地耐心说服，并晓以利害，会议最后基本上取得了一些共识。

毛泽东在纠"左"中，对"左"倾错误造成的损失感到痛心，对未能防止某些"左"倾错误进行自责，带头作自我批评。他强调公社化运动中出现的"左"倾错误，责任应当由中央和他本人

---

[1] 毛泽东会见波兰统一工人党代表团的谈话记录，1959 年 5 月 22 日。

承担。在毛泽东第二次郑州会议讲话的整理稿中，原本有一段他作自我批评的话："这首先是由于中央没有作及时的明确的指示，我本人在这方面就负有责任，以致下级干部一时没有掌握好分寸，这不能责备他们。"在3月2日的会议上，有人带头不赞成毛泽东写上"我本人在这方面就负有责任"的话。他们说："你这样一讲，我们层层都要作检讨，不然过不了关。""结果来个消极情绪，大家都检讨得一塌糊涂。"这样，在最后印发的毛泽东讲话中，只保留了"而且这首先是由于中央没有更早地作出具体的指示，以致下级干部一时没有掌握好分寸"。对此，毛泽东无奈地解释说："我讲了中央，我也在里头。"[1]

第二次郑州会议纠正人民公社化运动中的"左"倾错误，毛泽东走在全党前列。他提出生产队的基本所有制，在人民公社所有制问题上撕开了一个口子，在纠"左"方面比第一次郑州会议和八届六中全会迈出了更大的一步。但是，由于受到思想认识上的局限，这次纠"左"也不可避免地带有局限性。例如，毛泽东并没有从根本上否定人民公社体制，他认为当时应当实行基本队有的公社所有制，过些年生产发展了，经济强大了，就又要改为基本社有的公社所有制。其次，实行相当于原高级社规模的生产队（或生产大队）的基本所有制，对完全的单一的公社所有制而言，是一个不小的改变和进步，但规模仍然偏大，不完全适合当时农村生产力的发展水平和农民的觉悟水平，所以后来又把基本核算单位改为相当于初级社规模的生产小队。这些都预示着中共中央和毛泽东在纠"左"方面还需要一个长期艰难探索的过程。

---

[1] 毛泽东在第二次郑州会议上的讲话记录，1959年3月5日。

陕北艰苦转战的真实写照

——读毛泽东《五律·张冠道中》*

在 1996 年毛泽东逝世 20 周年时，由中共中央文献研究室编辑、中央文献出版社出版的《毛泽东诗词集》中，新编入毛泽东诗词 17 首，其中第一次正式公开发表的有十首。在第一次正式公开发表的这十首诗词中，《张冠道中》《喜闻捷报》这两首五律，填补了过去出版的毛泽东诗词选中毛泽东诗词作品在解放战争前期、中期所出现的空缺。

有些人形成一种看法，即认为毛泽东在诗词创作中不写五律。主要的依据大概是毛泽东 1965 年 7 月 21 日写给陈毅的一封谈诗的信。这封信中说："我对五言律，从来没有学习过，也没有发表过一首五言律。"另外，在 20 世纪 90 年代以前出版的毛泽东诗词选中，也确实未见到一首五言律诗。1993 年毛泽东诞辰100 周年时，中共中央文献研究室和中央档案馆合办的刊物《党的文献》新发表了毛泽东诗词四首，其中就有一首五律《看山》，这是毛泽东写的五言律诗第一次正式面世，突破了关于毛泽东在诗词创作中不写五律的这一看法。1996 年出版的《毛泽东诗词集》，又发表了前面所说的两首五言律诗。这说明，在毛泽东的诗词

---

* 此篇文章收入中央文献出版社 2003 年出版的《毛泽东诗词全编鉴赏》一书。编入文存时，内容作了补充。

创作中，并不是不写五律，而且写了还不止一首。当然，在毛泽东的整个诗词创作中，五律确实是写得比较少的。而毛泽东在信中说自己对五言律诗"从来没有学习过"，这恐怕属于自谦之词。因为他写出了几首五言律诗，怎么好说是"从来没有学习过"呢？况且，他1965年为陈毅修改的那首《西行》，恰好又正是五言律诗。其次，毛泽东说的是自己"没有发表过一首五言律"，而不是说他自己从来没有写过五言律诗。毛泽东生前确实没有正式发表过一首五言律诗，他的五言律诗都是在他本人逝世以后才发表的。当然，也毋庸讳言，就近体诗和长短句相比较而言，毛泽东更喜欢也更擅长写词。在《毛泽东诗词集》中，正编42首诗词奠定了毛泽东作为伟大诗人的历史地位，其中词占了三分之二，这一情况绝不是偶然的。

《张冠道中》这一首五言律诗，写于1947年，内容是毛泽东在陕北转战途中所经历的一段情况。

1947年3月，国民党军队在对中国共产党领导的人民军队的进攻中不断受挫后，被迫放弃全面进攻，抽调兵力对山东、陕甘宁两个解放区实行重点进攻。蒋介石集结了25万兵力进攻陕甘宁边区，其中分两路进攻延安的兵力达14万之多。在敌强我弱的形势下，毛泽东和中共中央于3月18日撤离延安，开始了历时一年的艰苦的陕北转战。从五律《张冠道中》这首诗的内容来看，写的是一次夜行军延至清晨的情况，反映的是毛泽东陕北转战开始阶段的情况。

这首诗的首联（一、二句）"朝雾弥琼宇，征马嘶北风"，琼宇即玉宇，指天空，写晨雾弥漫天空，战马在呼啸的北风中嘶鸣。这两句点出了时空，是在野外的一个寒冷的早晨，同时反映了当时行军为避开敌军及敌机而夜行昼宿的实况，可以表明这是一次夜行军的行将结束。

颔联（三、四句）"露湿尘不染，霜笼鸦不惊"，这两句也是写天气的寒冷。陕北是黄土高原，尘土厚重，寒露打湿了高原的黄土地，尘土飞扬不起来沾染人们的衣物；在霜笼雾罩下，乌鸦都不出巢飞动了。鸦，在这里既是特指乌鸦，又是泛指鸟类。乌鸦是一种体型较大、喙和足都强壮的鸟，但在凛冽的霜晨，它也伏在巢中不动了。在古代文学作品中，也有用鸟伏巢而不飞来形容天气寒冷的，如《吊古战场文》中就用了"鸷鸟休巢"的句子，鸷鸟是一种凶猛的鸟。

颈联（五、六句）"戎衣犹铁甲，须眉等银冰"两句，进一步写天气的寒冷，并且由写景写物到写人了。写的虽是人的外形，但透露出一种坚定、顽强的精神。行军途中的人们，他们的军衣被浓雾、寒露、严霜打湿，在寒冷的气温下结冰了，好像又重又硬的铁衣，他们的眉毛、胡须上都是白色的冰晶。

尾联（七、八句）"踟蹰张冠道，恍若塞上行"两句，提示了这首五律的题旨。踟蹰，状行军态势。其本意为徘徊不前，这里有在天寒地冻的霜晨，征马艰难地迟缓地前行的景况，进一步可以理解为忽行忽止、忽进忽退，表现了为避开强敌而在陕北艰难地转战、曲折行进的情景。张冠道应是毛泽东在陕北转战中经过的一条道路。"踟蹰张冠道"，反映了在陕北转战中，与强敌周旋，兜圈子，捉迷藏，让敌人找不到西北战场人民军队的主力在什么地方，找不到留在陕北的以毛泽东为首的中共中央领导机关在什么地方，把敌人拖到十分疲劳和十分缺粮的程度，使其精疲力竭，然后消灭之。这就是毛泽东提出的"蘑菇"战术。恍若，状诗人心态。塞上，指长城内外。"恍若塞上行"，可以理解为这次张冠道上夜行军所经历的情况，让诗人感受到古代边塞诗中所描写的天气苦寒、军情紧急等情景，此时此地的心态仿佛觉得是在边塞上行军。4月初，毛泽东到了子长县的石家湾、靖边县的青阳岔等地，实际上离长城也就比较近了。"恍若塞上行"一句，既是毛泽东的一种感受，也有实际的地理位置这一背景情况。

　　毛泽东在陕北转战的一年中，其间从1947年3月18日撤离延安至4月13日到达靖边县的王家湾（今属安塞县，毛泽东等在这里住了50多天），这一段时间，毛泽东一行频繁地转战。在不到一个月的时间内，经过了延川、清涧、子洲、子长、靖边等好几个县，住宿过的地点有十几个，常常是一天换一个地方。有材料回忆，毛泽东1947年3月18日离开延安，至3月28日到达清涧县枣林沟，是乘车夜行军；从3月31日离开枣林沟向邱家坪转移开始，途经子洲县的高家塔，子长县的涧峪岔、石家湾，直到4月5日转移到靖边县青阳岔，这几天是骑马夜行军；这以后的继续转移，就基本上是白天行军了。没有在陕北生活过的人，大概想不到陕北黄土高原在三四月间还会是像毛泽东这首诗中所描写的那样的寒冷。陕北的无霜期短，春天来得晚，像子洲、子长这些地方，晚霜终止的时间是在4月中下旬甚至5月初。毛泽东在1947年4月初转战经过这些地方时，黄土地还没有解冻，霜雾笼罩的情况是常有的，有时甚至还会下雪。跟随毛泽东转战陕北的高智回忆说：撤离延安，"此后的近二十天里，为避敌诱敌，多在晚上和清晨行军。此时的陕北，仍较寒冷，西北风一吹，昼夜温差很大，有时可达零度，一些深山背阴处还有结冰，早晚有霜露浓雾"。综上所述，我认为《张冠道中》这首五律所写的，正是 1947 年 4 月初毛泽东在陕北转战中的情况。

细读毛泽东的《张冠道中》这首诗，不禁让我想起中学时代读过的唐代散文家李华写的《吊古战场文》。这篇文章写的是长年戍边的士兵在边塞忍受的极端寒冷和边塞战争之惨烈。其中描写边塞异常寒冷的文句，如"坚冰在须""鸷鸟休巢""征马踟蹰""缯纩无温"，在《张冠道中》一诗中似可隐约见到一些影子，在某种程度上为毛泽东所化用，或者说他们二人对边塞苦寒的描写有不谋而合的相似之处。

毛泽东在诗词创作中，革命浪漫主义的色彩十分鲜明，可以说他的诗词创作的基调是革命浪漫主义。这一判断，并不排斥毛泽东的有些诗词作品是采用的写实主义的手法，《张冠道中》这一首五言律诗就是一例。这首诗用真实描写的手法，平实而形象地反映了毛泽东在陕北转战中艰苦的夜行军情况，勾画出一幅在凛冽霜晨的苦寒行军图。从敌我形势来说，当时是强敌进攻，大军压境，形势严峻；从时令来说，还是寒凝大地的季节。所以，全诗写得凝滞、沉重、深邃，蕴含着敌情紧急、行军艰险以及诗人在防御作战阶段中某种无奈和压抑的心境等深刻寓意。但这些艰辛和困难都是暂时的，中国共产党领导下的人民军队必将取得最后的胜利。

国民党军队进攻延安和陕甘宁边区，其势汹汹，实际上是蒋介石国民党发动的对人民军队和解放区的全面进攻被粉碎后，日暮途穷，为挽救它的垂死统治而采取的一着。毛泽东早在 1946 年 11 月 18 日为中共中央起草的指示中就指出："蒋介石军队在被我歼灭了三十五个旅之后，在其进攻能力快要枯竭之时，即使用突袭方法，占领延安，亦无损于人民解放战争胜利的大局，挽救不了蒋介石灭亡的前途。"时局的发展，正如毛泽东所预见的。中共中央和人民军队撤离延安后，在艰苦的陕北转战中，经过青化砭、羊马河、蟠龙等战役，沉重地打击了进犯的国民党军队。特别是 1947 年 8 月取得沙家店战役胜利后，人民军队在西北战场就转入了战略反攻阶段。

1996 年出版的《毛泽东诗词集》中，编入的毛泽东转战陕北期间的两首五律《张冠道中》和《喜闻捷报》，形成十分有趣的鲜明对比：前一首凝滞、沉重，后一首明快、喜悦。从战争形势来说，前一首写在中国人民解放军在西北战场的战略防御阶段，后一首写在中国人民解放军在西北战场的战略反攻阶段；从时令来说，前一首写的是天寒地冻的凛冽霜晨，后一首写的是秋高气爽的中秋佳节；从记事来说，前一首写的是苦寒中的艰难行军，后一首写的是听到收复蟠龙的捷报时的喜悦心情。这两首诗，既有这样一些不同之处，又是互相联系的，没有战略防御阶段的艰苦转战，扭转战局，也就不会有战略反攻阶段的捷报频传！

谈谈毛泽东《词二首》的写作时间及其他[*]

　　毛泽东《词二首》(《水调歌头·重上井冈山》和《念奴娇·鸟儿问答》)在《诗刊》1976年1月号发表时，前一首署的时间是"一九六五年五月"，后一首署的时间是"一九六五年秋"。

　　关于这两首词的写作时间，以及《水调歌头·重上井冈山》与《念奴娇·井冈山》的关系，曾经有一些文章作过比较详细的辨析。多数意见认为，《念奴娇·井冈山》和《水调歌头·重上井冈山》都是写于1965年5月毛泽东重上井冈山期间，《念奴娇》在前，《水调歌头》在后。《念奴娇·鸟儿问答》在铅印件上署的"五月"，多数研究者认为这是写作时间，发表时署的"秋"是定稿时间；只有个别学者认为这首词写于1965年9月25日的前几天。

　　我对这两首词发表时所署的时间，有一点想法，或者说产生一点疑问，是在1983年编辑《毛泽东书信选集》的时候。当时从档案中看到毛泽东1965年9月25日批送邓颖超的一份《词二首》铅印件(《词二首》在1965年的铅印件，保存下来的有三次，这是第三次铅印件)，在这份铅印件上两首词所署的时间均为"一九六五年五月"。毛泽东在铅印件上方空白处，给邓颖超写了

＊　此篇文章发表在《党的文献》2008年第1期。

一封短信，信中说："自从你压迫我写诗以后，没有办法，只得从命，花了两夜未睡，写了两首词。改了几次，还未改好，现在送上请教。如有不妥，请予痛改为盼！"看了这封短信后，产生两个疑问：一、毛泽东说"花了两夜未睡，写了两首词"，说明两首词是同时写的，但发表时为什么一署"五月"、一署"秋"呢？二、邓颖超是怎么"压迫"毛泽东写诗的，又是在1965年的什么时候？

关于"压迫"毛泽东写诗的问题，邓颖超1976年10月上交毛泽东批送她的《词二首》铅印件时，在铅印件下方空白处写了一段说明："一九六五年夏毛主席接见女外宾时，我作为陪见人，曾问主席是否作有新的诗词？我说很久未读到主席的新作品，很希望能读到主席的新作品。故在主席批送他的《词二首》的批语中用'压迫'二字。"邓颖超亲笔说明所谓"压迫"毛泽东写诗的事，发生在1965年夏陪同毛泽东会见女外宾时。那么，1965年夏邓颖超陪同毛泽东会见女外宾有几次，她在说明中所说的那一次是指哪一次，时间是几月几日呢？

多年以后，萦怀的这个疑问，仍未解决，于是试图求索一下。

邓颖超说所谓压迫写诗之事，发生在1965年夏陪同毛主席会见女外宾时。夏，一般指一年中的6、7、8三个月。经查阅邓颖超的工作台历，在6、7、8三个月中，台历上记载她陪见外宾只有两次。一次是6月28日，台历记载"下午，陪见坦桑外宾"；一次是6月29日，台历记载"下午，陪见卡瓦瓦夫人"。这两次，她陪同的是我国哪一位领导人，是不是毛泽东，台历上没有说明。于是，我又查阅《人民日报》的报道。1965年6月

29 日《人民日报》第一版有一则消息："新华社二十八日讯　刘少奇主席和夫人王光美今天下午接见了坦桑尼亚第二副总统卡瓦瓦的夫人，和由她率领的坦桑尼亚妇女代表团团员……接见时在座的，有邓颖超、曹孟君。"6 月 30 日《人民日报》第一版也有一则消息："新华社二十九日讯　毛泽东主席今天下午接见坦桑尼亚第二副总统卡瓦瓦的夫人，和由她率领的坦桑尼亚妇女代表团团员……接见时在座的有邓颖超、曹孟君。"由此可知，邓颖超所说的 1965 年夏陪同毛泽东会见女外宾，是 1965 年 6 月 29 日这一次，也就是说邓颖超"压迫"毛泽东写诗的时间是 1965 年 6 月 29 日。

按照毛泽东批送《词二首》铅印件时致邓颖超短信中所说的情况，那么这两首词应当写于 1965 年 6 月 29 日之后，具体时间还需要进一步考证。

鉴于毛泽东曾有将他的诗(例如《七律·到韶山》和《七律·登庐山》)通过胡乔木向郭沫若征求意见的往事，于是想到从胡乔木和郭沫若的文稿中找一找关于《词二首》的线索。经过查找，找到了有关《词二首》的两封信。一封是郭沫若 1965 年 7 月 23 日写给胡乔木的信。信中说："词两首，以后忙着别的事，不曾再考虑。""我觉得不宜改动过多，宜争取早日发表。"这封信还对《念奴娇·鸟儿问答》的修改提出意见，从这些意见中让我们了解到这首词初稿的部分原貌，如初稿中有"土豆烧牛肉""牛皮忽炸，从此不知下落"这些语句。另一封是胡乔木 7 月 24 日写给郭沫若的回信，全文如下："二十三日信收到。不宜改动过多和争取早日发表的意见很对。其他意见也很好。因康老原也嘱先将意见报告主席，争取早日发表，故今早已将郭老建议函送主席处。'飞跃'原是康老提出[1]，我把他和您的看法都告诉主席了。另外还附加了一些个别意见，一并供主席参考。"[2]从两封信看出，胡乔木在7月23日之前已同郭沫若谈过毛泽东的这两首词了，那么这是在哪一天呢？从已出版的《胡乔木文集》等书中，没有找到答案。于是我请有关同志帮助查一查胡乔木的其他材料，有无这方面的信息。据查，胡乔木1965年的日记中，第一次提到毛泽东的这两首词是在7月16日。胡乔木7月16日日记记载："早上去康老家，与康、郭二老谈主席《词二首》。"7月22日日记记载："傍晚写信给郭老，征求《词二首》修改意见。"7月23日日记记载："上午收到郭老回信。"7月24日日记记载："上午给主席信，报告对两词意见，并给郭老信。"胡乔木的日记提供了有力的证据，说明7月16日以前毛泽东已写出这两首词了。

综上所述，毛泽东这两首词的写作时间，当在1965年6月29日邓颖超"压迫"写诗之后，7月16日胡乔木同康生、郭沫若谈这两首词之前，也就是7月上半月。这里要说明一下，我并不认为毛泽东写这两首词是由于邓颖超的"压迫"写诗，而是毛泽东写这两首词恰好在邓颖超索句之后，这只是时间上的一个巧合。

以上考证、辨析和判断，要面对一个问题，即：为什么这两首词各留下的一个手稿和以《词二首》为题的三次铅印件上，这两首词所署的时间都是"一九六五年五月"，在公开发表时《水

---

[1] 对《念奴娇·鸟儿问答》初稿中的"哎呀我想飞跃"一句，康生提出将"飞跃"改为"逃脱"，郭沫若认为"飞跃"可不改。

[2] 1965年7月23日郭沫若给胡乔木的信，和同年7月24日胡乔木复郭沫若的信，均见《胡乔木书信集》，人民出版社2002年5月版，第237页。

调歌头·重上井冈山》仍署"一九六五年五月"呢？

　　我反复阅看了这两首词的手稿和三次铅印件，发现了一些情况，似乎可以说明一点问题。《水调歌头·重上井冈山》现存的是一个毛泽东的铅笔手稿，我认为这是一个初稿，因为按照"水调歌头"的词牌，这个手稿下阕的句子还不全。手稿的下阕为："风雷动，旌旗奋，是尘寰。三十八年过去，今日人人能道，弹指一挥间。世上无难事，只要肯登攀。"随后，在照这个手稿排印的一个铅印件上（不是《词二首》的铅印件，是单独这一首的铅印件），毛泽东将"尘寰"改"人寰"，删去"今日人人能道"这一句，添上"可上九天揽月，可下五洋捉鳖，风发更心闲"句。这样，这首词可以说基本上成形了。前面说的这个铅笔手稿共两页，在第一页上"水调歌头""一九六五年，五月""毛泽东"这些字，是分三行横写的。仔细辨认，"五月"的"五"字是毛泽东自己改过的，原来写的是什么字，已看不清楚。《念奴娇·鸟儿问答》的手稿，也是铅笔写的，只有一页。这个手稿应当不是初稿，因为郭沫若提到的初稿中的"牛皮忽炸，从此不知下落"句，在这个手稿中已经没有了。这是一个比较早的过程稿。在手稿上，"念奴娇""鸟儿问答""一九六五年，五月"也是分三行横写的。从手稿可以清楚地看出，"五月"的"五"字，原写的是"七"字，毛泽东改为"五"字。这个"五"字的笔画比其他字要粗一些，但原写的"七"字，仍然可以看得出来。这个"七"字，是一般性的笔误呢，还是这首词的写作时间本来就是7月呢？我倾向于不是笔误，因为有下面两个情况值得考虑。第一，《水调歌头·重上井冈山》手稿上"五月"的"五"字有改动的痕迹，《念奴娇·鸟儿问答》手稿上"五月"的"五"字又明显是由"七"字改过来的，在同一时段内（毛泽东自己说是"两夜"）写的两首词的手稿上，"五月"的"五"字都有改动，这不应是巧合。第二，在以《词二首》为题的第一次铅印件上，毛泽东在《念奴娇·鸟儿问答》题下排印的"一九六五年五月"的"五月"两字下面，画了一条横线，这又是为什么呢？这个铅印件中的这首词，就是完全照将"七"改"五"的手稿排印的。如果说手稿上原写的"七"字是笔误，那么已将"七"改为"五"了，问题即已了结，为什么排出铅印件后又在"五月"下面画横线呢？这条横线，是否意味着毛泽东在思考将"七月"改成"五月"是一个问题呢？联系到这首词公开发表时不署"五月"而改署"秋"（实际上，在《诗刊》编辑部 1975 年 11 月 15 日向毛泽东报送的这首词的抄件上已署"秋"），是不是也在避开将"七月"改为"五月"这个问题呢？"秋"是这首词基本定稿的时间，在毛泽东诗词中，不署写作时间或定稿时间而署基本定稿时间的，极为罕见，这个不寻常的情况是值得思考的。

根据以上考辨，我认为这两首词写于 1965 年 7 月上半月，是同时写的。《水调歌头·重上井冈山》和写于 1965 年 5 月的《念奴娇·井冈山》不是同一时段写的。我的这个看法，从保存在中央档案馆的这三首词的手稿原件所用的宣纸上，也可以得到一点印证。据了解，《水调歌头·重上井冈山》和《念奴娇·鸟儿问答》的手稿所用的宣纸是完全一样的，尺寸大小一样，厚度一样；而《念奴娇·井冈山》所用的宣纸则与这两首的不一样，尺寸要大一点，厚度要薄一点。这也从一个侧面印证，《水调歌头·重上井冈山》与《念奴娇·井冈山》不是同一时段写的，而《水调歌头·重上井冈山》与《念奴娇·鸟儿问答》则是同一时段写的。

　　按照我的看法，毛泽东最初写的"七月"不是笔误，而是《水调歌头·重上井冈山》和《念奴娇·鸟儿问答》的实际写作时间。那么毛泽东为什么要将"七月"改为"五月"呢？我的分析是：毛泽东1965年5月22日至29日重上井冈山期间写了《念奴娇·井冈山》这首词，感到不大满意，后来又写了《水调歌头·重上井冈山》，想用后一首来替代前一首。（《念奴娇·井冈山》这首词，毛泽东没有拿出来征求过意见，在他生前也没有发表，只是存留下来。在将这首词收入副编的《毛泽东诗词选》1986年出版以前，极少有人知道有这首词。）由于后一首写的还是重上井冈山时所看到的景象和感受，为了与重上井冈山的时间——1965年5月协调起来，就决定这首词的写作时间仍用"五月"。《念奴娇·鸟儿问答》与《水调歌头·重上井冈山》是同一时段写的，毛泽东自己说是"花了两夜未睡"写出的，在写作时间上应一致起来，故也用了"五月"。这样，就在这首词的手稿上出现了将"七月"改为"五月"的情况。

　　《水调歌头·重上井冈山》和《念奴娇·鸟儿问答》这两首词，毛泽东以"词二首"为题将它们放在一起，不仅是因为它们的写作时间相同，还由于这两首词在内容上也有联系。前一首写毛泽东在38年后看到的"旧貌变新颜"的井冈山和由此引发的感悟和抒怀，最后归结到"世上无难事，只要肯登攀"。进一步说，可以理解为毛泽东是将井冈山"到处莺歌燕舞"的景象，作为全国大好形势的一个缩影来写的，所以这首词是写国内形势的。后一首词，是批评赫鲁晓夫的，是关于国际问题的。这两首词，是毛泽东当时对国内形势和国际问题的看法，在同一时间内用诗歌表达出来的产物。

关于《词二首》的写作时间，同我的上述看法有某种相近之处的，是《胡乔木书信集》中编者写的一条注释。该书第 237 页注 1 的注文说："1965 年夏、秋，毛泽东写了《水调歌头·重上井冈山》《念奴娇·鸟儿问答》两首词。"这里的表述不够明晰，"夏、秋"，是说两首词一写于夏、一写于秋呢，还是说两首词的写作时间不能完全确定，可能都写于夏，也可能都写于秋呢？

关于这两首词的定稿时间，有研究者认为，《念奴娇·鸟儿问答》发表时所署的"秋"，是定稿的时间。我认为 1965 年秋是基本定稿的时间，最后定稿的时间是 1975 年 11 月下半月或 12 月初。1975 年，《诗刊》准备复刊。《诗刊》编辑部考虑到 1957 年创刊时发表了毛泽东的 18 首诗词，影响很大，于是在 1975 年 11 月 15 日写信给毛泽东，请求批准在复刊第 1 期（1976 年 1 月号）上发表《水调歌头·重上井冈山》和《念奴娇·鸟儿问答》两首词，并送上两词的抄件，请求订正。毛泽东对送来的《念奴娇》抄件的修改情况是：标题"雀儿问答"[1]的"雀"改为"鸟"，"尽是人间城郭"的"尽"改为"都"，"借问你去何方"的"你"改为"君"，"不见前年秋月白"的"白"改为"朗"，"请君充我枵腹"改为"试看天地翻覆"。这就是定稿。1975 年 12 月 5 日，诗刊社的李季、葛洛写信给人民日报社的鲁瑛，信中说："主席已批准《诗刊》刊登主席的《词二首》。"《水调歌头》一词，《诗刊》编辑部报送的抄件，正文文字与公开发表的完全一样，毛泽东只改了

---

[1]《念奴娇》一词的标题，在毛泽东的手稿和《词二首》的第一、二次铅印件上都是"鸟儿问答"，第三次铅印件上只有词牌"念奴娇"，没有标题"鸟儿问答"。究竟何时改为"雀儿问答"的，尚需考证。

标题中的一个字，将"重归井冈山"的"归"改为"上"。这首词的定稿时间，应在 1975 年 11 月以前，具体时间还难以确定。1965 年 9 月 25 日批送邓颖超的《词二首》铅印件上，这首词同公开发表的还有五处不同，在档案中没有见到在 1965 年 9 月至 1975 年 11 月间改成定稿的材料。应当说，这首词在修改过程中出现过一些反复。在按初稿（手稿）排印的铅印件上，毛泽东作了修改，改后的这首词与正式发表时只有一句和一字的不同：一句为"风发更心闲"，发表时为"谈笑凯歌还"；一字为"高树入云端"的"树"字，发表时为"路"字。在其后的《词二首》的第一、第二次铅印件上，毛泽东都作了修改。这些修改可以分作两个方面：一方面是将上述与发表稿不同的一句和一字，改成与发表稿完全一样；另一方面是还修改了四句，使整首词同发表稿的距离加大了，将"旧貌变新颜"改为"早已变新颜"，"到处莺歌燕舞"改为"到处男红女绿"，"更有潺潺流水"改为"更有飞流激电"，"弹指一挥间"改为"抛出几泥丸"。这首词在什么时候又改回到《诗刊》编辑部报送的抄件那样，由于未见到这方面的材料，不好断定。综上所述，对这两首词的定稿时间问题，可以讲几点意见：一、说这两首词的定稿时间是 1965 年秋，缺乏根据。二、《念奴娇·鸟儿问答》的定稿时间，在 1975 年 11 月 15 日之后、12 月 5 日之前。三、从毛泽东 1965 年 9 月 25 日批送邓颖超的铅印件上，可以看出《水调歌头》一词在文字上与发表稿的差别，比《念奴娇》一词要多一些，但它定稿的时间却在《念奴娇》之前。

下面，说说有关这两首词的回忆和研究中的两个具体问题。

一、关于席凤舞和汪东兴对《重上井冈山》写作情况的回忆不少研究《词二首》的文章，都引用了他们二位的回忆。席凤舞回忆："五月二十五日……伟大领袖毛主席写下了《水调歌头·重上井冈山》的光辉诗篇。……我们当天就看到了毛主席的光辉诗篇。"汪东兴日记记载：5月27日，"下午三时，中央派人将文件送到井冈山。我们把文件送到毛主席处时，我看到主席正在聚精会神地写'重上井冈山'的诗稿。"关于写作日期，一说5月25日，一说5月27日，哪一个准确，无从判断。他们都说看到的是《重上井冈山》这首词，这个记忆恐怕不准确。《重上井冈山》这首词，从初稿（手稿）到1965年9月25日批送的铅印件上，都是只有词牌《水调歌头》而无标题《重上井冈山》，看见毛泽东在写词，一眼望去恐怕难以断定写的就是《重上井冈山》。我认为，他们所回忆的看见毛泽东写的词，恐怕应该是《念奴娇·井冈山》。

二、关于《念奴娇·鸟儿问答》初稿中的一句话

郭沫若1965年7月23日给胡乔木的信中说："'牛皮忽炸，从此不知下落'，我觉得太露了。麻雀是有下落还露过两次面。"中央文献出版社出版的《毛泽东诗词全编鉴赏》一书中《念奴娇·鸟儿问答》一词的考辨，引用了郭沫若信中的话，但将"忽炸"辨认为"葱炸"，我认为这是值得商榷的。郭沫若信中写的是"忽"字，不是"葱"字；这里的"炸"字，应读 zhà（入声），不读 zhá（上声）。"牛皮忽炸"，是说赫鲁晓夫的牛皮吹得太大了，牛皮都吹破了，炸裂了。"牛皮忽炸"，当指1964年10月赫鲁晓夫下台一事。

毛泽东谈学习[*]

坚持学习和善于学习，是中国共产党的优良传统和政治优势。毛泽东在领导党和国家建设的历程中，始终强调党员和干部要学习马克思列宁主义和其他学科的知识，并领导全党开展了多次学习活动。他把学习作为培养干部、提高全党思想理论水平的重要一环来抓，提出"要把全党变成一个大学校"，强调要活到老，学到老。

随着时代的前进和社会的发展，为了适应新的情况，解决新的问题，党的这一优良传统得到弘扬光大、丰富和发展。2004年9月，党的十六届四中全会提出"努力建设学习型政党"，坚持把党的思想理论建设放在首要位置。2009年9月，党的十七届四中全会又进一步提出"把建设马克思主义学习型政党作为重大而紧迫的战略任务抓紧抓好"，强调思想理论建设是党的根本建设，坚持把马克思主义作为立党立国的根本指导思想，要求在全党营造崇尚学习的浓厚氛围，积极地向书本学习，向实践学习，向群众学习。

今天，在进行学习型政党的建设中，重温毛泽东关于学习问题的论述，仍然具有重要的启示和教育意义。

---

* 此篇文章发表在《毛泽东邓小平理论研究》2011年第12期。

一、为什么要学习

毛泽东关于这个问题有不少论述，概括起来有以下几点。

（一）中国共产党的性质和任务要求党员和干部必须学习

中国共产党是领导众多人口进行伟大革命和建设、担负着神圣使命和繁重任务的政党，要求它的党员特别是各级领导干部必须具有高度的自觉性和完成各项任务的本领，这就得学习。早在抗日战争时期，毛泽东就指出："共产党员要领导几千万、几万万人的革命，假使没有学问，是不成的"，"要领导革命就须要学习"。[1]当时在延安举办了各种干部学校，如抗大、陕北公学、鲁艺、马列学院、中央党校等，在全党形成一种浓厚的学习风气，后来成为党的中坚力量的大批干部，很多就是在那个时候培养出来的。新中国成立后，特别是进入大规模经济建设时期，毛泽东要求广大干部学习各种专业知识，成为内行。他批评说：那种对经济、对工业以及别的工作一无所知一无所能的空头"革命家"是毫无价值的。长期当外行"以其昏昏，使人昭昭"，是不行的。他告诫我们的干部，做领导工作，要"靠道理、靠学问，别的都不靠"。[2]要有学问，能讲得出道理，不论写文章、作报告等都能以理服人，又熟悉业务，那就必须学习。他劝告那些不愿意学习、对学习缺乏兴趣的人，要培养学习的兴趣，养成学习的习惯，把工作以外的剩余精力主要放在学习上。他提出党内要造成学习

---

[1]《毛泽东文集》第2卷，人民出版社1993年12月版，第177页。

[2]《毛泽东年谱（1949—1976）》第3卷，中央文献出版社2013年12月版，第128页。

的环境，养成学习的风气。

（二）学习是提高人的思想认识和工作能力的重要途径

知识是前人经验的总结，是千百年来人类文化的积累。今人掌握了它，就能增长智慧，变得更聪明，视野更开阔，看问题更深刻，从而使人们能更好地把握今天，展望未来。毛泽东引用韩愈"人不通古今，马牛而襟裾"的名言来告诫大家，人一定要有知识。他将有学问和没有学问作了形象的而又十分深刻的对比，说："有了学问，好比站在山上，可以看到很远很多东西。没有学问，如在暗沟里走路，摸索不着，那会苦煞人。"[1]这显然是毛泽东自己真切的体验。古人说："欲穷千里目，更上一层楼。"我们应当通过学习这个梯子，不断地攀升，求得思想素质的提高，学识的长进，眼界的深广，能力的增强。

（三）为了适应新的情况，完成新的任务，必须不断学习

毛泽东说："情况是在不断地变化，要使自己的思想适应新的情况，就得学习。"[2]回顾我们党的历史，每到一个重要的转折时期，毛泽东总是向全党突出地提出学习的任务。在中国民主革命即将取得全国胜利的时候，他把学习新的东西这一任务明确地提到全党面前，说："我们熟习的东西有些快要闲起来了，我们不熟习的东西正在强迫我们去做。这就是困难。""我们必须克服困难，我们必须学会自己不懂的东西。"[3]他强调要恭恭敬敬地学，老老实实地学。1952年，在国民经济基本恢复，即将开始大规模

---

[1]《毛泽东年谱（1893—1949）》修订本中卷，中央文献出版社2013年12月版，第109页。

[2]《毛泽东文集》第7卷，人民出版社1999年6月版，第271页。

[3]《毛泽东选集》第4卷，人民出版社1991年6月第2版，第1480、1481页。

经济建设的时候，他在一次讨论青年团工作的会议上说：青年人的特点是英勇积极，知识不足，面对着一个新的时期，学习是更加特别突出的任务。当中国确立了社会主义制度，进入全面建设社会主义的时期，他又及时地提出学习新知识、掌握新本领的任务，指出：现在是一场新的斗争。我们的知识不够，办法就是要认真学习。不能调皮，要老老实实学习。"要学新本领，要真正懂得业务，懂得科学和技术，不然就不可能领导好"。[1]

二、学习什么

毛泽东是博览群书的革命家，知识非常渊博，他也要求我们的党员和干部对各方面的知识都要学一些，知识面要宽一些。他一生中最重视、最喜爱学习的那些方面的知识，也是他要求或者号召别人学习的，主要有马列主义理论、哲学、经济学、历史、文学等。

（一）关于学习马列主义理论

毛泽东在领导中国革命的过程中，非常关注党的理论水平，深切地感到党的理论水平不高对革命事业是很不利的。他反复向全党指出这一点，要求党的干部特别是中高级干部必须认真学习马列主义，提高理论水平。他常引用列宁的名言"没有革命的理论，就不会有革命的运动"，他自己也说过："要知道革命如不提高革命理论，革命胜利是不可能的。"[2]

---

[1]《毛泽东文集》第7卷，人民出版社1999年6月版，第350页。

[2]《毛泽东年谱（1893—1949）》修订本中卷，中央文献出版社2013年12月版，第194页。

1929 年 11 月，毛泽东重新回到红四军前委后，就立即在给中央的报告中提出："唯党员理论常识太低，须赶急进行教育。"[1]这时正值古田会议召开前夜，他深感红四军党内存在许多非无产阶级思想，严重影响人民军队的建设，急需用马列主义理论提高思想觉悟，纠正各种错误思想。在 1938 年召开的党的六届六中全会上毛泽东专门就学习马列主义理论，作了经典论述，深深地教育了党的干部，至今读起来仍感受到它的生命力和巨大的指导意义。他说："所以，普遍地深入地研究马克思列宁主义的理论的任务，对于我们，是一个亟待解决并须着重地致力才能解决的大问题。我希望从我们这次中央全会之后，来一个全党的学习竞赛，看谁真正地学到了一点东西，看谁学的更多一点，更好一点。"[2]他期望"我们党有一百个至二百个系统地而不是零碎地、实际地而不是空洞地学会了马克思列宁主义的同志"。[3]毛泽东总感到党的理论水平落后于实际，同中国革命运动的丰富内容很不相称。1940 年，他在延安新哲学会年会上说："理论这件事是很重要的，中国革命有了许多年，但理论活动仍很落后，这是大缺憾。"[4]40 年代初，他在读西洛可夫、爱森堡等合著的《辩证法唯物论教程》一书的中译本第四版时，十分感慨地写下这样一条批注："中国的斗争如此伟大丰富，却不出理论家！"[5]直到 1948 年，他仍然认为党的理论水平不高，因此把学习理论作

---

[1]《毛泽东书信选集》，中央文献出版社 2003 年 11 月版，第 22 页。

[2][3]《毛泽东选集》第 2 卷，人民出版社 1991 年 6 月第 2 版，第 533 页。

[4]《毛泽东年谱（1893—1949）》修订本中卷，中央文献出版社 2013 年 12 月版，第 194 页。

[5]《毛泽东哲学批注集》，中央文献出版社 1988 年 3 月版，第 445 页。

为一项政治任务提出来。他在当年 9 月召开的政治局会议上说："我党的理论水平，必须承认还是低的，必须提高一步。这样大的党，在许多基本理论问题上或是不了解，或是不巩固。""我们在理论上要提高，还要普及。中央委员、政治局委员要当作一个政治任务来注意这个问题"。[1]

每到一些重要的历史转折时刻，毛泽东都亲自选定或指导选定干部必须读的马、恩、列、斯著作。例如，在党的七大上选了五本。在七届二中全会期间选了 12 本，他在会上说："现在积二十多年之经验，深知要读这十二本书，规定在三年之内看一遍到两遍。""如果在今后三年之内，有三万人读完这十二本书，有三千人读通这十二本书，那就很好。"[2]这时正处于中国民主革命取得全国胜利的前夜，党面临着全新的更艰巨复杂的任务。为了适应这种新的情况，毛泽东抓住提高干部理论水平这个重要环节，增强全党理论信念的坚定性，保持清醒的头脑去迎接胜利和新的任务。20 世纪 60 年代，他指示有关负责人提出并经他最后审定，选了 30 本马列主义的著作（其中包括普列汉诺夫的三本），于 1964 年 2 月由中宣部下发，供党的高级干部学习，中级干部选学。毛泽东提出，中级以上干部有几万人学就行了。如果有两万个干部真正理解了马列主义就好了。

对于马克思和列宁的著作，毛泽东更强调学习列宁的著作，他自己就特别喜爱读列宁的著作。列宁把马克思主义基本原理运用到俄国，成功地领导了十月社会主义革命，随后又领导了苏联

---

[1]《毛泽东文集》第 5 卷，人民出版社 1996 年 8 月版，第 137、138 页。
[2]《毛泽东文集》第 5 卷，人民出版社 1996 年 8 月版，第 261 页。

早期的国家政治生活和经济恢复工作，积累了丰富的经验，发展了马克思主义。不言而喻，列宁的著作，对中国革命和建设具有更切近的借鉴意义，在一些方面具有直接的指导意义。毛泽东对马克思和列宁作过这样的比较，他说："马克思处于资本主义发展的时代，列宁是处于资本主义开始崩溃即帝国主义时代，列宁经过的、所看到的，自然比马克思更进一层，革命的科学，也就更周密，更扩大，更具体化。"[1]"列宁说的和做的许多东西都超过了马克思，如《帝国主义论》，还有马克思没有做十月革命，列宁做了。"[2]1958年他还说：我们现在非常需要看列宁的著作，他讲民主集中制，讲党同群众的关系，讲得非常好。毛泽东特别称赞列宁的著作说理，把心交给别人，讲真话，不吞吞吐吐，即使和敌人斗争也是如此。毛泽东在学习马列主义理论方面读得最多的是列宁的著作，一些重要的著作他多次阅读，结合中国革命和建设的实践反复体会，并在运用中加以发展。在他提出或审定的干部学习马列主义著作的书目中，不论是五本、12本还是30本，列宁著作所占的比重都是最大的。

（二）关于学习哲学

在学习马列主义理论方面，毛泽东又特别强调学哲学。他认为，在马克思主义三个组成部分中哲学是理论基础。他把哲学归结为世界观和方法论，在一个讲话提纲中写道："学哲学（宇宙观、方法论）极为重要。"毛泽东同列宁一样，把马克思主义哲学当作伟大的认识工具。1939年，他在写给何干之的信中，说自

---

[1] 毛泽东同施方白的谈话，1938年5月11日。

[2]《毛泽东书信选集》，中央文献出版社2003年11月版，第123页。

己想研究中国近代史，但"我的工具不够，今年还只能作工具的研究，即研究哲学，经济学，列宁主义，而以哲学为主"。[1]他所说的工具，就是马克思主义的世界观和方法论。他在1938年撰写的《论新阶段》中说："如何研究？用马克思主义的工具——唯物辩证法。"毛泽东认为："马克思能够写出《资本论》，列宁能够写出《帝国主义论》，因为他们同时是哲学家，有哲学家的头脑，有辩证法这个武器。"[2]这个论断是非常正确的。《资本论》是一部伟大的经济学著作，同时又可以被看作是一部伟大的哲学著作，马克思的许多哲学思想都贯穿在这部巨著之中，特别是唯物辩证法。在《资本论》第1卷出版几年后，1873年1月马克思为这本书写的《第二版跋》中，提到一篇讨论《资本论》方法的文章时，他十分肯定地说自己的研究方法就是辩证法。毛泽东在他的著作特别是军事著作中，所使用的分析方法也是辩证法，最具有代表性的就是《中国革命战争的战略问题》和《论持久战》这两篇著名的军事著作。毛泽东能写出这样的科学著作，需要很多条件，而辩证法这个工具的具体运用是特别重要的。

毛泽东特别重视和爱好学哲学，下了很大功夫研究哲学。他研读马克思、恩格斯、列宁的哲学著作，还阅读不少马列主义哲学教科书和中国古代的哲学著作。他之所以具有很强的思维能力、概括能力、抽象能力，以及看问题的全面性和深刻性，善于透过现象揭示本质，之所以能写出《实践论》和《矛盾论》等这些哲学名著，都是同他的哲学修养分不开的。

---

[1]《毛泽东书信选集》，中央文献出版社2003年11月版，第123页。
[2]《毛泽东文集》第8卷，人民出版社1999年6月版，第140页。

毛泽东不仅自己下苦功学习和研究哲学，而且一贯在党内和干部中强调要学习哲学，用马列主义的认识论和辩证法武装头脑，克服和纠正思想上的主观主义和形而上学。1937 年，他给抗大学员上哲学课，系统地讲授马克思主义的认识论和辩证法。1938 年夏，在他的倡导下延安成立了新哲学会，他同大家一起学习和讨论哲学，并在研究会的年会上发表讲话，推动和引导干部学习哲学。毛泽东认为，一切政治上、军事上、组织上的错误，其思想根源都是由于违背了辩证唯物主义。在延安时，他不止一次地向陈云指出犯错误主要不是由于缺少经验，而是思想方法问题，再三嘱咐陈云要学习哲学。后来，陈云多次说到学哲学可以使人思想开窍，学好哲学终身受用。新中国成立后，毛泽东在党的各种会议上，甚至在国际会议上，总是倡导人们学习辩证法，防止片面性和形而上学。例如 1957 年，他在全国宣传工作会议的讲话中，把片面性专门作为一个问题来讲，批评思想上的绝对化、形而上学地看问题。他说："所谓片面性，就是违反辩证法。我们要求把辩证法逐步推广，要求大家逐步地学会使用辩证法这个科学方法。"[1] 当时，他在一个讲话提纲中特别写道："中国应当是辩证法发展的国家。"[2] 毛泽东很赞赏邓小平说的"照辩证法办事"这句话，一再向大家推荐，并说："我看，全党都要学习辩证法，提倡照辩证法办事。"[3]

毛泽东说："什么叫辩证的方法？就是对一切加以分析。"[4]

---

[1]《毛泽东文集》第 7 卷，人民出版社 1999 年 6 月版，第 277 页。

[2]《建国以来毛泽东文稿》第 6 册，中央文献出版社 1992 年 1 月版，第 405 页。

[3]《毛泽东文集》第 7 卷，人民出版社 1999 年 6 月版，第 200 页。

[4]《毛泽东文集》第 7 卷，人民出版社 1999 年 6 月版，第 330 页。

他又说："马列主义的方法，基本的是分析的方法……不作分析就无法综合，综合是分析的结果，分析是综合的手段，对事物要有解剖，才能总结。"[1]毛泽东强调学习哲学，学习辩证法，主要是为了培养和提高干部分析问题的能力，求得对问题的正确认识和正确的解决方法。早在民主革命时期，他就指出党内一些同志不喜欢分析问题，或者不会分析问题。他指出："马克思主义的精髓是对具体的问题作具体的分析，这是列宁讲的，我们恰恰缺乏这一点。"[2]他强调说："要去掉我们党内浓厚的盲目性，必须提倡思索，学会分析事物的方法，养成分析的习惯。"[3]新中国成立后，他在会见一个外国代表团时曾经这样说过："马克思主义、列宁主义有很多书都要看，但其中有几卷特别值得仔细看的，就是关于列宁所说的马克思主义的最本质的东西、马克思主义的活的灵魂是对具体情况的具体分析，就是说深入分析具体情况。"[4]1960年《毛泽东选集》第4卷出版后，一位外宾向毛泽东提出希望能很快看到第4卷的英文版，毛泽东的回答是："这里头只有一点可参考的，这就是在什么时候用什么方法，情况不同，方法不同。这一点就是马克思主义。"[5]他所强调的仍然是对具体情况作具体分析。

要真正掌握分析的能力，首先要通过学习哲学，学习辩证法，了解基本的分析方法，但更重要的，是要在对具体问题的实

———————————

[1]《毛泽东文集》第3卷，人民出版社1996年8月版，第73页。

[2]《毛泽东文集》第3卷，人民出版社1996年8月版，第398页。

[3]《毛泽东选集》第3卷，人民出版社1991年6月第2版，第948、949页。

[4]《毛泽东年谱(1949—1976)》第5卷，中央文献出版社2013年12月版，第57页。

[5]《毛泽东年谱(1949—1976)》第4卷，中央文献出版社2013年12月版，第475页。

际分析中去锻炼，总结经验，如果分析错了，就接受教训，吃一堑长一智，逐步提高分析问题的能力。毛泽东说过："遇到问题就分析一番，错了也不要紧，有错误就纠正。"[1]

哲学具有高度的概括性和抽象性，读起来比较困难，不容易读懂。为了让广大的干部和群众能够读懂哲学，掌握科学的世界观和方法论，毛泽东一贯提倡哲学的通俗化和群众化。1936年艾思奇的《大众哲学》一书用通俗的语言和生动的事例介绍马克思主义的哲学原理，是哲学通俗化、生活化、群众化的成功尝试和范例。毛泽东很看重这本书。长征胜利到达陕北后不久，他就写信给在西安的叶剑英和刘鼎，提出要买一批通俗的社会科学、自然科学和哲学的书籍，强调"要经过选择真正是通俗的而又有价值的（例如艾思奇的《大众哲学》，柳湜的《街头讲话》之类），每种买五十部……作为学校与部队提高干部政治文化水平之用"。[2]1950年12月29日，《人民日报》发表了毛泽东的《实践论》。不久，李达写作《〈实践论〉解说》，并将其中第二部分送毛泽东阅。毛泽东回信，称赞说"这个《解说》极好，对于用通俗的言语宣传唯物论有很大作用"，进而指出"关于辩证唯物论的通俗宣传，过去做得太少，而这是广大工作干部和青年学生的迫切需要"。[3]冯契的《怎样认识世界》也是一本讲哲学的通俗读物，毛泽东嘱咐林克为他买一些来分送给身边的工作人员学习。1963年，他进一步提出："为了做好我们的工作，各级党委

---

[1]《毛泽东文集》第3卷，人民出版社1996年8月版，第397页。

[2]《毛泽东文集》第1卷，人民出版社1993年12月版，第453页。

[3]《毛泽东文集》第6卷，人民出版社1999年6月版，第154页。

应当大大提倡学习马克思主义的认识论，使之群众化，为广大干部和人民群众所掌握，让哲学从哲学家的课堂上和书本里解放出来，变为群众手里的尖锐武器。"[1]

（三）关于学习经济学

早在革命战争年代，毛泽东对经济工作和经济学就很重视。为了战胜敌人的经济封锁、保证战争胜利所必需的物质条件和改善人民生活，他指出应当注意并且学会根据地的经济工作。1941年9月，他为中央研究组和高级研究组开列了理论学习的四本书，其中有一本就是河上肇的《经济学大纲》。

新中国成立以后，领导全国经济建设的任务摆到了中国共产党的面前。但是，中国共产党包括毛泽东在内，都缺乏领导全国经济建设的经验。如何解决这个矛盾？除了在实际工作中去摸索、积累经验以外，还需要有理论上的指导。1953年，中共中央和毛泽东规定中高级干部普遍学习《联共（布）党史》第9章至第12章，就是为迎接大规模经济建设而寻求一种理论上的指导和可以借鉴的实际经验的一个举措。而最突出的例子，是从1958年秋冬到1960年，毛泽东大力号召和督促各级领导干部学习斯大林的《苏联社会主义经济问题》和苏联《政治经济学教科书》的社会主义部分。这两本书刚出版的时候，毛泽东读了《苏联社会主义经济问题》和《政治经济学教科书》的个别章节，但没有引起他的特别注意。关于《苏联社会主义经济问题》这本书，他在第一次郑州会议上是这样说的："我们现在看这本书，跟它发表的时候看不同了，它发表的时候，我们谁也不想这些问

---

[1]《建国以来毛泽东文稿》第10册，中央文献出版社1996年8月版，第305页。

题。"[1]"我过去看不大感兴趣，现在不同了。这三章（指第一、
二、三章，分别讲社会主义制度下的经济法则、商品生产、价值
法则。——引者）中有许多值得注意的东西。"[2]为什么会有这种
变化呢？当时，正值中国的"大跃进"和人民公社化运动出现严
重的"左"倾错误，干部中包括不少高级干部产生许多混乱思想。
最突出的是否定商品交换和价值法则；混淆集体所有制和全民所
有制、社会主义和共产主义的界限；违背客观的经济法则，出现
国民经济比例失调。毛泽东认为，要纠正"左"的错误，必须在
思想理论上提高认识，澄清混乱思想。而《苏联社会主义经济问
题》恰恰是当时纠"左"的对症良药。毛泽东是那样如饥似渴地
读这本书，在第一次郑州会议上反复讲这本书，想用斯大林的理
论来说服大家。直到最后一天的会议上，他还说："我睡不着，
还想讲一点。试图搬斯大林，继续对一些问题做说服工作。"[3]他
要求大家学习这本书，说：我们研究公社的性质、交换、集体所
有制向全民所有制过渡、社会主义向共产主义过渡这些问题，可
以参考的还是斯大林那本《苏联社会主义经济问题》。讲社会主
义政治经济学，除了斯大林这本书跟苏联《政治经济学教科书》
以外，成篇的东西、成系统的东西还没有过。他还在会上亲自领
读《苏联社会主义经济问题》的第一、二、三章，要求省委常
委、地委常委以上干部都要研究这三章。他一边读一边讲解，并
结合中国的实际作了进一步的发挥。他说：斯大林"这本书的好

---

［1］《毛泽东年谱（1949—1976）》第 3 卷，中央文献出版社 2013 年 12 月版，第 489 页。

［2］毛泽东在第一次郑州会议的讲话记录，1958 年 11 月 9 日。

［3］《毛泽东年谱（1949—1976）》第 3 卷，中央文献出版社 2013 年 12 月版，第 502 页。

处是提出了社会主义经济学里头的一些问题，过去谁也没有提出过，或只是略为涉及"。[1]并说："第三章讲价值法则，我是相当赞成这里头的许多观点，把这些问题搞清楚很有必要。"[2]他说：有些同志急于要宣布人民公社是全民所有，废除商品，实行产品调拨，这就是剥夺农民。商品生产不能与资本主义混为一谈。为什么怕商品生产？无非是怕资本主义。"斯大林说：'试问，为什么商品生产就不能在一定时期内同样地为我国社会主义社会服务而不引导到资本主义呢？'这句话很重要。不要怕，不会引导到资本主义，因为已经没有了资本主义的经济基础。"[3]毛泽东强调中国是一个商品生产很不发达的国家，需要有一个发展商品生产的阶段，发展社会主义的商品生产和商品交换。人民公社不仅要发展自给性的生产，更要发展用于交换的商品生产。

在第一次郑州会议期间，毛泽东专门给中央，省、直辖市、自治区，地，县四级党委委员写了一封《关于读书的建议》的信。建议读《苏联社会主义经济问题》和《马恩列斯论共产主义社会》这两本书。要求每人对每本书用心读三遍，随读随想，加以分析。他强调："要联系中国社会主义经济革命和经济建设去读这两本书，使自己获得一个清醒的头脑，以利指导我们伟大的经济工作。现在很多人有一大堆混乱思想，读这两本书就有可能给以澄清。"还指出："将来有时间，可以再读一本，就是苏联同志们

［1］《毛泽东年谱（1949—1976）》第3卷，中央文献出版社2013年12月版，第499页。

［2］《毛泽东年谱（1949—1976）》第3卷，中央文献出版社2013年12月版，第498、499页。

［3］《毛泽东年谱（1949—1976）》第3卷，中央文献出版社2013年12月版，第505页。

编的那本《政治经济学教科书》。"[1]

苏联《政治经济学教科书》这本书，毛泽东也是多次提出要大家学习的。在1958年11月21日政治局扩大会议上，他让杨尚昆给与会者每人发一本教科书，要大家把社会主义部分看一下，务点虚。1958年12月9日，毛泽东在八届六中全会上说："郑州会议提出，研究斯大林的《苏联社会主义经济问题》、苏联的《政治经济学教科书》《马恩列斯论共产主义社会》，请各省组织一下。在目前研究这个问题，有很大的理论意义和现实意义。"[2]1959年6月，他又要杨尚昆印200份大字本的教科书社会主义部分，分送中央一级、省市区党委一级的主要负责同志阅读，首先送中央委员、候补中央委员，每人一份。同年7月2日，他在庐山召开的政治局扩大会议上讲了18个问题，第一个问题就是读书。他说："有鉴于去年许多领导同志，县、社干部对于社会主义经济问题还不大了解，不懂得经济发展规律，有鉴于现在工作中还有事务主义，所以应当好好读书。8月份用一个月的时间来读书，或者实行干部轮训。中央、省市、地委一级委员，包括县委书记，要读苏联《政治经济学教科书》（第三版）。"[3]

毛泽东以身作则，带头学习教科书。他组织了一个读书小组，同他一起专心致志地研读。从1959年12月10日到1960年2月9日，历时两个月，将教科书通读了一遍，边读边议。读教科书开始后，他在写给女儿李讷的信中说："每天读书、爬山，

［1］《毛泽东文集》第7卷，人民出版社1999年6月版，第432、433页。

［2］《毛泽东年谱（1949—1976）》第3卷，中央文献出版社2013年12月版，第551页。

［3］《毛泽东年谱（1949—1976）》第4卷，中央文献出版社2013年12月版，第83页。

读的是经济学。我下决心要搞通这门学问。"[1]从这里可以看出,毛泽东深感自己对于怎样建设社会主义的经验不足,亟须从学习经济学中获取一些启示。

在研读教科书的过程中,毛泽东讲了许多意见,内容十分丰富,提出了不少重要的思想观点。例如,强调对马克思主义要坚持又要发展,他说:"马克思这些老祖宗的书,必须读,他们的基本原理必须遵守,这是第一。但是,任何国家的共产党,任何国家的思想界,都要创造新的理论,写出新的著作,产生自己的理论家,来为当前的政治服务,单靠老祖宗是不行的。"[2]又例如,首先提出社会主义社会发展阶段论,他说:"社会主义这个阶段,又可能分为两个阶段,第一个阶段是不发达的社会主义,第二个阶段是比较发达的社会主义。"[3]又例如,重视生产关系中人与人的关系问题,他指出:"所有制问题基本解决以后,最重要的问题是管理问题,……这也就是人与人的关系问题。这方面是大有文章可做的。"[4]"在劳动生产中人与人的关系,也是一种生产关系。在这里,例如领导人员以普通劳动者姿态出现,以平等态度待人,改进规章制度,干部参加劳动,工人参加管理,领导人员、工人和技术人员三结合,等等,有很多文章可做。""这种关系是改变还是不改变,对于推进还是阻碍生产力的发展,都有直接的影响。"[5]还应当指出,毛泽东在读教科书时发表的意见

---

[1]《建国以来毛泽东文稿》第8册,中央文献出版社1993年1月版,第637页。

[2]《毛泽东文集》第8卷,人民出版社1999年6月版,第109页。

[3]《毛泽东文集》第8卷,人民出版社1999年6月版,第116页。

[4]《毛泽东文集》第8卷,人民出版社1999年6月版,第134页。

[5]《毛泽东文集》第8卷,人民出版社1999年6月版,第135页。

中，有一些也有着"左"的痕迹。

在时间过了 50 余年之后，回过头来看毛泽东当年倡导读这两本经济学著作和他的一些论述，是很有意义的。当时学习这两本书，对于遏制"共产风"等极左思潮，在党内形成一个读书的风气，是起了积极作用的。但是，由于党在指导思想上的"左"倾错误没有根本改变，加之这两本书本身还有其局限性，今天我们来看毛泽东当年的一些论述，只能按照历史唯物主义观点进行分析和评价。

（四）关于学习历史

毛泽东酷爱读史，又大力提倡学习历史。他说：人要通古今，"尤其是我们共产党员，要知道更多的古今。通古今就要学习"。[1]古就是历史。历史唯物主义认为，历史是人类发展的过程。在历史发展的长河中，人类在改造自然和改造社会中积累了很多经验，形成了丰富多彩的文化遗产。认真地学习历史，吸取经验，获得启示，以史鉴今，这是人类发展中一项连绵不断的活动。中国是一个历史悠久而又富于革命传统和优秀文化遗产的国家，我们对于自己国家的历史，更加应当重视和学习。毛泽东在 1938 年六届六中全会上讲的一段话，最能代表他对历史的总的看法。他说："今天的中国是历史的中国的一个发展；我们是马克思主义的历史主义者，我们不应当割断历史。从孔夫子到孙中山，我们应当给以总结，承继这一份珍贵的遗产。"[2]

---

[1]《毛泽东文集》第 2 卷，人民出版社 1993 年 12 月版，第 177 页。
[2]《毛泽东选集》第 2 卷，人民出版社 1991 年 6 月第 2 版，第 534 页。

毛泽东对于历史，特别是中国历史，非常熟悉。他不但具有渊博的历史知识，更有对历史的深刻理解，能够十分恰当而巧妙地运用历史事件、历史典籍阐发或论证自己要说明的问题，变成他的一种智慧。他曾说过，"读历史是智慧的事"[1]，"历史这门学问是一门好学问"[2]。这既是他对前人经验的赞誉，也是他自己读史的体验之谈。

毛泽东说：不讲历史，就没有说服力，只有讲历史才能说服人。毛泽东的这些话，可以这样来理解：一是历史是已经过去的既成事实，具有不可更改性，而且又具有规律性，以确凿的可以说明问题的历史事实作为论据，容易使人信服。事实胜于雄辩，历史是一部活的教材。二是毛泽东认为不讲历史就讲不出什么道理，自然也就难以说服人。1967 年，他在会见一个外国革命党派到中国的学习团时，曾嘱咐陪同会见的中方人员："要给他们讲一下我们的党史……讲讲我们是怎样失败——胜利——又失败——又胜利的。这就很有道理，不讲历史讲不出什么道理。"[3]他所说的通过讲历史讲出的道理，主要指分析和总结历史上成功的经验和失败的教训，这种以历史事实作为基础讲出的道理，自然是具有说服力的。三是许多现实的问题，往往能从历史中得到说明。比如，我们的党和国家必须以马克思列宁主义为指导思想，中国共产党对国家的领导地位这类问题，从 1840 年以来中国人民寻找救国救民真理的历史过程，从中国共产党领导中国革

---

[1]《毛泽东书信选集》，中央文献出版社 2003 年 11 月版，第 5 页。

[2]《毛泽东年谱（1949—1976）》第 6 卷，中央文献出版社 2013 年 12 月版，第 556 页。

[3] 毛泽东会见秘鲁共产党（马）学习团等的谈话记录，1967 年 6 月 27 日。

命和建设的奋斗历程，就可以充分说明这是历史的选择、人民的选择。正如毛泽东所指出的：1840年以后，先进的中国人历尽千辛万苦向西方国家寻找救国救民的真理，但是行不通，理想总不能实现。于是怀疑产生了、增长了、发展了。直到第一次世界大战和俄国十月革命之后，才找到马克思列宁主义这个最好的真理，作为解放我们民族的最好的武器，而中国共产党则是拿起这个武器的倡导者、宣传者和组织者。

　　毛泽东一贯强调在工作中要注意总结经验，回顾我们亲身走过的历程，哪些是成功的，哪些是失败的，经验和教训是什么。这也是讲历史，是讲更切近的历史，讲自己所经历的历史。讲这样的历史，给人们的印象更深刻，对于错误会有切肤之痛，有利于接受教训，改进工作。1960年6月18日，毛泽东写出《十年总结》，着重总结中国1956年以来社会主义革命和建设的经验。当天他在上海召开的中央政治局扩大会议上讲《十年总结》时说："我企图从历史来说明问题，就是讲一点历史，因为不讲历史，就没有说服力。"[1]

　　毛泽东说："如果要看前途，一定要看历史。""我们看历史，就会看到前途。"这是他1964年在一次会见外宾时讲的。当时，一位苏丹的和平人士请毛泽东谈谈亚非人民斗争的前途。毛泽东说："亚非人民斗争的前途，这是大家关心的问题。如果要看前途，一定要看历史。从亚洲、非洲、拉丁美洲在第二次世界大战以后十几年的历史来看，就知道亚非人民将来的前途。"接着，他讲了中国革命从小到大、从弱到强，最后取得胜利的历史，讲

---

[1]《毛泽东年谱（1949—1976）》第4卷，中央文献出版社2013年12月版，第422页。

了古巴、阿尔及利亚革命的胜利，以及非洲有三十几个国家获得了独立，指出："凡是压迫亚洲、非洲的帝国主义、殖民主义总有一天要走的，只要人民团结起来，加强斗争。"最后他又归结道："我们看历史，就会看到前途。"[1]

历史发展的长河绵延不断，是具有规律性的。只要条件、环境不发生根本性的改变，历史的规律是不会失去作用的。毛泽东说看前途一定要看历史，道理就在这里。

我们读历史，了解过去，重要的是要从历史和过去看到事物发展的趋势、方向，看到前途。中国有一句成语"千里之行，始于足下"，强调的是"始于足下"。对这句成语，毛泽东说："如果只看到足下，不想到前途，不想到远景，那还有什么千里旅行的兴趣和热情呢？"[2]他强调的是，看到了光明的前途，才能把一件事坚持不懈地做下去。

毛泽东说："读历史的人，不等于是守旧的人。"[3]这是他1958年1月在最高国务会议上谈到有人说他"轻视过去，迷信未来"时讲的。毛泽东的这句话是要求读历史而不要守旧，实际情况是读历史的人中也确有守旧的，钻到故纸堆里出不来，甚至颂古非今。要做到读历史而不守旧，就需要有对待历史的正确态度和学习研究历史的科学方法，这就是历史唯物主义的原则和方法。关于如何对待和研究历史，毛泽东讲过一段很精辟的话，他说："我们必须尊重自己的历史，决不能割断历史。但是这种尊

[1]《毛泽东年谱（1949—1976）》第5卷，中央文献出版社2013年12月版，第372、373页。

[2]《毛泽东文集》第8卷，人民出版社1999年6月版，第136页。

[3]《毛泽东年谱（1949—1976）》第3卷，中央文献出版社2013年12月版，第290页。

重，是给历史以一定的科学的地位，是尊重历史的辩证法的发展，而不是颂古非今，不是赞扬任何封建的毒素。"[1]这段话饱含着历史唯物主义的精髓，提出了学历史而不守旧所必须遵循的基本原则。历史是人类社会发展的过程，根据当时物质生产的发展而建立起来的制度和产生的观念，在当时的历史条件下有其合理性，后人不能简单地给以否定。特别是当一种社会制度处在发生和发展的时期，也就是上升和进步的时期，会给后世留下不少值得继承和借鉴的优秀遗产。同时，又必须尊重历史的辩证法。人类社会的发展，是从低级向高级的发展，是进步的社会制度代替已经落后的社会制度。历史上存在过的一切，既不能一概否定，也不能一概肯定，而是要进行分析，加以鉴别。对于历史上存在过的但在今天已经不适用的东西，应当抛弃；对于反动的有害的东西，应当加以批判，清除其毒害；对于优秀的历史文化遗产应当很好地继承和发扬，当然也不能完全照搬，毛泽东说过"反封建主义的文化也不是全部可以无批判地利用的"。[2]读历史是看过去，了解过去，是一种向后看，但立足点、着眼点应当向前看，是为了今天和明天。毛泽东说"向古人学习是为了现在的活人"，[3]这就是"古为今用"的方针，也是读历史而不守旧。

毛泽东一生读过大量历史书籍，他读史而不泥古，不拘泥于历史。他读历史是为了汲取智慧和营养，为今天和未来服务，正如他自己所说的"马克思主义者是善于学习历史的"。[4]

[1]《毛泽东选集》第2卷，人民出版社1991年6月第2版，第708页。
[2]《毛泽东文集》第8卷，人民出版社1999年6月版，第225页。
[3]《毛泽东文集》第7卷，人民出版社1999年6月版，第82页。
[4]《毛泽东年谱（1949—1976）》第5卷，中央文献出版社2013年12月版，第305页。

（五）关于学习文学

毛泽东为什么提倡学文学呢？一个方面，他把学文学当作"认识生活的一种手段"。毛泽东读了大量的文学作品，主要是中国的古典文学，包括散文、小说、诗词曲赋、笔记等。他很注重从中了解中国的历史和社会状况，了解人们的生活等。最突出的例子，就是他把《红楼梦》这部小说当作历史来读。他指出：《红楼梦》写的是很精细的社会历史。并说：你要不读一点《红楼梦》，你怎么知道什么叫封建社会？[1]他还说过："《水浒传》是反映当时（指宋朝。——引者）政治情况的，《金瓶梅》是反映当时（指明朝。——引者）经济情况的。"[2]毛泽东在一次会见外宾时说：你不学点帝王将相，不学点欧洲资产阶级的文学，你怎么知道封建主义是什么，资本主义是什么？当作历史材料来学，是有益的。毛泽东读过一些西方的文学作品，如法国作家司汤达的《红与黑》、美国作家米切尔的《飘》，可以从中了解到法国王朝复辟时期贵族社会的一些情况和美国南北战争的一些情况。应当说，把小说当作历史来读，是读小说进入了更深的层次，达到了更高的境界，通过小说中生动的人物描写、具体的故事情节，了解所反映的某些社会历史情况。关于小说的这种功能，列宁有同毛泽东相一致的看法。他说："列夫·托尔斯泰是俄国革命的镜子。"[3]他认为托尔斯泰的许多作品主要描写了还停滞在半农奴制度下的那个俄国，对地主和农

---

[1] 龚育之、逄先知、石仲泉《毛泽东的读书生活》，生活·读书·新知三联书店1986年9月版，第226页。

[2]《毛泽东年谱（1949—1976）》第2卷，中央文献出版社2013年12月版，第534页。

[3]《列宁选集》第2卷，人民出版社1995年6月第3版，第241页。

民的生活作了出色的描写。

毛泽东提倡学文学的另一个方面，是为了提高写作的才能，提高文字水平。他说："不搞一点文学，言之无文，行而不远。"[1]他指出，写文章和起草文件要有三性——准确性、鲜明性、生动性，而鲜明性和生动性就包含有一个词章问题，要研究词章。他批评许多文件的缺点之一就是不讲究词章。毛泽东所讲的词章，是指写作技巧和语言文字。多读和熟读优秀的文学作品，就能从中学习和领悟一些写作技巧，积累和丰富自己的语言。久而久之，这种潜移默化的影响，无形中提高了自己的写作能力和文字水平。毛泽东博学高才，他写的文章堪称一流，气势雄伟、论理深刻，情理交融、晓畅顺达，语言清新、优美生动。在他的文章中，时有将古典文学作品中的一些话语巧妙而精当地加以引用，在文采方面也起了增色的作用。

以上介绍的是关于读有字之书，毛泽东还强调要读"无字之书"。"无字之书"就是社会，他认为"没写字的是大学校"。他提出，只有把读这两种书结合起来，才叫作有完全的知识。在延安时期，毛泽东就指出，从书本上学到的理论和方法，只是开启了进入社会的一扇门，进入社会以后还有许多东西要去认识，有许多问题要去解决，比书本上的丰富得多复杂得多。他把延安的一些干部学校同"无字之书"这个大学校相比，称之为小鲁艺与大鲁艺、小抗大与大抗大等。他批评轻视实践、轻视群众的"万般皆下品，唯有读书高"的传统思想，指出除了书本知识以外，还应向工农学习实际的知识。1957年，他在全国宣传工作会议

---

[1]《毛泽东年谱（1949—1976）》第3卷，中央文献出版社2013年12月版，第291页。

的讲话中再次强调："学习马克思主义，不但要从书本上学，主要地还要通过阶级斗争、工作实践和接近工农群众，才能真正学到。"[1]他常常用《史记》中的"纸上谈兵"的故事来告诫干部，只有书本知识而无实际经验是不行的，在实践中一定会碰壁、失败。毛泽东一生读了很多有字之书，他也从不停歇地通过各种方式从多方面在读中国社会、中国革命与建设这部庞大而复杂的"无字之书"。

三、怎么学习

怎么学习，这个问题很重要，它直接关系到学习的成效。我们不仅要勤于学习，还要善于学习。关于怎么学习，毛泽东从总的方面提出的是"挤"和"钻"，他说："工作忙就要'挤'，看不懂就要'钻'，用这两个法子来对付它，学习是一定可以获胜的。"[2]从他关于怎么学习的进一步论述中，可以看出有以下三个方面。

（一）掌握精神实质

毛泽东指出，学习马、恩、列、斯的著作，不是读死书，而是领会马克思列宁主义的精神实质。这就是说，学习这些著作不能停留在只学习和记住一些词句，而是要领会其最基本的思想、最本质的东西和分析问题的方法。要领会著作的精神实质，学习就不能是浮皮潦草的，必须用心攻读，用心思考，多问一些为什

---

[1]《毛泽东文集》第 7 卷，人民出版社 1999 年 6 月版，第 273 页。

[2]《毛泽东文集》第 2 卷，人民出版社 1993 年 12 月版，第 182 页。

么，认真地分析和研究，才能有所领悟。在读马、恩、列、斯著作中领会到的精神实质，应当像毛泽东所强调的要在自己的头脑里生根，像列宁所强调的要真正深入到我们的血肉里面去，这样才是牢靠的，遇到实际问题才能加以运用，而不致产生迷茫、动摇等。对于遇到实际问题却对所学的理论产生动摇的事例，毛泽东在第一次郑州会议上就批评过。当时他在谈到有些人大有要消灭商品生产之势，说："他们在读马克思主义政治经济学的时候是马克思主义者，一临到目前经济实践中某些具体问题，他们的马克思主义就打了折扣了。"他们"避开使用还有积极意义的资本主义范畴——商品生产、商品流通、价值法则等来为社会主义服务"。[1]这就是因为所学的理论没有在自己头脑里生根，理论同实际相脱离了。

毛泽东在领会和掌握马列主义著作的精神实质方面，为我们作出了榜样。他曾经说，20 年代初，自己读了马克思和恩格斯的《共产党宣言》、考茨基的《阶级斗争》和柯卡普的《社会主义史》这三本书，才知道人类有史以来就有阶级斗争，阶级斗争是社会发展的动力。他说："我只取了它四个字：'阶级斗争'，老老实实地来开始研究实际的阶级斗争。"[2]毛泽东所取的这四个字，抓住了这三本书的精神实质、最本质的东西，阶级斗争理论是分析阶级社会的最根本的方法。毛泽东运用这个理论，分析了当时中国社会的各阶级，考察和研究了当时正在迅猛发展的实际的阶级

---

[1]《毛泽东年谱（1949—1976）》第 3 卷，中央文献出版社 2013 年 12 月版，第 500、503 页。

[2]《毛泽东文集》第 2 卷，人民出版社 1993 年 12 月版，第 379 页。

斗争——农民运动，写出了他在大革命时期的两篇代表性著作《中国社会各阶级的分析》和《湖南农民运动考察报告》，得出了关于中国革命的一些重要结论。这是将马克思主义阶级斗争理论在中国的创造性运用。

（二）理论必须联系实际

理论联系实际是马克思主义的一个最基本的原则。马克思和恩格斯郑重地指出："我们的学说不是教条，而是行动的指南。"列宁称马克思和恩格斯的这句话是"经典性的论点"，[1]是我们应当首先和特别注意的。他指出："马克思主义不是死的教条，不是什么一成不变的学说，而是活的行动指南。"[2]毛泽东说马克思和恩格斯的这句话是"最重要最重要的话"，这里一连用了两个"最重要"，在毛泽东的行文中是不多见的，说明他对这句话特别的重视和强调。

毛泽东一贯坚持马克思主义理论必须同中国的具体实际相结合。他指出："把马克思列宁主义的理论和中国革命的实践密切地联系起来，这是我们党的一贯的思想原则。"[3]"对于马克思主义的理论，要能够精通它、应用它，精通的目的全在于应用。"[4]他把理论联系实际形象地比喻为"有的放矢"，马列主义同中国革命和建设的关系，就是箭同靶的关系。他要求干部要用马列主义的观点研究具体环境和具体策略，而且要用点苦功。他强调："我们说的马克思主义，是要在群众生活群众斗争里实际发生作

---

[1]《列宁专题文集》马克思主义卷，人民出版社 2009 年 12 月版，第 157 页。

[2]《列宁专题文集》马克思主义卷，人民出版社 2009 年 12 月版，第 160 页。

[3]《毛泽东文集》第 7 卷，人民出版社 1999 年 6 月版，第 116 页。

[4]《毛泽东选集》第 3 卷，人民出版社 1991 年 6 月第 2 版，第 815 页。

用的活的马克思主义，不是口头上的马克思主义。"[1]"马克思列宁主义的伟大力量，就在于它是和各个国家具体的革命实践相联系的。"[2]他指出，脱离实际的空洞的理论是没有用的。这样意思的话，列宁也多次讲过。

理论联系实际，是一个调查研究具体实际的过程，一个分析和综合的过程，一个需要发挥人的主观能动性和创造性的过程。毛泽东说过："只有马克思主义的书教育我们怎样革命，但是也不等于读了书就知道如何革命了，读革命的书是一件事情，实行革命又是一件事情。"[3]就拿中国来说吧，马克思主义是普遍真理，中国是一个东方国家，又是一个大国，中国的实际有许多特殊的情况，需要用马克思主义的立场、观点和方法进行具体分析和研究，从中得出的认识还需要经过一定的实践检验，才能确定是否合乎中国实际。关于理论联系实际，毛泽东在《中国革命战争的战略问题》中说：对一切带原则性的军事规律或军事理论，要"从自己经验中考证这些结论，吸收那些用得着的东西，拒绝那些用不着的东西，增加那些自己所特有的东西。这后一件事是十分重要的"。[4]这段话虽然是就军事和战争谈的，但是具有普遍的指导意义。毛泽东强调要增加自己所特有的东西，这就是要在实践中发展马克思主义。他说过："马克思主义也是没有完结的，将来还有马克思的儿子、孙子、曾孙子的马克思主义，所以马克

[1]《毛泽东选集》第3卷，人民出版社1991年6月第2版，第858页。

[2]《毛泽东选集》第2卷，人民出版社1991年6月第2版，第534页。

[3]《毛泽东年谱（1949—1976）》第5卷，中央文献出版社2013年12月版，第397页。

[4]《毛泽东选集》第1卷，人民出版社1991年6月第2版，第181页。

思主义是空前而不绝后。"[1]要增加自己所特有的东西，那么全面深入地了解中国的实际情况就至关重要。毛泽东为此付出了艰辛的努力。在民主革命时期，他为了了解中国的农村，用了六七年的时间亲自作农村调查，写出了许多重要的农村调查报告。1956年，为了探索适合中国情况的社会主义建设道路，他用差不多两个月的时间，连续听了国务院所属的三十几个部门的汇报，经过分析、研究和总结，写出具有重要指导意义的《论十大关系》。1963年，毛泽东回忆说："我认识中国经过很长的时间，走过很长的道路，有胜利，也有失败。有一个时候可以说是中国人不认识中国。"[2]

马克思主义和中国实际相结合是一个过程，这个过程既有阶段性又是没有完结的。随着新的情况、新的问题的出现，又需要在马克思主义指导下分析新情况，解决新问题，进行新的结合。

对于干部和共产党员来说，学习马克思主义的理论，应当在这一理论的指导下，克服和纠正自己不正确的思想，树立科学的世界观和共产主义的人生观；用马克思主义的立场、观点、方法正确地分析和认识社会环境和社会现象，正确地分析和解决工作中的问题。

坚持理论联系实际，必须反对教条主义。毛泽东曾批评说："在学习中反对不管实际只记条文的风气，反对将学习马列主义原理原则与了解中国社会情况、解决中国革命问题互相脱节的恶

---

[1] 毛泽东在抗大的讲话记录，1938 年 8 月 5 日。

[2]《毛泽东年谱（1949—1976）》第 5 卷，中央文献出版社 2013 年 12 月版，第 260、261 页。

劣现象"，强调要使"了解情况、注意政策的风气，与学习马列主义理论的风气密切联系起来"。[1]教条主义的来源是什么，是因为学习理论就产生教条主义吗？不是。毛泽东说："教条主义是哪里来的？是不是从马、恩、列、斯那里来的？不是的。他们经常在著作里提醒我们，说他们的学说是行动的指南，是武器，不是教条。人家讲的不是教条，我们读后变成了教条，这是因为我们没有读通，不会读，我们能责备他们吗？"[2]教条主义者学习马克思主义理论所使用的方法，是直接违背马克思主义的，违背了马克思主义的理论和实际相统一这个最基本原则。他们把马克思主义的个别原理、个别结论、个别字句，看成万古不变的僵死的教条、包医百病的"灵丹妙药"，不顾具体情况到处硬搬、套用。教条主义是一种盲目性，在思想上和行动上偷懒、图省力，是最无出息的。毛泽东指出："教条主义是不落地的，它是挂在空中的。我们不要搞教条主义，要脚踏实地地为实际服务。"[3]教条主义者不去了解中国具体的实际情况，却要妄图改造中国，那就只能是碰壁和失败。教条主义曾经给中国民主革命带来很大的危害，使革命的胜利推迟了好些年。新中国成立后，在学习苏联建设经验方面出现过的教条主义倾向，也给中国的社会主义建设造成过一些损失。在改革开放新时期的今天，学习西方资本主义国家的某些经验时，同样应当警惕和防止盲目照搬的错误倾向。

　　毛泽东一再指出，反对教条主义，决不是反对或轻视读书、

---

[1]《毛泽东文集》第2卷，人民出版社1993年12月版，第362、363页。
[2]《毛泽东文集》第3卷，人民出版社1996年8月版，第418页。
[3]《毛泽东文集》第3卷，人民出版社1996年8月版，第150页。

反对或轻视学习理论。他说："我们反对主观主义，是为着提高理论，不是降低马克思主义。我们要使中国革命丰富的实际马克思主义化。"[1]

（三）勤于思考，特别要独立思考

毛泽东强调在学习和工作中要用脑子想问题，多思多想，他说"多想出智慧"。1939 年，《新中华报》请毛泽东题词，他写了两个字："多想"。他说题这两个字，是有感而发的，因为感到党内的同志不大想问题。在延安整风运动和党的七大期间，他不断地讲要开动脑筋想问题。他指出"不用脑子是个大毛病"，认为这是党内存在的一个严重的思想作风问题。他号召大家"开动机器"，用脑筋多想苦想，要学会分析的方法。

我们读书，学习马列主义的著作，必须勤于思考、分析和研究。一是按照毛泽东提出的多问几个为什么进行思考。不仅要弄懂马列主义著作中的原理和结论，而且要弄懂这些原理和结论是怎么得出来的，就是说不但要知其然还要知其所以然，尤其是要认真思考这些原理和结论在中国的条件下怎样来运用。二是按照毛泽东提出的"古今中外法"进行比较研究。毛泽东说，古今中外法"就是弄清楚所研究的问题发生的一定的时间和一定的空间，把问题当作一定历史条件下的历史过程去研究"。[2]古今，讲的是时间，就是历史和今天，这是进行纵向的比较；中外，讲的是空间，一般指中国和外国，这是进行横向的比较。列宁在《论民族自决权》一文中也指出："在分析任何一个社会问题时，马克思主

---

[1]《毛泽东文集》第 2 卷，人民出版社 1993 年 12 月版，第 374 页。

[2]《毛泽东文集》第 2 卷，人民出版社 1993 年 12 月版，第 400 页。

义理论的绝对要求，就是要把问题提到一定的历史范围之内；此外，如果谈到某一国家（例如，谈到这个国家的民族纲领），那就要估计到在同一历史时代这个国家不同于其他各国的具体特点。"[1]以上所述说明，我们读书和研究问题，必须从时间和空间上进行比较和分析，要立足于中国的今天来分析和研究在中国历史上发生的事情和有关的论断，立足于今天的中国来分析和研究在外国发生的事情和有关的论断。经过这样的比较、分析和研究，才能确定今天的中国应当从历史和外国的经验中吸取什么有益的东西。再就是联系自己的思想和工作进行思考，端正思想，改进工作。

在开动脑筋勤于思考方面，毛泽东强调要独立思考，破除对书本的迷信。早在1930年，他就提出反对本本主义。他常引用孟子所说的"尽信《书》，则不如无《书》"。他指出："对于马克思主义经典著作要尊重，但不要迷信，马克思主义本身就是创造出来的，不能抄书照搬。一有迷信就把我们脑子镇压住了，不敢跳出圈子想问题。"[2]他强调"马列主义者要善于独立思考来运用马列主义"。[3]对于外国的经验，也要破除迷信。对于苏联社会主义建设的经验，他指出要刻苦虚心地学习，但又一定要破除迷信，只能是择其善者而从之，其不善者不从之。对于学习西方资本主义国家的经验，他指出："东方人要向西方学习，要在破除迷信的条件下学习西方。"[4]并说："破除对西方的迷信，这是一

[1]《列宁选集》第2卷，人民出版社1995年6月第3版，第375页。

[2]《毛泽东年谱（1949—1976）》第3卷，中央文献出版社2013年12月版，第321页。

[3]《毛泽东年谱（1949—1976）》第3卷，中央文献出版社2013年12月版，第384页。

[4]《毛泽东文集》第8卷，人民出版社1999年6月版，第159页。

件大事"。[1]毛泽东在向亚洲、非洲、拉丁美洲一些国家的领导人介绍中国革命和建设的经验时，总是反复强调中国的经验只能作参考，一定不要完全照抄中国的，并引用鸠摩罗什法师的话"学我者病"，说明完全照抄是错误的。关于独立思考问题，毛泽东坚持的原则是："凡迷信一定要破除，凡真理一定要保护。"[2]这是科学的态度。

四、学无止境

对于学习，毛泽东强调要学到底，活到老，学到老。他说："学习一定要学到底，学习的最大敌人是不到'底'。"[3]这也就是常言所说的学贵坚持，要持之以恒。

在学习上不能坚持到底，半途而废，主要原因是什么呢？是自己的满足。学了一点皮毛就满足了，浅尝辄止。毛泽东指出："学习的敌人是自己的满足，要认真学习一点东西，必须从不自满开始。"[4]人类几千年积累的知识无比丰富，人们用"书山""学海"形容其多其广。作为一个人，生也有涯，精力有限，一生中能学到的是很少很少的，有什么可满足的呢？正确的态度应当是永远不满足，渴求知识，努力学习，尽一切可能充实和提高自己。毛泽东是伟大的理论家，又是伟大的诗人，但他对自己在理论和诗词方面取得的成就从来不满足，心中常怀未竟之志，不断

---

[1]《毛泽东文集》第7卷，人民出版社1999年6月版，第405页。

[2]《毛泽东文集》第7卷，人民出版社1999年6月版，第449页。

[3]《毛泽东文集》第2卷，人民出版社1993年12月版，第184页。

[4]《毛泽东选集》第2卷，人民出版社1991年6月第2版，第535页。

追求新的知识，不断开拓新的认识领域。在一次会见外宾时，当外宾谈到要学习毛泽东著作时，毛泽东说："我没有什么著作，只是些历史事实的记录。"[1]在另一次会见外宾时，他说："像《资本论》《反杜林论》这样的作品我没有写出来，理论研究很差。人老了，也不知道是否还能写出些什么东西来。"[2]20世纪50年代，他在一次会见外宾时说：自己"对已经发表过的东西，完全满意的很少"。[3]60年代，他对薄一波说：《毛选》中有些文章应该再写，把新的东西写进去。直到迟暮之年（1975年）谈到自己的著作时，他仍然说"我不满意自己"。毛泽东的诗词，大气磅礴，雄伟浑厚，造诣很高，在国内外都有很多读者喜爱。当塞内加尔总统桑戈尔称赞毛泽东的诗词很优美时，毛泽东说：不够格。比如说"山雨欲来风满楼"这样的句子，我就写不出来。

　　学习不能坚持到底，还有一种情况是对书籍特别是理论著作读不懂，没有兴趣。读不懂时怎么办呢？不要畏难而放弃，也不要急躁，而应该按照毛泽东指出的办法去做，有耐心地坚持学下去，积以时日就会弄懂一些，也就会有兴趣了。毛泽东说："看不懂的东西我们不要怕，就用'钻'来对付。"[4]"就要钻进去，一下不行，再钻，一而再，再而三，这样'万世不竭'地搞下去，就会搞出味道来。"[5]毛泽东感到他的英文秘书林克对学习理论兴趣不甚浓厚，就写信劝勉他：理论书要"慢慢读一点，引起兴趣，

[1]《毛泽东年谱（1949—1976）》第6卷，中央文献出版社2013年12月版，第181页。
[2]《毛泽东年谱（1949—1976）》第5卷，中央文献出版社2013年12月版，第57页。
[3]《毛泽东文集》第7卷，人民出版社1999年6月版，第15页。
[4]《毛泽东文集》第2卷，人民出版社1993年12月版，第181页。
[5]毛泽东在八路军延安总兵站检查工作会议的总结讲话记录，1939年1月28日。

如倒啖蔗，渐入佳境，就好了"。[1]将学习日有所进比喻为"倒啖蔗"，十分形象，又很贴切。古人把读书叫作"攻书"，毛泽东说："我看'攻'字是有大道理的，那就是说把书当敌人看，一字一字去'攻'。"[2]他在晚年坚持学习英语，就是这样一字一句地攻读。这种坚忍不弃的学习精神，值得效法。

"活到老，学到老"，毛泽东是这样说的，也是这样做的，为我们树立了一个榜样。他在1939年有一次讲到学习问题时说过：我如果再过十年死了，那末就要学习九年另三百五十九日（这里是按农历计算的，农历一年为三百六十天。——引者），除了死的一天是不能学了。20年后的1959年，毛泽东再一次讲这个问题。他说：马克思主义各个部门的学问我没有学好。学一国外国文吧，也没有学好。经济工作现在刚刚开始学习。但是，我决心学习，除死方休。总而言之，活一天就要学习一天。1976年毛泽东逝世前一天的情况，让人们感叹他践行了自己的这个诺言。1976年9月8日，毛泽东生命垂危，处在紧张的抢救中。据病历记载，这一天，他看文件和看书11次（让人替他捧着文件或书），共2小时50分钟。他最后一次看文件，离他逝世只有八个多小时。毛泽东在逝世的前一天还看书看文件，说明读书学习已经成为他的生活习惯，成为他生命的组成部分，是他的一种人生品格、一种精神境界。生命不息，学习不止。

---

[1]《毛泽东书信选集》，中央文献出版社2003年11月版，第489页。
[2] 毛泽东在抗大的讲话记录，1938年3月15日。

关于 1946 年毛泽东在延安和斯特朗谈话的日期问题[*]

《中共党史研究》2015 年第 2 期发表了时文生同志写的《毛泽东在延安和斯特朗谈话时间新考》一文（以下简称《时文》），对《毛泽东选集》第二版将《和美国记者安娜·路易斯·斯特朗的谈话》的日期定为 8 月 6 日，提出质疑。《时文》说经过考证，认为毛泽东和斯特朗 1946 年 8 月的谈话，共两次，分别为 8 月 21 日和 31 日，"绝非'1946 年 8 月 6 日'"，8 月 6 日的"可能性几乎为零"。

《时文》为了考证毛泽东和斯特朗谈话的日期，引用了大量文献，包括许多外文资料，下了很大功夫，作了一些有益的探讨。但是，文章缺少十分过硬的第一手材料，其结论大都是通过推理和分析作出的。

关于毛泽东和斯特朗 8 月谈话的日期，中央档案馆收藏有毛泽东的亲笔记载。第一次是 8 月 6 日，第二次是 8 月 28 日。毛泽东手写的原文是："八月五日　大雷雨，旁^[1]晚出去看河水。""八月六日与美国记者斯特朗谈。""八月廿八日　今日与美

---

* 此篇文章发表在《中共党史研究》2015 年第 5 期，发表时作者署名为"中共中央文献研究室第一编研部"，文章是冯蕙执笔的。

[1]"旁"字，在古汉语中有两种读音，一读 páng，一读 bàng。读 bàng 时，与"傍"字的一种释义"临近（指时间）"相通。

国女记者施特朗谈话。"这个档案,我们是在《毛泽东选集》第二版出版以后发现的。

　　毫无疑问,毛泽东的亲笔记载应是判定谈话日期最权威、最直接的根据。这个档案说明,毛泽东和斯特朗8月谈话不是一次,而是两次,在这一点上,《时文》的判断是对的。同时,这个档案又说明,第一次谈话是8月6日。在这一点上,我们当年考订所依据的两个材料,即陈继馨、尹毅玲写的《斯特朗的六次访华》一文和斯特朗的侄孙特雷西·斯特朗、侄孙媳海琳·凯萨所著的《纯正的心灵——安娜·路易斯·斯特朗一生》(以下简称《纯正的心灵》)一书中提供的日期(都说是8月6日),是正确的。当时我们从《斯特朗的六次访华》一文的作者处了解到,第一次谈话的日期为1946年8月6日,是斯特朗的秘书赵风风提供的。而《时文》认为这些材料都存在严重缺陷而加以否定。

关于毛泽东和斯特朗第一次谈话的日期问题

　　毛泽东和斯特朗的第一次谈话时间,因为下雨致使延河水上涨,汽车无法从河床上开过而推迟了一天。这一点,所有相关材料的记载都是一致的。因此,确定哪一天下雨致使延河涨水,成为考证第一次谈话日期的重要线索。《时文》根据《谢觉哉日记》列出一个1946年8月延安地区每日天气统计表,其中3日、5日、20日这三天有雨。《时文》把8月20日有"晨雨"作为断定第一次谈话日期的一个依据。但是,作者忽略了《谢觉哉日记》中8月5日有"下午雨"这个记载,以致作出不准确的判断。8月5日这一天,毛泽东记的是"大雷雨"。这个记载,同延河水上涨无法通行这一事实联系起来，比谢觉哉记的"下午雨"，更为具体而确切。

《时文》说，华盛顿图书馆所藏斯特朗遗存文稿目录中，有斯特朗在1946年8月21日写的四篇文稿，其中《毛泽东号召誓死保卫边区》《中共准备为国民党发动的内战奉陪到底》《苏美开战之谈纯属烟幕……毛泽东如是说》这三篇，同第一次谈话中"相关内容的关联度非常高"。这是《时文》断定第一次谈话日期是8月21日的又一个依据。但是，这种简单化的对照，很牵强，经不起推敲。斯特朗这四篇文稿，完全可以在谈话多少天以后去写。况且第一次谈话是从傍晚日落时才开始的，一直谈到深夜（中间还吃了晚餐），等到斯特朗坐汽车驶过延河回到住地"美军大院"，恐怕就没有时间去写四篇文稿了。《斯特朗文集》第3卷的《中国人征服中国》这一部分中，有对第一次谈话开始时和结束时情景的记述："我们坐在一棵苹果树下的平台上，这时傍晚时分，落日的余晖使贫瘠的山丘增添了光彩。""当毛主席送我下山时，已经接近午夜了。山路不平，他打着一盏马灯为我照明。"

根据以上所述，《时文》关于第一次谈话日期应为"1946年8月21日"的论证是站不住的。

关于第二次谈话的日期问题

《时文》作者考订第二次谈话的日期是"1946年8月31日"。他说："他们（指毛泽东、斯特朗。——引者注）何时得以知悉美蒋关于剩余战争物资交易的情况，无疑是确定第二次谈话日期的关键所在。"这个分析是对的。第二次谈话日期应当是在中共得知美蒋关于剩余战争物资进行交易的消息之后。中共最早知悉这个情况的是正在南京的中共代表周恩来，时间为 8 月 26 日。这样重要的信息，周恩来肯定要及时报告中央。这个时间点，同毛泽东记的第二次谈话时间——8 月 28 日，是相吻合的。所以，美蒋关于剩余战争物资交易问题，并由此引起的相关问题，成为第二次谈话的一个重要内容。

根据《纯正的心灵》一书的记载，第二次谈话内容，主要涉及这样一些问题：美蒋关于剩余战争物资交易问题、俘虏敌军加入我军队伍问题、土改问题、原子弹问题等。

《时文》在论证第二次谈话日期问题时，写了这样一段话：

通过比较研究《斯版谈话》和《毛版谈话》（指《毛选》中的《和美国记者安娜·路易斯·斯特朗的谈话》。——引者注），笔者发现：在谈话中双方的第二个问题上，两个版本有所差异。《毛版谈话》的记载是："（斯特朗）问：如果美国除了它所已经给的以外不再帮助了，那末蒋介石还可以打多久？（毛泽东）答：一年以上。"而《斯版谈话》在毛泽东所答的"一年以上"一句之后，又以圆括号的形式专门加有注释，即"（蒋介石的部队只可以打一年多点时间的这一基本判断，是基于美国以原成本四分之一的超低价格，将大量剩余战争物资让售给蒋介石之前，国民党军队所能够全部用于发动内战的物资技术基础而作出的）"。遗憾的是，这一对于破解第二次谈话时间的关键性注释，在《毛版谈话》中被删去了。

　　上述引文中说的第二个问题，其实是8月6日第一次谈话中讲到的。这里要注意，斯特朗问的是"如果美国除了它所已经给的以外不再帮助了，那末蒋介石还可以打多久？"用的是假设口气，说明美蒋进行战争剩余物资交易这件事，尚未发生，至少双方都还不知道。如果事情发生了，并且已经得知此事，斯特朗就不会这样提出问题。根据我们前面所说的，毛泽东得知美蒋交易的消息，是在8月26日与8月28日之间；而斯特朗是从毛泽东那里听到的，也就是8月28日第二次谈话的时候。显然，这个注释是斯特朗后来在发表《毛泽东论世界局势》时特地加写的，向读者作个说明。《毛泽东选集》没有必要保留这个注释。

　　《和美国记者安娜·路易斯·斯特朗的谈话》日期，《毛选》第二版定为1946年8月6日是准确的。

　　在《毛泽东选集》第二版出版以前，我们收到一些读者来信，提出毛泽东和斯特朗谈话的具体日期问题，要求答复。那时还没有发现中央档案馆的那个档案，主要根据当时所能收集到的有关材料进行研究，作出了8月6日的判断。这次读了《时文》之后，我们再次将收入《毛泽东选集》的《和美国记者安娜·路易斯·斯特朗的谈话》，同香港《群众》杂志第19期刊登的斯特朗《毛泽东论世界局势》一文，以及《斯特朗文集》《纯正的心灵》中的有关材料一起对照研究，可以认定：收入《毛泽东选集》的谈话全部内容，是毛泽东和斯特朗的第一次谈话；而第一次谈话的日期，毛泽东亲笔记下的是1946年8月6日，这是毋庸置疑的。

后　记

我一生中，在三个城市工作过。

第一是成都。这是我的故乡。我在这里出生、长大，接受了小学和中学教育。1950年3月参加工作，先后在成都市第二区中心小学、成都市文教局、川西区党委组织部工作，共二年余。1952年8月底离开成都。

第二是北京。这是我学习和工作时间最长的地方，也是我"两进一出"的城市。1952年8月我以调干生被中国人民大学录取，9月2日到达北京入校，在校研究生科领导的中共党史研究班读研究生，学制三年。1953年4月，我在中国人民大学加入中国共产党。研究生刚读完两年，1954年夏，学校又选派我读中共党史副博士研究生，学制四年，1958年毕业，导师为胡华教授。学习期间，我于1956年11月被借调到中央政治研究室工作，后正式调入政研室历史组。1964年，中央决定在政研室的基础上成立中央马列主义研究院，陈伯达为院长，政研室的干部全部转入研究院。1967年春，陈伯达无端宣布解散研究院。实际上是解而未散，直到1969年才真正解散了。1969年7月，我们一行（主要是原政研室的业务干部）到河北省汉沽农场劳动，陈伯达下令将我们的工资关系和户口随人转到汉沽，原在北京的宿舍交还机关。这就是我"一出北京"。

　　1981年5月，我从石家庄河北人民出版社调回北京中央文献研究室，从事关于毛泽东著作的编研工作，这时我已50岁了。这是我"二进北京"。在文献研究室我工作了33年，2013年12月才离开工作岗位。我是2000年办理退休的，时年69岁，后又返聘工作十几年。2013年底离开工作岗位时，我已83岁，有病在身。可以说我将后半生献给了党的文献事业，对此我无怨无悔，而是感到欣慰，自己没有虚度年华。我在北京学习、工作、生活了60多年了，日久他乡似故乡。

　　第三是石家庄。1971年夏，原研究院的干部从干校和其他地方回到北京，参加批陈整风学习班。两年后学习班结束，我于1973年12月分配到石家庄河北人民出版社做编辑工作，为时七年余。

　　在中央文献研究室工作的33年中，在龚育之同志指导下，我参与主持编辑了《毛泽东书信选集》；在龚育之、逢先知同志指导下，我和汪裕尧同志任《建国以来毛泽东文稿》（共13册）的主编，每一册还有分册主编，毛泽东研究组的大部分同志都参加了这项工作；在逢先知同志的指导下，我和汪裕尧同志任《毛泽东选集》1至4卷第二版的主编，赵福亭、吴正裕同志任副主编；在逢先知、金冲及同志指导下，我和汪裕尧同志任《毛泽东文集》（共8卷）的主编，每一卷还有分卷主编，毛泽东研究组的大部分同志参加了这项工作；我还参加了《毛泽东诗词集》和《陈云文集》的部分编辑工作。在做编辑工作的同时，我参加编写《毛泽东年谱（1893—1949）》，任副主编，负责修改1937年7月至1945年8月的年谱初稿；接着又参加编写《毛泽东年谱（1949—1976）》，任第二主编，负责修改1958年至1965年的年谱初稿，并审读 1949 年至 1976 年的全部年谱稿。此外，我还牵头组织为《辞海》《大百科全书》等辞书撰写毛泽东、周恩来、刘少奇、朱德、任弼时、邓小平、陈云等领导人及他们的重要著作的词条。

我于 1987 年在中央文献研究室被评为编审。1988 年任中央文献研究室室务委员，直到 2000 年退休。

收入文存的文章，基本上以发表时间的先后为序进行编排。文章大体可以分为两类。一类是对我参加编辑的毛泽东著作集的介绍文章和写的编辑记事。《建国以来毛泽东文稿》出版时，只内部发行到地、师级领导机关和领导干部及从事社会科学研究和教学的高级专业人才，所以没有写介绍文章和编辑记事。另一类是我写的一些研究文章。

下面就我写的一些文章，作一些说明。

《〈毛泽东书信选集〉介绍》是我 1981 年 5 月到中央文献研究室工作后写的第一篇较长的文章。

1983 年是毛泽东诞辰 90 周年，中央文献研究室决定编辑《毛泽东书信选集》。项目在 1983 年 3 月正式确定，当年 12 月必须出版，给编辑工作留下的时间并不充裕。这个项目由室副主任龚育之同志负责指导，毛泽东研究组成立了五人领导小组，日常的编辑工作由我和张诚同志承担，我侧重书信的正文并抓全面的编辑工作，张诚同志侧重书信的注释。工作比较紧张，调查访问的任务也很重，参加编辑工作的同志经常加班。在龚育之同志有力的指导下，经过大家共同努力，《毛泽东书信选集》按期在 1983 年 12 月 26 日由人民出版社出版发行。

《毛泽东书信选集》的书稿付印后，龚育之同志对我说：你应当写一篇介绍文章。他说：《书信集》是毛泽东的专题文集，按规定专题文集不在《人民日报》上发表篇目介绍，你这篇文章应介绍《书信集》的主要内容，起到篇目介绍的作用。我说：我没有写过这样大的文章，怕自己写不好。他说：你放开写，写出初稿后，我帮你修改。初稿写成后，经龚育之同志细心修改后定稿。这篇文章，在《毛泽东书信选集》公开出版的第二天，发表在 1983 年 12 月 27 日的《人民日报》。

应当说，没有龚育之同志的命题、鼓励、支持和帮助，就不会有我的这篇文章，对他引领和帮助下级的赤忱，我十分感谢。我在龚育之同志领导下工作了六七年，他的言传身教令我受益良多。

在我写的文章中，有两篇是由胡乔木同志命题的。

第一篇是《毛泽东领导起草〈关于若干历史问题的决议〉的经过》一文。

1985 年《人民日报》发表一位同志的一篇回忆文章，说《关于若干历史问题的决议》是由任弼时口述，他记录整理，再经任弼时修改而形成的。胡乔木同志认为这篇文章的回忆不准确，不符合历史事实。他提出由文献研究室根据档案材料写一篇文章，客观地如实地将《决议》的起草情况写出来。

中央文献研究室的领导，将写这篇文章的任务交给了我。当时，我对这个题目没有作过研究，也没有这方面的资料积累。接受任务后，我就去中央档案馆看档案，将《决议》起草过程中的各种稿本（手抄件、复写件、铅印件）、有关的中央会议的记录、毛泽东的讲话和批示都看了，还阅读了任弼时当年有关《决议》起草情况留下的一些记载。根据这些档案材料，经过分析研究，写成了初稿。初稿送胡乔木同志审阅，他作了少量修改后定稿。这篇文章发表在《文献和研究》1986 年第 2 期。

这是一篇引起一定重视的文章。在《文献和研究》发表几个月后，《红旗》杂志 1986 年第 13 期再次发表这篇文章。当时的中共中央总书记胡耀邦向文献研究室调阅这篇文章，文献研究室专门印了字号较大的铅印件上报。

这也是给我带来一些麻烦的一篇文章。我的文章发表三年以后，《湖南党史月刊》1989 年第 7 期发表了曹瑛、张树德、王发武、王晋联合署名的文章，题目是《只有忠实于事实，才能忠实于真理》。这篇文章说我写的《毛泽东领导起草〈关于若干历史问题的决议〉的经过》一文，是根据自己的材料进行推理和设想，"失真失妥之处颇多"。关于《决议》的起草经过，其实我没有任何自己的材料，我又不是事情的亲历者，我所依据的都是中央档案馆的档案。为了回答《只有忠实于事实，才能忠实于真理》一文，我写了《再谈〈关于若干历史问题的决议〉的起草经过——答〈只有忠实于事实，才能忠实于真理〉一文》，对他们提出的质疑和歪曲，有针对性地作出回答和说明。这是一篇带论辩性的文章，有九千多字，发表在《党的文献》1990 年第 2 期。

第二篇是《吕叔湘与〈毛选〉第二版》一文。

在《毛泽东选集》1 至 4 卷第二版的编辑工作中，我们多次向著名语言学家吕叔湘老师求教，吕老为我们解疑释惑，殷殷教诲。胡乔木同志很尊重吕老。在《毛选》第二版出版后，他亲自过问给吕老送书没有。在得知我们已经给吕老送了《毛选》第二版后，他又提出你们应写一篇文章，介绍吕老对你们编辑工作的指导。由于我向吕老请教的次数最多，同吕老比较熟悉，所以让我写这篇文章。文章的题目开门见山——《吕叔湘与〈毛选〉第二版》，发表在 1991 年 7 月 18 日《光明日报》。

下面说到的几篇文章，是自己想写的，对这些问题有兴趣，也注意积累资料，最后终于写成。

关于中共七大的三篇文章和一个发言，即《团结和胜利——七大的工作方针》《中共七大最重要的历史贡献》《抗战后期中国共产党政策中的几个理论问题》和《愚公精神代代传》，基本上是 1995 年写成的。1995 年是中共七大召开 50 周年和抗日战争胜利 50 周年，七大是党的历史上十分重要的一次代表大会。我任《毛泽东年谱（1893—1949）》副主编时，负责修改全国抗日战争时期的年谱初稿；担任《毛泽东选集》1 至 4 卷第二版的主编之一时，负责校订《毛选》第一版的第 2 卷，属于抗战的前半期；担任《毛泽东文集》主编之一时，曾主持编辑第 3 卷（1943 年 1 月—1945 年 8 月），属于全国抗战的后半期。由于承担这些工作，所以我对抗战时期的毛泽东档案和中共档案看得较多，于是决定写一篇关于中共七大的文章。在 1995 年中央文献研究室举行的纪念七大的研讨会上，我提供了一篇文章《毛泽东与七大》，三万多字，作了大会发言。随后，从这篇文章抽出一部分，写成《抗战后期中国共产党政策中的几个理论问题》一文，一万余字，入选中共党史研究室和中国社科院主办的纪念抗日战争胜利 50 周年学术研讨会，并作大会发言。这篇文章发表在 1995 年 9 月 13 日《人民日报》。这时，《中共党史研究》编辑部约我写一篇关于七大的文章，于是写了《团结和胜利——七大的工作方针》一文，发表在《中共党史研究》1996 年第 1 期。《愚公精神代代传》是 1995 年在纪念《愚公移山》发表 50 周年的一次座谈会上的发言，收入文存时内容作了充实。《中共七大最重要的历史贡献》这篇文章是后来写成的，未发表过。

《〈反对本本主义〉在毛泽东思想形成中的地位和作用》一文，是 2004 年写成的。这是我一直想写的一篇文章。缘由是：一、《反对本本主义》是毛泽东论述调查研究的代表作，而且文章提出了毛泽东思想核心的三个内容（实事求是、群众路线、独立自主）的雏形，还鲜明地提出了"中国革命的胜利要靠中国同志了解中国情况"的方针，是一篇重要的文章。二、这是《毛选》第二版中唯一增选的一篇文章，是毛泽东自己很喜爱的一篇文章，他在生前亲自定稿，并选入了《毛泽东著作选读》甲种本和乙种本。

除上述的缘由以外，还有一个附带的缘由，我对这篇文章有一种亲切感，自己当年参加了有关这篇文章的一点工作：

（一）1960 年 12 月，中央政治研究室的刘立凯同志从中央革命博物馆借回毛泽东的《调查工作》石印单行本。这是过去没有见到过的一篇毛泽东著作，历史组的几位同志看后都认为是一篇重要著作。缪楚璜同志让我照石印件抄清一份，请打印室照我的抄清件打印几份，避免损伤石印件。打印后，缪留下一份，其余的由我保管。我提出是否应向分管历史组的领导田家英同志（当时任毛泽东的秘书、中央政治研究室副主任）报送一份，缪说可以。我在报送田家英同志的一份打字件上写了如下说明："一、原件上的错字和漏掉的标点符号，均未加以改正或添补，以保持原件的本来面目。二、翻印时打字上的错误（包括打错或漏掉的字和标点符号）都按原件用钢笔字改正或添上。三、因原件不清晰，现用红笔在文中空白处填上的字，是根据原件上的模糊字迹和前后文的意思添上的，仅供阅读时参考。四、原件末页印有'特委 1930.8.21 翻印'字样。"又写了一封短信，说明石印件保存在中央革命博物馆。上报的具体日期记不准了，大概是 1960 年 12 月下旬。当天田家英同志收到后，即来电话指示：你们不要公开发表这篇文章，也不要在自己写的文章中引用，妥善保存。

（二）《调查工作》石印件上没有这篇文章的写作日期，需要考订，田家英同志让缪楚璜和我提一个初步意见。我们分析了文章的内容，并与毛泽东在 1930 年 5 月写的《寻乌调查》报告作了比较，提出了一个初步的考订意见：这篇文章应是 1929 年 1 月至 1930 年 8 月间写的。为什么上限定在 1929 年 1 月呢？因为这篇文章中说"斗争的发展使我们离开山头跑向平地了"，这是指的 1929 年 1 月中旬毛泽东、朱德率红四军主力离开井冈山向赣南、闽西进军。下限定在 1930 年 8 月，是因为特委翻印的时间是 1930 年 8 月 21 日。这里的特委，我们分析应是闽西特委。因为闽西特委所辖的长汀县当时工商业比较发达，有石印所，并不是一般的县都有石印技术。我们倾向这篇文章很可能写于《寻乌调查》的前后。

（三）为了给毛主席回忆这篇文章的写作时间提供一点背景的参考材料，田家英同志让我去中央档案馆查阅档案，根据档案材料整理写出《1929 年 1 月至 1930 年 8 月主席和红四军活动的大事记》，打字后上报。毛主席阅后，确定《调查工作》一文是在寻乌写的。写作时间定为 1930 年 5 月（我整理的大事记中，记载毛泽东、朱德率领红四军于 1930 年 5 月 2 日攻占寻乌，同年 6 月上旬离开寻乌）。毛主席并将文章的题目改为《反对本本主义》。

因为有以上这些缘由，我下决心写了《〈反对本本主义〉在毛泽东思想形成中的地位和作用》这篇文章。

《谈谈毛泽东〈词二首〉的写作时间及其他》这篇文章，是2008年写成的。但是，毛泽东《词二首》究竟是什么时间写的这个问题，早在1983年编《毛泽东书信选集》时，就悬挂在我的脑子里了。其后，因为工作很忙没有时间继续研究。《胡乔木书信选集》于2002年出版后，我从书信集中见到了1965年7月郭沫若与胡乔木关于《词二首》的来往书信两封，使我感到悬挂在自己脑子里的那个问题应当进一步研究。于是我查阅了邓颖超的工作台历及《人民日报》，确定了毛泽东所说的邓颖超"压迫"他写诗的具体日期；反复阅看、辨析《词二首》的手稿、铅印件及有关材料；请有关同志帮助查阅胡乔木日记，等等。收集资料后，用了几天时间写出这篇文章。《词二首》在1976年元旦发表时，《水调歌头·重上井冈山》的写作日期署为1965年5月，《念奴娇·鸟儿问答》的写作日期署为1965年秋。我经过考订，认为这两首词都写于1965年7月上半月。我的考订意见，只能算是一家之言，但绝不是毫无根据的妄说。

《毛泽东谈学习》这篇文章，是2011年写成的。为什么想写这篇文章呢？一、毛泽东是党内勤奋学习的典范，读书伴随着他的一生。他十分重视党内干部的学习，领导全党开展多次学习活动，有许多关于学习问题的论述，较早就提出"要把全党变成一个大学校"。二、2009年中共十七届四中全会提出要"把建设马克思主义学习型政党作为重大而紧迫的战略任务抓紧抓好"。以上说明学习问题对建设马克思主义政党的重要性，所以决定写《毛泽东谈学习》一文。这篇文章铺得宽一些，内容比较多，我写起来费的时间也比较多。这是我发表的文章中最长的一篇，有两万多字。

　　文存收入的文章，限于自己的学识水平，难免有不当之处，希望读者批评指正。

　　　　　　　　　　　　　　　　　　　　冯蕙

　　　　　　　　　　　　　　　　　　　　2019 年 1 月